韓祝齡篆刻

天津朱卷集成

（五）

劉宗江　編

天津出版傳媒集團
天津古籍出版社

『十四五』國家重點圖書出版規劃項目
津沽筆記史料叢刊第十二種
主編　王振良

鄉試

劉坰

曾祖漢裔候推守府
曾祖母王氏
祖价庠生
祖母曹氏邑庠生諱昌昆公女
曹氏
曹氏
父元熱
母武氏
慈侍下

字雙垣號苑林行三庚寅年六月二十五日生係直
隷順天府通州武淸縣學廩膳生民籍習易經
胞伯元煥庠生
胞叔元然 元燮
胞兄城 墳
堂兄弘祖 輝祖 均
胞弟型業儒 墻業儒
堂弟塏 坤 塽 述祖 儀祖 培俱業儒 維祖庠生
娶楊氏邑庠生諱永淳公胞妹
子
胞姪士銘業儒

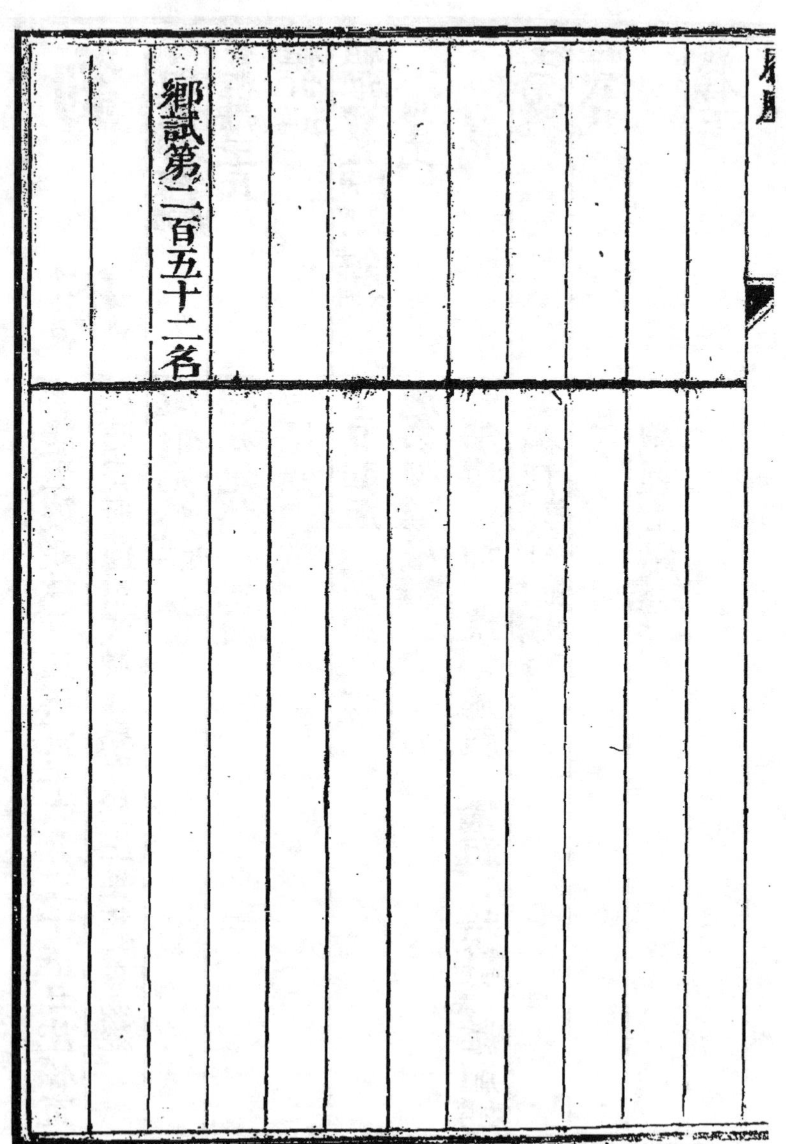
鄉試第二百五十二名

欽命四書詩題

王世紱

始祖二共 原籍山西太原 明洪武初由人才授長安令擢東平州知州鳳翔府知府 誥授中憲大夫 行載縣誌

始祖妣氏趙 誥封恭人

十一世祖崇 始遷順天平谷

十一世祖妣氏馬

十世祖斌 始入武清鄉飲大賓 勅封文林郎

字子辨號蘇生又號侑延行五乾隆丙午年十二月十九日吉時生

順天府武清縣民籍監生考取館謄錄議敘揀發使候選員外郎

九世伯叔祖友 邑庠生 英 正 山東鄒縣知縣 誥贈中憲大夫 行載縣誌

八世伯叔祖錡 邑庠生 鏜 邑庠生 維垣 明嘉靖壬午舉人丙戌進士任山西潞城縣知縣陞戶部員外郎河南南陽府知府 誥授中憲大夫 行載縣誌 銳 邑庠生

七世伯叔祖臬 臣 邑庠生 民 榍 邑庠生 棐 明嘉靖乙酉舉人兩中會試副榜 誥贈昭毅將軍 行載縣誌 梟 縣尉 采

六世伯叔祖培 邑庠生 坤 坪 爽 邑庠生 聘 邑庠生 坦 問

允津 簡 徵 邑庠生 召 夢鰲 夢鯉 夢蟾

夢龍 增廣歲貢生任山東昌樂縣知縣 勅授文林郎 誥贈昭毅將軍 夢

十世祖妣氏龐 孺人 勅封

九世祖雄 歲貢生

九世祖妣氏李 孺人 例贈

氏師 孺人 例贈

八世祖鎧 增廣生

八世祖妣氏郭

七世祖鑅 增廣生

七世祖妣氏高

六世祖夔鶚 邑庠生

六世祖妣氏吳

鳳 夢豸 夢巍 夢蛟 夢煥 夢韡 夢

南 武庠生

五世伯叔祖國光 國寧 增廣生 國翰 邑庠生 國士 明萬曆庚子武舉辛丑會魁蒲河守備陞馬蘭峪參將 誥授昭毅將軍 屏 邑庠生 國彥

邑庠生 國弼 武庠生

高伯叔祖宗姬 邑庠生 宗皐 宗膺 明天啓已丑武舉 宗召 言

緜 邑庠生 言綸 致中 致和

伯叔祖令儀 歲貢生候選訓導 令德 恩貢生候選教諭 令名 附貢生 令緒

附貢生 令望 武庠生候推守備

胞伯叔勲著 邑增生 勅著 增貢生貴州候補藩經歷

五世祖潘 增廣生
五世祖妣氏趙
氏高
高祖言大 邑庠生 貤贈武信郎 貤
高祖妣氏趙 貤贈安人 康熙乙卯舉
人諱珍公胞姊原任雲
南曲靖府同知諱之盧
公刑部員外郎
諱之蘭公胞姑
曾祖起元 勅贈文林郎 山東榮成縣知
縣
曾祖妣氏趙 勅封孺人 實邑 勅授

堂伯叔 威著 武庠生 仁著 附貢生 希著 化著 謨著 邑庠生
誠著 道著 廩貢生候選訓導 訓著 癸酉科選拔貢生候選教諭
誠著 謙著 邑庠生
嫡堂兄弟 世昌 辛酉科選拔貢生廂白旗官學教習期滿候選知縣 世敏 附貢生 世
政 丁卯科副貢生戊辰天津召試欽取二等文穎館謄錄任天津府靜海縣教諭 世
政 業儒 世斆 幼
胞弟世維 幼
堂兄弟 世芬 邑庠生 世吉 邑庠生 世芳 邑增生 世奎 世安 邑庠
生 世祺 國學生 世莊 世祜 世輯 世載 世
祐 世蓁 世琪 世珂 世琮 世珽 世

奮武郎諱琨公女

本生曾祖耀元 勅封武信郎

本生曾祖妣氏張 勅封安人國學生諱文顯公胞姊候選州同知名寧公胞姑

氏蘇 勅封安人邑庠生諱仕可公胞姊現任磁州學正名彩公胞姑

祖令典 勅贈文林郎山東榮成縣知縣晉

範 世煇 世礽 俱業儒

嫡堂姪鯉庭 業儒 鱣庭 業儒 鶯庭 幼

堂姪遐齡 福齡 業儒 柏齡 志遜 志脩 衍槐 衍桂 樹萱 俱業儒

堂姪孫丹桂 幼

綮氏 大興乾隆庚寅科舉人任山東福山掖縣知縣陞膠萊運判諱錫彤公次女嘉慶辛酉進士翰林院編修山東道監察御史巡視南漕常州府知府現任戶部湖廣司員外名澄已已進士翰林院庶吉士現任刑部湖廣司主事名瀛胞妹邑庠生名淦胞姊河南原武縣知縣名庭桂邑庠生名庭椿胞姑

子紹庭 繼庭 纘庭 俱幼

贈奉政大夫淮北監掣同知晉贈朝議大夫浙江處州府知府

祖妣氏汪 誥封恭人邑庠生諱家賓公胞姊

本生祖令郁 廪貢生誥封奉政大夫淮北監掣同知晉封朝議大夫浙江處州府知府

本生祖妣氏馮 誥封宜人晉封恭人國學生諱文登公女武庠生諱國飛公胞妹

父續著 乾隆丙申天津召試欽取二等武英殿行走丁酉科選拔貢生巳亥恩科舉人四庫全書館議敘歷任山東榮成菏澤泗

女一 未字

水縣知縣兩淮淮北監
掣同知浙江處州府知
府歷署浙江杭州嘉興
温州府知府温處兵備
道　誥授
中憲大夫
母氏梁　誥封恭人邑庠
生諱烱公長女邑
庠生諱勳公胞姪
女名家賓公胞姊
庶母氏康
慈侍下
鄉試中式十五　名
會試中式　名
殿試第　甲第　名
欽點

中式第十五名王世紱順天府武清縣俊秀監生民籍候選員外郎

署考試官翰林院編修日講起居注官國史館纂修加一級紀錄一次錢　閱

大主考工部右侍郎管理錢法堂事務稽察左翼宗學加三級陸　薦批

又批　醞釀深淳光華發越

大主考經筵講官禮部右侍郎南書房行走加三級黃　取批

又批　志和音雅玉潤珠圓

大主考經筵講官太子太保文淵閣大學士管理戶部事務稽察欽奉上諭事件處上書房行走鑲黃旗蒙古都統加三級董　中批

又批　顧視清高風骨遒勁

本房總批

醕雅真經衘華佩實子政則趣昭尋博安仁則鋒發韻流詩吟李賀之囊經說匡衡之鼎五策源流畢貫三塲美善兼賅洵屬通才非同凡鑌揭曉來謁知生雍邸望族列宿清班蚤馳譽於西泠樹六橋之赤幟曾校書於東觀選百寶之青錢佇看聯步杏園榮撤金蓮之炬豈歎高攀桂苑首推玉笋之班

大氣盤旋方家舉止

活看四教是能手異人處

子以四教文行忠信

王世紱

列聖人教人之目四者可綜其全也夫子之教亦多術矣而要不外學文敦行而主忠信焉列之以四而夫子教人之道以全嘗思三代以下無全材非材之難全其材之難也有不倦之聖人出焉其秀者澤以詩書其愿者束以規矩其木且訥者篤以性情合天下之英材納之於知行存發之地而凡材之偏而求全者無不範圍曲成之以底於全所由學業精而人材茂爾不觀夫子教人乎今夫夫子作止語默何在非教吾黨循誦習傳亦何適非教而必別以四者何哉蓋進德修業之本終身不過數大端以四者統其

體題簡卓
起筆騰踔
煞筆峭
分寫處作兩層闡發文情濃郁
串發處更

宗旨該乎寬栗直温危微精一之全而持循無泛騖明體達用之功所求不過一二事以四者端其範又已括詩書執禮性道文章之術而功力有專營四者何則文行忠信是士不通經不足致用文可不修乎約六經之旨英華發爲文辭通六藝之精舞蹈彰其文采窮則以述作爲文達則以經緯爲文而不然者野已細行不矜終累大德行可不遵乎秩敘之行在惇庸有典有則廉隅之行在砥礪亦步亦趨州里以篤敬爲行朝廷以禮讓爲行而不然者僞已然而事不由中文行無益也則忠信足尙乎禮無體而樂無聲大文後素甘受和而白受采庸行先誠棣棣者文而忠信爲質

覺精采動人

長句勁拔是張曉樓擅場

隨手拈來皆鐵板註脚

慥慥者行而忠信爲基而不然者飾外必浮求聞必辟已之四者可以教小子文在少儀容遂不歌佩韘行嫺內則挑達不刺子衿而且請業則詔以諒毋誑則示以常舉弟子之八孝出弟謹信親愛以及餘力學文皆得曲起其徑途而幼業歸於有造所以民無匿秀士盡稱良聖功作而養正有基粹然兼知至知終之詣之四者可以教成人金玉其文朝備九能之選圭璋其行鄉升三物之書而且盡禮則篤於事君推誠則孚於交友舉大人之致知格物誠意正心以及修身爲本皆得貫通其條理而明德進於大醇所以修辭立誠敦行不怠善人多而師道以立蔚然樹有猷有守之

應起處作收完密

型吁此夫子不倦之教所由化天下不全之材而使之全也夫

聚奎堂原批

精理爲文秀氣成采

本房加批

高視濶步仍復細針密縷尤愛其鑪錘極熟無補綴之痕謝康樂初日芙蓉可以持贈

曲折赴題

導源積石　識解獨超

誠性交關

唯天下至誠爲能盡其性　王世叙

誠至而性亦至盡性即盡誠也蓋性固天下所同而盡性乃至誠所獨然則性之能盡也猶是誠之能至而已今夫惟皇降衷若有恒性性降於皇則固本天命之原而理無弗備矣顧理則皆備之理而心有不一之心苟非本其心之純一不雜者以旁皇周浹於無窮則未易踐其皆備之形而暢然其無歉自誠而明謂之性是第言性之存誠而未及言誠之盡性也夫性果何以能盡哉純粹以精者性之體廣大悉備者性之用而宰乎體用之先者祇此一誠之周流而貫徹則明體達用誠原非後起之修爲寂然不動者

處說明下便不煩言而解矣　惟至道極飛出　提頓以圓極緻

性之静感而遂通者性之動而運乎動静之際者祇此一誠之布護而彌綸則静直動專性本屬同然之賦畀然而性之難盡也其在庸愚之輩物感交乘於外己私葷動於中而性之體用兼賅者反受蔽於形氣作交之會而善有難明即在賢哲之徒念或介乎二三功或間於作輟而性之動静如一者亦祇聽諸存亡莫定之時而禮何由復然則能盡其性者誰乎其唯天下至誠乎且夫誠而曰至則稟於生初者已非天質所得拘也誠而曰天下至誠則函於太極者又非人心所能間也淵淵乎其誠之渾全乎萬殊見性分之昭呈一體見性眞之會合而察之能盡在在洞燭而靡遺

書亦猶人獨饒清刻

字字諦當

裒裂并剪爽快絕倫

焉蓋誠至則無私無私則不息而精粗巨細聰明不待用而周則其於性也生而知之而不假探索矣肫肫乎其誠之真實乎綱常協性命之宜飮食中性天之節而由之能盡事事實踐而不爽焉蓋誠至則无妄无妄則如神而遐邇高卑詣力不必推而達則其於性也安而行之而無事持循矣雖知能可與庸愚亦有見性之端然庸人可以見性者一念之誠至誠所以盡性者無念非誠也性無餘性即誠無餘誠原非舍肫摯之天別有操存之能事雖復執維嚴賢哲亦有全性之日然賢者求全於性以勉然者復其初至誠能盡其性以自然者臻其極也誠莫與加即性莫與並不得

謂經綸之外更有推擴之功能所以驗誠於閑存而中和以裕本誠爲時措而位育斯宏人物天地一以貫之矣

本房加批

深入顯出精警處尤足辟易千人

故曰或勞心或勞力勞心治人勞力者治於人

王世紱

心與力無並營治人不同于受治也蓋非勞心則人且無以爲力而奚容並務乎治人治於人古語則旣可徵矣且一人斟元酌樞而億兆人莫不承流罔後豈其位有獨隆歟夫亦觀其心而已矣一人之心首出于衆人之心因以運量乎衆人之心使之各得其心而衆人遂羣焉奔走于一人而不爲明曉其故又烏知其心同而用心有獨異也而許于乃率天下而路也則必不勞其心而後可則必勞其心并勞其力而後可夫勞其心矣烏能并勞其力旣

單刀直入
話側勢全

一氣搏捖

奇矯無前

一落千丈强

振筆疾書有一瀉千里之勢

以其力同衆人之力又烏能以其心宰衆人之心然則天下將無治人之人也天下有治人之人將自同于受治於人之人也嗚呼何不觀古人或勞心或勞力之說乎且夫心與力之不容并營也豈待問哉生人之始其民未有服從有勞心之大人出焉區其才力使不相淩奠其尊卑使不相瀆獨以一心出億兆之上而其權尊權尊則勢隆勢隆則貴得以治賤而民之受治于下者遂各載一大人之心以爲服事也即受性之初斯人亦同此賦畀有勞心之大人出焉以先知啟其屯蒙以先覺開其榛狉獨以一心周億兆之後而其量宏量宏則德廣德廣則賢得以治愚而人之自相

筆揮自逸
的是對付
陳相口氣

收束到底
不懈

為治者又隱藏一大人之心以為舞蹈也勞心者治人勞力者治
于人古人豈無故而云然乎論上下之位則治人似居其逸而受
治者似任其勤不知無一人之勤奚以防衆人之逸也苟裁成輔
相不為雷雨之經綸則聚處必爭羣居必散而又何能安出作入
息于天地之間論廣狹之分則心似運于無形力寔徵于有象要
惟無形之區畫實陰為有象之範圍也苟草野廟堂同此馳驅而
營度則恩不相洽分不相臨而又何以取上天下澤為君民之等
是以衣租食稅勞心者受之無慚樂事勸功勞力者出之何怨有
相濟無相病以並耕之說胡為乎

本房加批

側重勞心與上下文針鋒相對而又不失援引口氣筆鋒犀利獨出冠時

莊雅穩題

賦得洗心藏密得心字五言八韻　王世紱

洗滌
宸衷勵藏修卜
知臨淵涵民得體容勿
聖為心豈籍氷壺貯惟憑玉瓚斟萬流咸仰鏡
孔陛獨鳴琴虛白觀于水中黃式以金厥聲爰濯濯有息自深深
銘借湯盤警源從孔壁尋危微
皇建極
幾暇用書箴

本房加批

端莊雜流麗剛健含婀娜

人情以爲田

第十五名　王世緻

惟聖人能平天下之情喻以田而益著矣夫人情至不同也而聖人能平之其於情也直以爲田焉而已昔武王之教康叔也曰若穡夫予曷敢不終朕畝夫主極者風雨所攸歸也而等之曰穡夫天下者申畫所難盡也而親之曰朕畝于以知治天下之人先治天下之人之情而治天下之人情無異穡夫之所以治穡苟不惰農自安而民情大可見也何則農夫之力田也辨其高下區其美惡課其功勤不敢有一息自安以孜孜焉於長養收藏之際而聖人之治人也範其心思奠其身家平其喜怒不使有一夫不獲而

勉勉焉於東西南北之同然則農夫不舍其田以為田聖人不外人情以為情其於情也直視為田焉而已且夫聖人之於人情也有分其情之所合而受之以節有合其情之所分而受之以恒人生嗜欲之端往往不謀而合飲食欲其遂也居處欲其安也男女欲其得也此而無以分之各挾其情以相求則其勢必角聖人為之區其儀文辨其等殺順其情以受之節而合者可分此亦如田之有界焉八鳩七辨六表三町因勢而分而適合匠人之數焉爾斯人好惡之故又往往隨地而分燥濕異其氣也器械異其制也山川異其宜也此而無以合之各均其情以為安則其勢必渙聖

人爲之同其風俗聯其師儒聚其情而受之以恒而分者可合此亦如田之同井焉甸稍縣都近郊遠鄙同力合作而各分王制之經焉爾故田有不盡之藏情有無窮之變不窮其變如田之未有秋也聖人以一人合天下之情鞠人謀人之保居早已握不竭之源而放之皆準田之治未敢荒情之通無所隔苟情有所隔如田之未盡墾也聖人以天下爲一人之情引養引恬之必盡又不憚艱難之力而感之皆爭此聖人所以能平天下之情而天下之情亦無敢殊其臭味也

聚奎堂原批

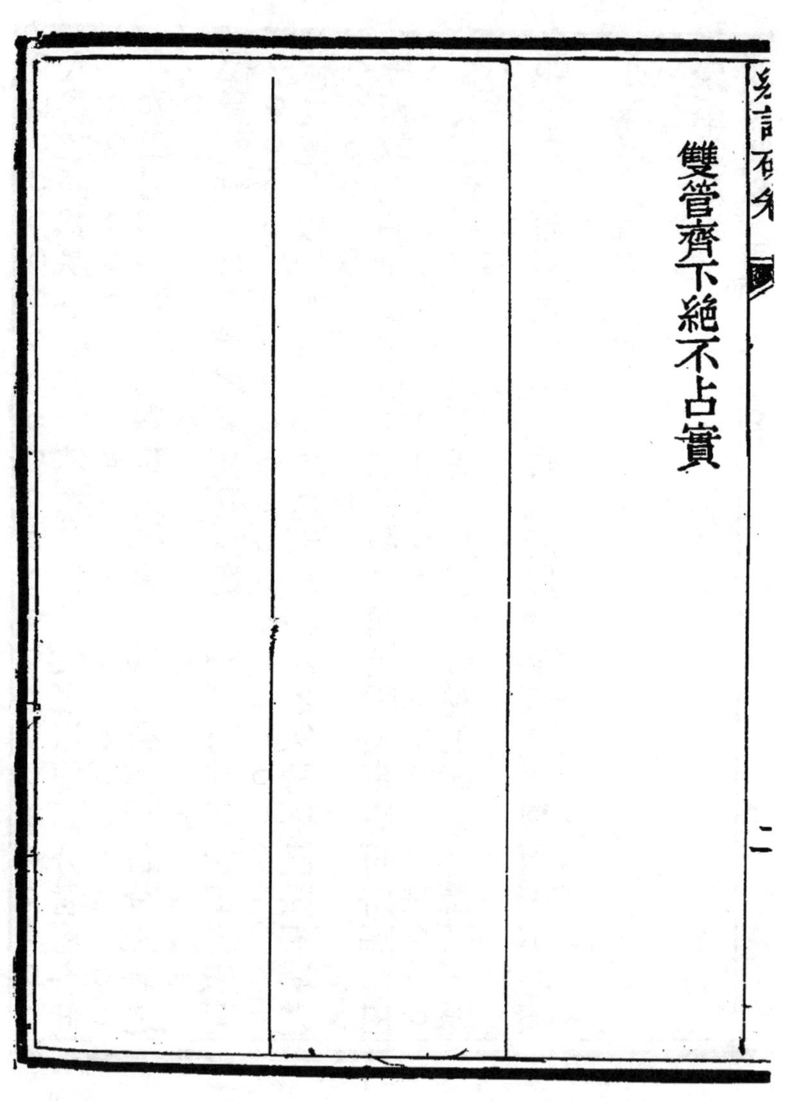

雙管齊下絕不占實

衛侯使甯俞來聘 文公四年 第十五名 王世紱

嘉衛大夫之知禮志敬而詞文也葢春秋時名分紊矣得衛大夫以正之始爽然於詩歌之僭也可謂知禮者哉且春秋秉禮之邦莫如我魯然而禘先王君僭矣舞八佾臣僭矣一時宴饗歌詩且罔然莫識名義焉孰與微詞以諷之正言以告之者則如衛俞來聘是今夫大夫之聘也擯介有儀揖讓有度登降有節贈答有詞亦奚足善善乎甯俞之知禮也且聘必有饗禮也饗必歌詩亦禮也又奚足善善乎甯俞之不荅不辭而私諸行人又得歌詩之旨也且夫俞之爲是舉也見志之敬焉見詞之文焉動容周旋之中

禮也非敬以持之則或卑或亢之間不能從容而應節夫湛露彤弓之惠旣明知非臣下所敢干率爲荅焉何異乎高厚歌詩不類良霄託賦失倫也遽爲辭焉又何異華定不識蓼蕭慶封不知相鼠也惟以不辭隱其失禮之愆以不答致其維禮之意敬之所以不卑不亢也威儀棣棣不可選也俞其有焉等威名分之有禮也非文以將之則詞懌詞輯之時反至肙上而無等夫湛露彤弓之拜嘉孰不知非陪臣所敢與必几筵以証之非同於子犯之讓趙衰叔向之爲子木也必緘默以忍之反不如范匄追念襄王西乞徼福周公也惟以肄業一言諷以蔑禮之失於行人私覿彰其守

禮之恭文之所以詞懌詞輯也雖無老成人倘有典型俞其選哉

春秋之善之者葢以此若夫湛露之錫龍光彤弓以覺報宴名義

所著賦者固習知之俞又無容深辨矣

聚奎堂原批

比事屬辭婉而多風

許楨

字樹芬號幹廷行一道光壬辰年二月二十八日吉時生直隸順天府武清縣學附生民籍

始祖諱進明正德間兵部尚書兩次提督軍務

二世祖諱[illegible]候選訓導

三世祖諱士英誥封文林郎

四世祖諱國光增廣生誥封文林郎

五世祖諱大紀誥封文林郎仕山東即墨縣知縣又封承德郎兵部車駕司主

六世叔祖 鋌明萬歷甲戌進士兵部車駕司員外郎仕至山東臨清兵備道 鋭貢士

高伯叔祖 灝頖庠生 灝頖庠生 漢

曾叔祖 縕祖 承祖庠生 繼祖

從堂曾叔祖 [illegible]祖邑庠生 纘祖

胞叔祖 晟

堂叔祖 昇 祿 昱 昣

從堂伯叔祖 坦 仁 和

胞叔 春元字啓東號星舫邑庠生 [illegible]元字涵初號善圃候選從九品

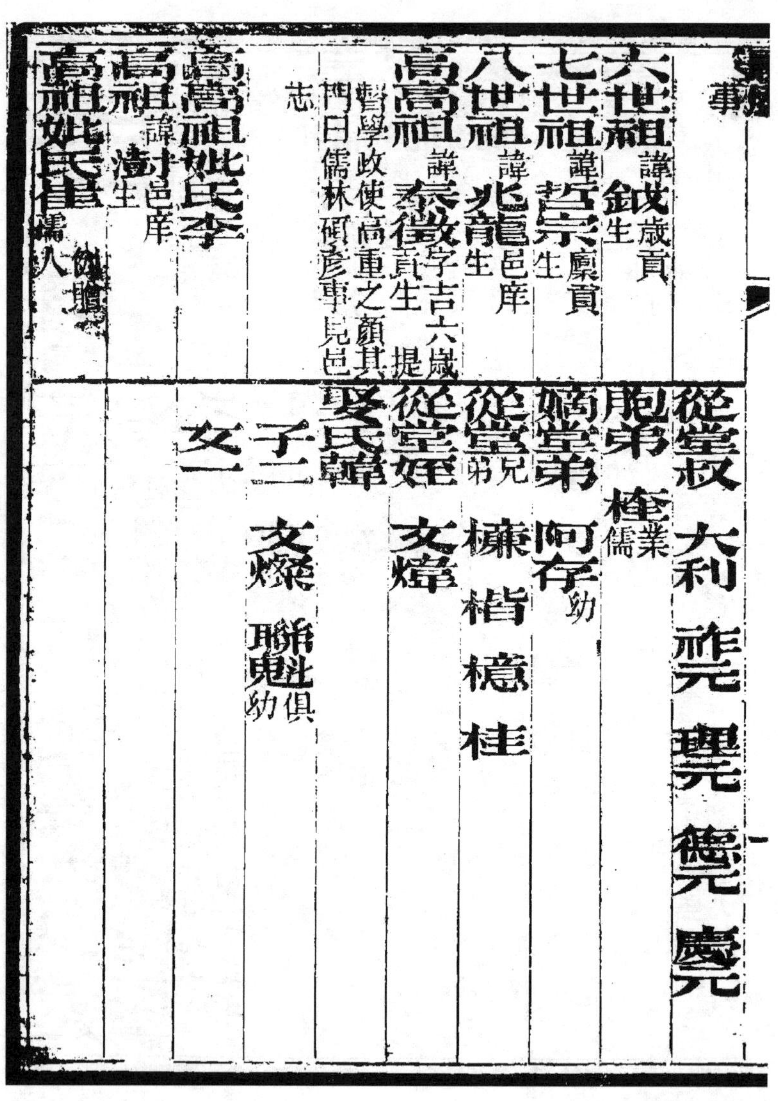

事

六世祖諱鉞歲貢生

七世祖諱晳宗廩貢生

八世祖諱兆龍邑庠生

高高祖諱泰徵字吉六歲貢生提督學政使高重之額其門曰儒林碩彥事見邑志

高高祖妣氏李

高祖諱濤邑庠生

高祖妣氏崔例贈孺人

從堂叔 大利 祚亮 璟亮 德亮 慶亮

胞弟 權儒業

嫡堂弟 阿存幼

從堂兄弟 槺 楷 檍 桂

從堂姪 文煒

娶氏韓

子二 文燦 聯魁俱幼

女一

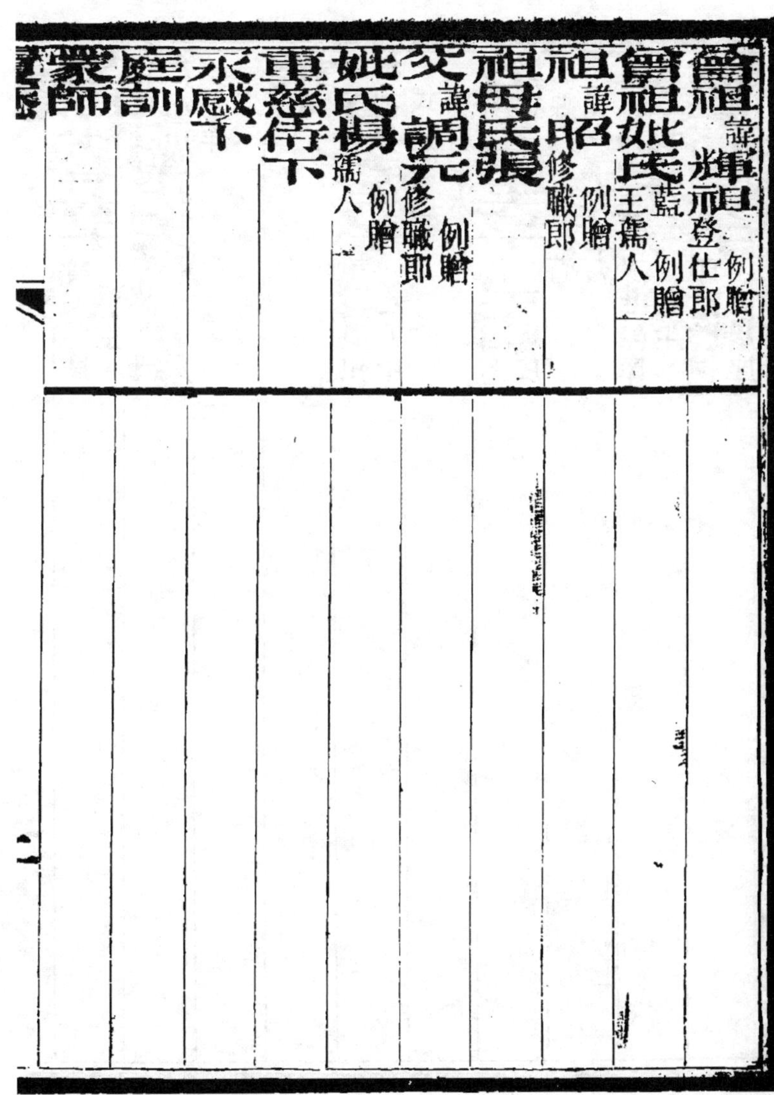

曾祖諱輝祖登仕郎例贈

曾祖妣氏藍王孺人例贈

祖諱昭修職郎例贈

祖母氏張

父諱調元修職郎例贈

妣氏楊孺人例贈

重慈侍下

永感下

庭訓

業師

受知師

履歷

黎思沙老夫子 諱墾 邑庠生

曾叔祖繼先夫子 諱承祖 邑庠生

業師

樹香岑老夫子 諱棫 通州人中式嘉慶己卯科舉人

雲衢姜老夫子 諱天駟 南皮縣人中式道光戊子科舉人

旭昇楊老夫子 諱熾 邑庠生

瑞蒼高老夫子 印兆麟 邑庠

生

吉人李老夫子諱鳴謙邑增

生

胞叔星舫夫子印賡堯邑庠

生

課師

紫垣趙老夫子印文光廣平

府威縣廩貢生道光乙

未 恩科謄錄 國史

館效力議敘現任武清

縣訓導勤辦軍務 欽

加六

品銜

鄉試中式第八十四名
覆試第三等第三名
會試中式第　　名
覆試第　等第　　名
殿試第　甲第　　名
朝考第　等第　　名
欽點

族繁不及備載

蕭世濂

字濂溪號仲周行二道光庚戌年二月二十九日吉時生順天府武清縣學附生民籍

始祖諱福興明指揮使原籍江左小興洲博陵寨永樂二年遷居武清縣魚壩口村

始祖妣氏朱

二世祖諱韋明錦衣衛校尉

妣氏姚

三世祖諱景經明錦衣衛校尉

妣氏孔

高高伯祖漢智

高伯祖如河

胞叔祖學丕從九品例贈武德騎尉

族伯叔祖起龍候選都司　起虎候推守府　起鳳即補千總　起道　起順

起生

胞叔開基國學生

嫡堂伯叔開甲歲貢生候選訓導　開第國學生　開麒邑庠生例贈武德騎尉

三世祖諱暠官兵馬司指揮使
妣氏陳安人 例封
四世祖諱大韡
妣氏閆
五世祖諱德纘
妣氏史
六世祖諱應功
妣氏王
七世祖諱昌晟
妣氏王

開瀛武庠生 例贈武德騎尉
族伯叔國棟 國鳳 國亮 國輔 國雨 國鳳
國麟 國瑞 國英 國清 國存 國邦 國
臣
胞兄弟世源邑庠生 世潤業儒 世澄業儒
嫡堂兄弟世昌國學生 世澤增廣生鴻臚寺序班 世芳附貢生 世濬武庠
生 世榮武庠生六品封 世洸武庠生拔補營千賞戴五品藍翎 世銓內閣供事
世濤武童 世濟武童 世湘業儒 世鴻大營筆帖式 世瀚供事 世恩、
六品銜 世傑幼讀
族兄弟九維 九文 九興 九功 九官 九合

高高祖諱漢禮例贈修職郎
妣氏虞例贈孺人
高祖諱如江例贈修職郎
高祖妣氏石例贈孺人
曾祖諱文德九品例贈文林郎
曾祖妣氏賈例贈孺人
繼妣氏張例贈孺人
本生祖諱聡平國學生例贈文林郎
本生祖妣楊例贈孺人

九煥 九槐 九鵬 九旺 九慶 九恩 九
奎 九榆 九椿 九樹 九桐 九林 九明
九清 九福 九通 九勤 九量 九發 九
順 九庭 九柱
胞姪蔭曾幼讀 紹曾 憲曾 志曾俱幼
堂姪振聲業儒 振鏞武童 振鐸業儒 振元武童 振鰲業儒 振常
振綱 振紀 振鈞 振雄俱幼讀 振隆 振麟
振達 振邦俱幼
族姪廣生 廣居 廣福 廣平 廣伏 廣和
廣增 廣照 廣泰 廣元 廣成 廣祿 廣

本生繼祖妣氏李 孺人 例贈

祖治平 國學生 例贈文林郎

祖妣氏劉 孺人 例贈

繼祖妣氏黃 孺人 例贈

父開經 邑庠生 例授文林郎

母氏顧 處士號勇庭公女 例授孺人

具慶下

庭訓

蒙師

萬岫王老夫子 諱希峻 處士

宗 廣厚 廣舉 廣富 廣尊 廣明 廣恆

廣亮 廣全 廣春 廣利 廣桂 廣士 廣

陵 廣俊 廣漢

娶張氏 國學生名琨公女國學生名福芝公堂妹

繼娶董氏 文庠生諱鍾誠公女

子一 述曾 幼

堂孫 允恭 允讓

族孫 毓琳 毓柏 毓樹 毓桐 毓梅 毓峯

毓清

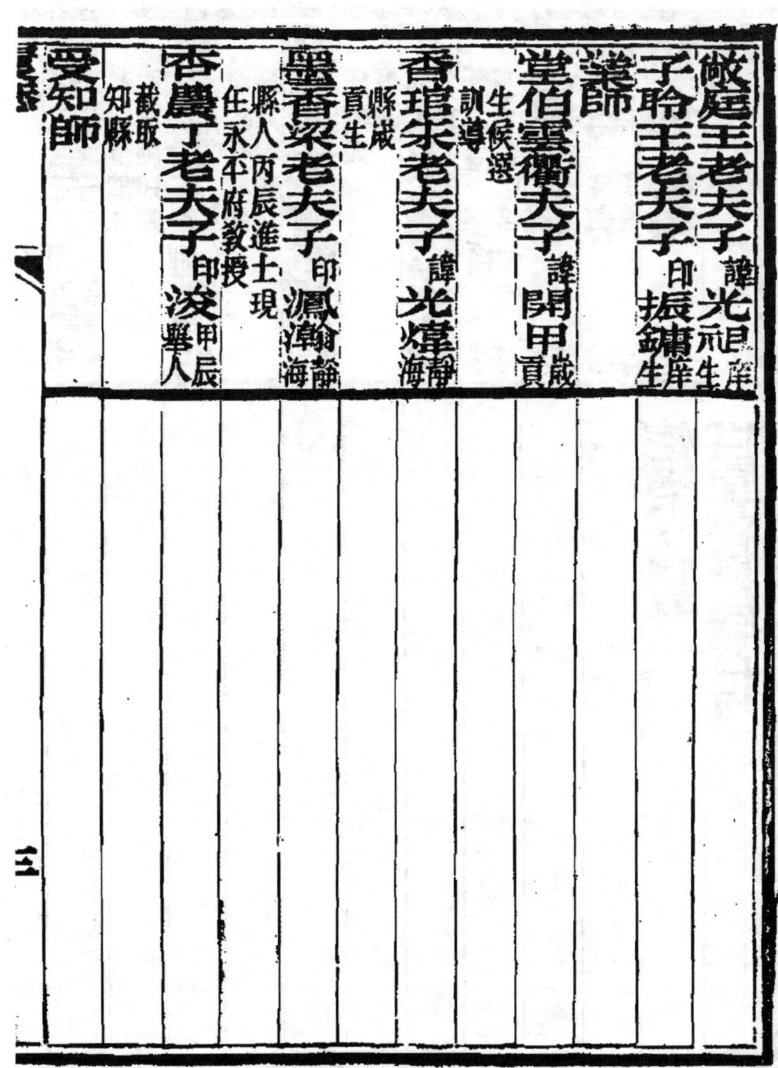

倣庭王老夫子諱光祖庠生

子聆王老夫子印振鏞庠生

業師

堂伯雲衢夫子諱開甲歲貢生候選訓導

香琯朱老夫子諱光煒靜海縣歲貢生

墨香梁老夫子印鳳翰靜海縣人丙辰進士現任永平府教授

杏農丁老夫子印浚甲辰舉人截取知縣

受知師

三

晴曦孫老夫子 印 宗寅 辛酉科拔貢前任武清縣知縣

寶生龐老夫子 印 鍾璐 丁未科探花前任順天學政

錢老夫子 印 寶廉 庚戌科進士現任順天學政

鄉試中式第三十八名

覆試第　等第　名

會試中式第　名

殿試第　甲第　名

朝考第　等第　名

欽點

族繁不及備載

世居武清縣魚壩口村

陳鍾濬

字籲泉號淪齋行三又行四道光戊申年正月
二十日吉時生係順天府武清縣廩膳生民籍
始祖飛龍字榮遠明隨永
樂遷 勅封都
指揮使歷授金吾將軍
卜居霸州佛城疙疸村

始祖妣樂氏 誥封一
品夫人

二世祖鳳圖

二世祖妣李氏

三世祖士梅

三世祖妣田氏

四世祖金川字秉信自佛
城疙疸村徙
五世伯叔祖福源 所問 明萬曆巳酉舉人任山西汶水
縣知縣陞山東平度州知州殉
城死難 特贈太僕寺少卿 諭祭葬 勅修墳
墓廕一子事載明史並山東通志表忠記崇祀平
度州名宦祠 所蘊 明歲貢生 國朝 誥贈 告廩
賜謚節愍 資政大夫兵部右侍郎 言膳

生二 祖福善 祖福海

六世伯叔祖槐 楫 國維 明萬曆乙卯舉人任四川遵
生 義府推官後改湖廣永州府
推官 誥贈資政大夫 國鑰 明萬曆巳酉舉人
兵部右侍郎崇祀鄉賢 任山西蒲縣知縣

七世伯叔祖和 協 順治乙酉丙戌聯捷進士歷任都察
十 院副都御史兵部右侍郎戶部左侍
郎倉場總督 誥授資政大夫 愼 恩貢生任
諭祭葬 勅修墳墓崇祀鄉賢 江南太倉州

居武清縣汊沽港鎮
四世祖妣氏蕭
太高高祖守操
太高高祖妣氏張
太高祖文爵
太高祖妣氏王李
高祖昭
高祖妣氏劉
曾祖有鐸
曾祖妣氏孫

崇明縣知縣海寇鄭成功三鬭崇明力保孤城卒
拒勁旅積勞身殞　特贈江南布政使司右參議
諭祭葬　勅修墳墓廕一子又　恩賜拜他拉
布勒哈番世襲罔替崇祀忠義鄉賢等祠又祀於
崇明縣名宦祠鵬翰丙子科賢書
事載　國史　鵬章副榜　誰良
八世伯叔祖彩　良瑛正三品廕生候補六品京秩　誥
贈通議大夫都察院僉都御史
欽命豐潤等處水利營田觀察使　良玿康熙甲午舉人任山西和順縣知縣　元璧廪膳
生　駿　絓庠生廪膳　定　寶　璟　寬　滋　耀
九世伯叔祖大紳　儀康熙庚午鄉魁乙未會魁翰林院
編修帶管天津府海防同知詹事
府右春坊右庶子掌坊事翰林院侍讀學士都察
院僉都御史　欽命豐潤等處水利營田觀察使
誥授通議大夫著有南馮
齋古今文集學庸口義行世　儼康熙癸巳舉人任四川彭山縣知縣
依康熙丙子鄉魁　沔康熙癸酉科拔貢生　倚雍正癸卯武舉　偲雍正癸卯舉人任河南新

祖宗榮 例贈文林郎

祖妣氏李 例贈孺人

父自超 恩貢生候選教諭 例贈文林郎

母氏曹 天津縣處士諱永公女軍功都司銜谷佩文公堂姑母 例封孺人

慈侍下

庭訓

業師

晉瑄朱美子 諱光燿 靜海

縣歲貢生

野縣知縣 丙 庠生 國哲 鄉飲耆賓 大經 大學 大貫

十世 伯叔祖 嘉義 雍正甲辰科聯捷進士歷任兵部武庫司主事宗人府主事刑部河南司郎中廣東肇慶府知府嶺西肇羅兵備道 誥授中憲大夫 龍友 康熙丁酉副榜雍正甲辰舉人任湖北宜城縣知縣 鳳友

玉友 雍正甲辰舉人庚戌進士任戶部陝西司員外郎福建臺灣府知府 誥授中憲大夫 聞友 雍正丙午舉人 有年 雍正癸卯舉人任山西右玉縣知縣推陞中書科中書 鼇年 雍正癸卯舉人 鹿友 乾隆庚午舉人任容城縣教諭

尚友 從三品廕生候補七品京秩 祁年 乾隆庚寅副榜 [illegible] 嘉慶乙卯武舉安徽帮領運千總 君猷 廩膳生 岱 庠生 崑 庠生 嘉言 嘉道 嘉泰

十一世 伯叔祖 守固 灼 庠生、勅贈文林郎甘肅隆德縣知縣 霙 乾隆辛酉舉人廣西武宣縣知縣 [illegible] 乾隆乙酉副榜乙卯科 欽賜舉人 雯 乾隆乙卯舉人江蘇泰興縣知

歷

子表曾老夫子　印玉書　歲貢生

鏡汀高老夫子　諱晉觀　天津縣人道光己亥恩科挑取謄錄甲辰恩科舉人同治乙丑科會試謄錄

筠谿紀老夫子　諱如校　文安縣歲貢生國史館謄錄前任南皮縣訓導

巽園紀老夫子　印[illegible]　文安縣歲貢生

蕃洲王老夫子　印迎[illegible]

縣寧乾隆庚辰舉人廣東西甯縣知縣陞萬州知州　雲乾隆丙午舉人任豐潤縣教諭　熙

乾隆庚辰舉人任灤城縣訓導　誠乾隆乙酉副榜　邦碩乾隆乙酉舉人　邦瑜庠生　春

官歲貢生　寶官甲午科武舉　雲官議敘州同　璧庠生　[illegible]庠生　永[illegible]庠生

宗濬庠生　守常　守貞　守聰　守明　守鑑

十二世伯祖文德　[illegible]乾隆丁酉科拔貢生任甘肅隆德縣知縣署狄道州知州

叔祖[illegible]乾隆壬子舉人任沙河縣教諭[illegible]　力[illegible]恩貢生嘉慶[illegible]取謄錄在行[illegible]科挑

承[illegible]嘉慶丁[illegible]卯舉人[illegible]嘉慶丁卯副榜[illegible]癸酉挑取謄錄[illegible]舉人戊[illegible]　三[illegible]

道光辛[illegible]庠[illegible]武[illegible]歲貢　已舉人[illegible]生[illegible]生[illegible]生　[illegible]興

高叔祖彰

族高祖琪　[illegible]嘉慶丙子舉人任貴州貴[illegible]定縣知縣陞定番州知州　鈺[illegible]道光庚子進士

縣人道光甲辰舉人現任吉林長春廳訓導

杏塘劉老夫子 印蔭林 靜海縣人道光甲辰副榜咸豐辛亥恩科舉人

[illegible]老夫子 諱國士 東安縣人道光辛卯科副榜己亥恩科舉人丁未科進士前任河間府教授

受知師

嘯籛汪老夫子 諱元方 癸巳科進士前順天學政

寶生龐老夫子 印鍾璐 丁未

欽點即用知縣 暄 宣 廩膳生現任訓導 剛 豐 宣靖 戊午舉人 宣鑑

書閣 武庠生 書禪 廩膳生 觀海 廩膳生 錦 千 晴

曾伯叔祖 有[illegible] 有敬 有興

族曾祖 有志 有蘭 選 庠生 子莊 庠生 子易 庠生 子閑 庠生

胞伯叔祖 宗照 宗明 宗祥 宗富 宗賢

族伯叔祖 啟元 庠生 聚元 樸元 廷元 繼元 萬元

佩元 楷元 宗起 宗盛 瑤 燿 [illegible]

庠生 文秉 庠生 文江 庠生 文朗 庠生

胞伯 自芳 庠生

堂伯叔 自瑞 自麟 自廉 業儒 自珍

房師

科探花前順天學政

霞屏曹老夫子 印煒 癸亥科進士丁卯科薦卷房師

雲甫賀老夫子 印壽慈 辛丑科進士前順天學政

子松夏老夫子 印同善 丙辰科進士前順天學政

湘吟錢老夫子 印寶廉 庚戌科進士現順天學政

族伯叔 自敏 自恭 自敬 自善 自盛 自述

自順 自華 自用 自坦 自奇 自全 自

遠 自柏 自可 自茂 自濤 自同 自山

自鈞 自銘 自諒 自符從九品 自埜 自傑

自爽 自英 慶元庠生 鍾慶庠生 聯泰 聯茹 自

準

胞兄 鍾淇 鍾瀚庠生

嫡堂兄 鍾瀛庠生

堂兄弟 允謙 允恭 允隆 允舒 允翼 允讓

允鳥

族兄弟允泰 允執 允厚 允祥 允企 允杜
允鼇 允齡 允發 允興 允聚 允祿 允
福 允璋 允鵬 允盛 允慶 允樹 允文
允鄉 允中 允棠 允溥 允會 允坦 一
一 允然 允德 允錫 允義 允鈔 允和 允
名 允善 允度 允剛 允立 允秀 允貴
濟和 允穆 允克 允典 允峙
胞姪玉樹幼讀 佳樹尚幼
嫡堂姪寶樹業儒
堂姪錫縉 錫紳 錫纁 錫纓俱幼讀

履歷

族姪錫曾　錫榮　錫麟　錫志　錫恩　錫顔

錫泰　錫同　錫平　玉柏　玉桐　玉桂　玉

軜　玉春　玉德　玉寶　玉書　錫韻　錫福

娶謝氏處士諱國柱公女庠生名象謙公胞姪女太學生諱存養處士名存密存復公胞妹童生名廣修胞姑母

子寶森尚幼

女

族孫瑞雲　瑞熊　瑞星　瑞當　瑞章　瑞奎

族繁不及備載

居住武清縣南汊沽港鎮

鄉試中式第四十九名

會試中式第　名

覆試第　等第　名

殿試第　甲第　名

朝考第　等第　名

欽點

丁之植

太高祖楝全 國學生 例贈登仕郎

太高祖妣氏汪 例贈孺人

高祖鎬 號武遷 例贈登仕郎自浙江蕭山縣幕遊武清縣王慶坨村遂家焉

高祖妣氏高 例贈孺人

繼高祖妣氏曹 同邑處士諱文富公女國學生諱萬春公姑母布政司理問諱輝公優行貢生誥封振威將軍諱澄公祖姑母

字滋軒號靜庭一號幼農行二又行四道光丁未年六月二十五日吉時生順天府武清縣學廩貢生民籍候選訓導

胞曾伯祖國卿

胞伯祖大本 又諱基 號立斯翰林院供事議敘從九品候選州吏目 例授登仕佐郎

大成 號振聲 例贈登仕佐郎

嫡堂伯克復 號效顏 恩賜七品銜 例授徵仕郎

克仁 號秉純議敘從九品候選巡檢 例授登仕佐郎

克義 號配齋議敘未入流候選典史 例授登仕佐郎 例贈修職郎

胞伯濤 號松波 貤封奉直大夫戶部主事加一級

胞叔洵 號少泉增廣生 例封修職郎

曾祖國宗 號世榮國學生
敕贈登仕郎
貤贈中議大夫
戶部郎中加三級
曾祖妣氏齊 處士諱連公
女國學生諱
葵公諱玢公廩貢生諱
璋公姪女 例贈登仕
郎諱思聖公諱思賢公
胞妹國學生諱鎮公諱
鍾公國學生諱鐸公
誥贈武翼都尉諱鏜公
鴻臚寺司儀廳諱錦公
廩貢生諱鏡公增廣生
諱鏞公堂姊 勅贈
孺人 貤贈淑人
祖大裕 號晉初國史
又諱培 館供事議敘
從九品候選巡檢 勅
授登仕佐郎 勅封文
林郎 貤贈中憲大
夫 晉贈中議大夫・

從堂兄榜元 號斌甫武庠生
勅贈承德郎 文元 慶元 號春圃議
敘從九品
例授登
仕佐郎 逢元 號吉辰 殿元 號藎之業武 書元 號玉亭禮
部儒士
之楨 號幹庭壬午歲貢生即選訓導
例授修職郎庚午鄉試薦卷 寶元
嫡堂兄之樞 號向辰郡庠生 之棫 號藝林營千總
衔 賞戴藍翎
嫡堂弟之模 號楷庭廩膳生乙
酉本科鄉試薦卷 之棟 號雲庭邑庠生 之樾 號蔭
庭邑庠生 之棣 號蕚庭
業儒
胞兄之栻 字次軒咸豐辛酉科拔貢生朝考一等
欽點戶部七品京官升額外主事補雲
南司主事題江西司員外郎陝西司郎中派管飯
銀處總辦北檔房現任浙江司郎中同治甲子科
鄉試挑取謄錄辛酉丙子薦卷 誥
授奉政大夫 例授中議大夫
嫂氏李 新城縣嘉慶戊寅恩科舉人內閣
中書諱棠公孫女國學生諱爾勷公女
氏李 寶坻縣道光丁酉科舉人山西五寨縣知縣
江西萬年縣知縣諱植公女議敘州同印廷

祖妣氏陳 同邑國學生 勅封登仕郎諱天祿公次女翰林院供事陝西定遠廳留壩巡檢諱正文公處士諱萃文公胞妹 勅封孺人 貤贈恭人 晉贈淑人

繼祖妣氏杜 歲貢生新城縣訓導諱金斗公曾孫女乾隆庚辰恩科舉人甘肅平羅縣知縣署甯夏府同知諱耕書公孫女乾隆丁酉科謄錄四庫館議敘州同諱裕棠公女諱允孚公諱允成公諱允常公胞妹優增生諱天培公姑母 勅封孺人 貤贈恭人 晉贈淑人

文俊 字禹川號杏農行六道光甲辰恩科舉

藻公國學生印萬藻公胞姊

從堂姪福順 燕詒號翼齋功臣館供事議敘未入流 欽加六品銜現任河南鎮平縣典史 福興 福增 福皆 福申 福景 綜熙業儒 福益 福寶 福聯 福厚

嫡堂姪紳熙 維熙邑庠生 綸熙業儒 績熙業儒

胞姪繁熙幼

姪孫樹墉 樹坊 樹城 樹均 樹功 樹坤業儒 樹人業儒 樹敏業儒 樹勛 樹猷 樹春讀幼 樹型讀幼 樹宏 樹堂 樹生 樹嶺 樹午 樹英俱幼

堂姪孫樹吉讀幼

姪曾孫鐸讀幼 錡幼

人咸豐癸丑大挑二等
候選教諭截取選授廣
東新興縣知縣 敕授
文林郎 誥封中憲大
夫 晉封中議大
夫 崇祀名宦祠

母氏曹 同邑庠生諱塚公
孫女歲貢生候選
訓導諱京爍公次女處
士印梓林公胞姊業儒
諱柏林公嫡堂妹武庠
生諱棠林公嫡堂姊
敕封孺人 誥封
恭人 晉封淑人

永感下

庭訓

業師

曹紹韓夫子 諱曇書 邑庠生

胞姑母 適同邑胡庠生印大鏞公早
逝堂長姊適公姪印光世公

胞妹三 長適同邑曹頭品封典 賞戴花翎遊擊銜
道光己酉科武舉印開芬公長子同治丁卯
科武舉印植華公早逝 次適文安縣王候選鹽
場大使 貤封朝議大夫諱珊公子廩貢生翰林
院孔目銜現任博野縣教諭在任候升知縣印佑
曾公 幼適漢軍正黃旗黃道光甲辰恩科舉
人候選知縣諱寶璪公子同治癸酉科舉人庚
辰大挑一等分發福建試用知縣印萬榮公

娶崔氏 覇州嘉慶戊辰科進士湖南祁陽縣知縣諱
偲公孫女道光庚子 恩科經魁光祿寺署
正銜南皮縣訓導諱宜樾公女增貢生 貤封修
職郎諱宜栻公附貢生諱宜校公廩貢生 欽加
五品銜 賞戴藍翎清苑縣教諭諱宜坊公胞[illegible]
女廩膳生印熹公胞妹 國史館供事印煖公胞[illegible]

繼娶曹氏 東安縣國學生 敕封修職郎諱楝公孫
女廩貢生候選訓導諱楨公姪孫女道光
丙午科舉人大挑二等署贊皇縣教諭[illegible]州學正
詩光霖公女庠生諱光賡公姪女道光己酉科拔
貢生山西屯留芮城縣知縣諱光訓公堂姪女印
國謙公胞姊印國華公本生胞姊庠生候選主簿

二

曹右銘夫子印書箴邑庠生

課師

呂蓀峯夫子印式槤大城人辛酉拔貢舉人癸亥進士翰林院編修

王麗笙夫子諱憲曾陝西人辛酉壬戌聯捷進士內閣中書貴州銅仁府知府

王鎔軒夫子諱繼庭庚戌進士吏部文選司主事前山東青州兗州府知府

受知師

林穎叔夫子印壽圖福建人乙巳進士前山西布政使司布政使順天府府丞

印承擇公堂姊

子紹熙邑庠生娶同邑張　欽加六品銜河南發陽光山縣典史署荊子關縣丞諱鴻緒公孫女候選州吏目印體乾公女

紹煦幼

孫魁瀛幼

孫女阿新

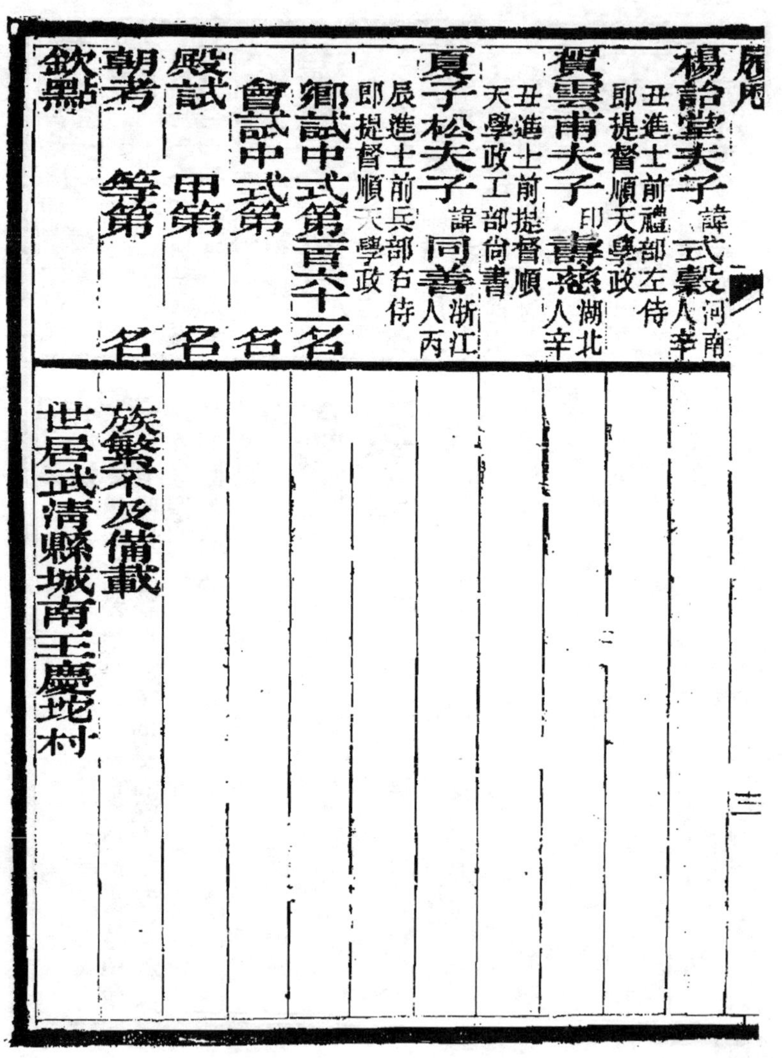
履歷
楊諳堂夫子諱式穀河南人辛丑進士前禮部左侍郎提督順天學政
賀雲甫夫子印壽慈湖北人辛丑進士前提督順天學政工部尚書
夏子松夫子諱同善浙江人丙辰進士前兵部右侍郎提督順天學政
鄉試中式第百六十一名
會試中式第　名
殿試　甲第　名
朝考　等第　名
欽點
族繁不及備載
世居武清縣城南王慶坨村

宋繼儒

字雅林號聘珍行三咸豐乙卯年八月十三日吉時生係順天府武清縣學附生民籍

高祖景旺

高祖妣氏王

曾祖奇蘭 例封文林郎

曾祖妣氏馬 例封孺人

繼曾祖妣氏楊 例封孺人

祖有才 字獻廷 例封文林郎

祖妣氏高 例封孺人

本生祖有瑞 字祥遠 例封文林郎

堂叔祖有慶 有忠

從堂叔祖有昆 有智 有爲 有敬

再從堂叔伯祖有倫 有年 有立 有敏 有嚴

胞伯永和

堂叔永清 永超

從堂叔永奎 永鶴 永福 永岡 永祥 永壽 永德

再從堂叔永生 永亭 永貴

履歷

本生祖妣氏王 孺人 例封

父永安 字靜儒 例封文林郎

母氏趙 孺人 例封

繼母氏王 孺人 例封

繼慈侍下

庭訓

業師

何鳳翥老夫子

葛忠老夫子

劉誠允老夫子

象觀陳老夫子 名光國 本邑廪膳

胞兄弟繼堂 繼明

嫡堂兄繼賢 繼[illegible] 弟繼[illegible] 繼[illegible]

從堂兄弟繼先 繼周 繼志 繼隆

再從堂弟繼廷 繼臣 繼昌 繼豐

胞姪玉田 玉韞 玉藻 玉璞

嫡堂姪玉峰 玉蓮 玉成

從堂姪玉柱 玉汝 庚申

再從堂姪玉鳴 玉山

胞姪孫雙印

妻汪氏 有信公女

子五兒 幼

、生丙子科挑取謄錄

文垣李老夫子名應奎香邑廩膳生咸豐辛亥恩科舉人

砥堂陳老夫子名則廉香邑廩膳生道光甲午科舉人戊戌科進士前任天津府教授著有觀瀾書屋課藝待梓

恩師

毛琦老夫子山東濰縣前任武清縣知縣

錢湘吟老夫子前任順天學政

孫子授老夫子前任順天學政

課友

子餘王[illegible] 寶邑廩學生

琴舫陳來先生 香邑乙酉拔貢

雲衢吳大先生 正黃旗漢軍乙酉拔貢生

文珊朱六先生 鑲白旗漢軍附生

鄉試中式第二百六十名

覆試第　等第　名

會試中式第　名

殿試第　甲第　名

朝考第　等第　名

欽點

族繁不及備載

世居城東務子淘

貢生

陳元浩

曾祖廷機 例贈文林郎

妣劉氏

祖維

妣劉氏

周氏

父丹書 國學生 例贈文林郎

母陳氏 例贈孺人

張氏 例贈孺人

字雨泉號澐汀行五又行一道光甲申年八月二十四日吉時生順天府武清縣附生民籍

胞叔祖綸 約 組乾隆戊申舉人候選和縣

嫡堂伯叔 康書從九品 洛書國學生 雲書貢生 玉書 曆書

妻周氏 國學生諱于藝公女廩膳生諱于德公于謨公胞姪女庠生名行序新胞妹

子一

女一

曾祖母氏楊 例贈孺人

具慶下

己酉選拔第一名

鄉試中式第　名

會試中式第　名

殿試第　甲第　名

朝考

欽點

族繁不及備載

世居武清縣東楊村鎮

謝延晉

字齡號少秋行三又行十二道光丁未年八月十八日吉時生係直隸順天府武清縣學廩膳生民籍

曾祖諱自羲字公美 例贈文林郎

妣氏呂 孺人 例贈

祖諱秉平字坦如 例贈文林郎

妣氏王 孺人 例贈

父聲和字韻秋 廩貢生候選訓導 例贈文林郎

母氏李 孺人 例贈

胞伯諱純和 字亦堂 邑庠生

胞兄諱卣晉 字錫三 諱兆晉 字卜臣 邑庠生

胞弟銓晉 字勵齋 國史館供事

堂弟祺晉 字壽臣 業儒

胞姪鍾喆 鍾奇 鍾秀 俱幼讀

娶馬氏 同邑太學生芳春公女 邑庠生富春公胞姪女

子鍾元 鍾愷 俱幼讀

繼母氏馬 例封孺人

嚴繼慈侍下

光緒乙酉科選拔第一名

朝考第一等第　　名

鄉試中式第　　名

會試中式第　　名

殿試甲第　　名

朝考第一等第　　名　族繁不及備載

欽點　世居城東南康裕莊

寶坻縣

會試

李藻

曾祖養椓 太學生 貤贈朝議大夫

曾祖母氏張 貤贈太恭人

祖偉 貢生 誥贈奉政大夫蘇州府總捕同知 晉贈朝議大夫江西吉安府知府

祖母氏張 誥封太宜人 晉贈大恭人 邑庠生諱震公女學愽公胞妹庠生諱緗公胞姑母

祖母氏呂 誥贈太宜人 晉贈太恭人

字魚雅號惺甫行二嘉慶丙辰年五月十六日寅時生順天府寶坻縣丙子科副榜貢生民籍

胞伯光前 歲貢生安州訓導 敕封承德郎內閣中書加三級

光先 乾隆戊申科舉人現任工部都水司員外郎

光里 乾隆己酉科拔貢嘉慶戊辰己巳恩科聯捷進士現任江西吉安府知府前刑部奉天司郎中

嫡堂兄弟蔭 癸酉科拔貢現任吏部文選司主事 藩 癸酉甲戌聯捷進士現任禮部儀制司鑄印局員外郎 葆 丙子科舉人 蓁 戊寅恩科舉人 蒂 戊寅恩科舉人 莊 邑庠生 著 戊寅恩科舉人 謨 郡庠生 薌 芷

雙 俱業儒

同邑庠生諱薀公女從九衢諱鳴玉公胞妹太學生名向善公姑母

父光庭乾隆乙卯恩科舉人現任內閣侍讀

母氏芮同邑康熙戊子科舉人諱而育公孫女庚辰科副榜諱熊占公女庠生諱振翮公胞妹從九衙名照姑母

具慶下

丙子科中式副榜第二十六名

欽取覺羅官學教習第十四名

胞弟孳廩膳生 搸業儒 蓂幼

妻張氏涿郡乾隆己亥恩科舉人誥授奉政大夫歷任浙江定海慶元知縣海寧州知州貴州鎮寧州知州己酉科鄉試同考官諱玉田公孫女廩貢生候選教諭名汝謙公女廩膳生挑取謄錄名汝讜公姪女

女一

欽命四書詩題

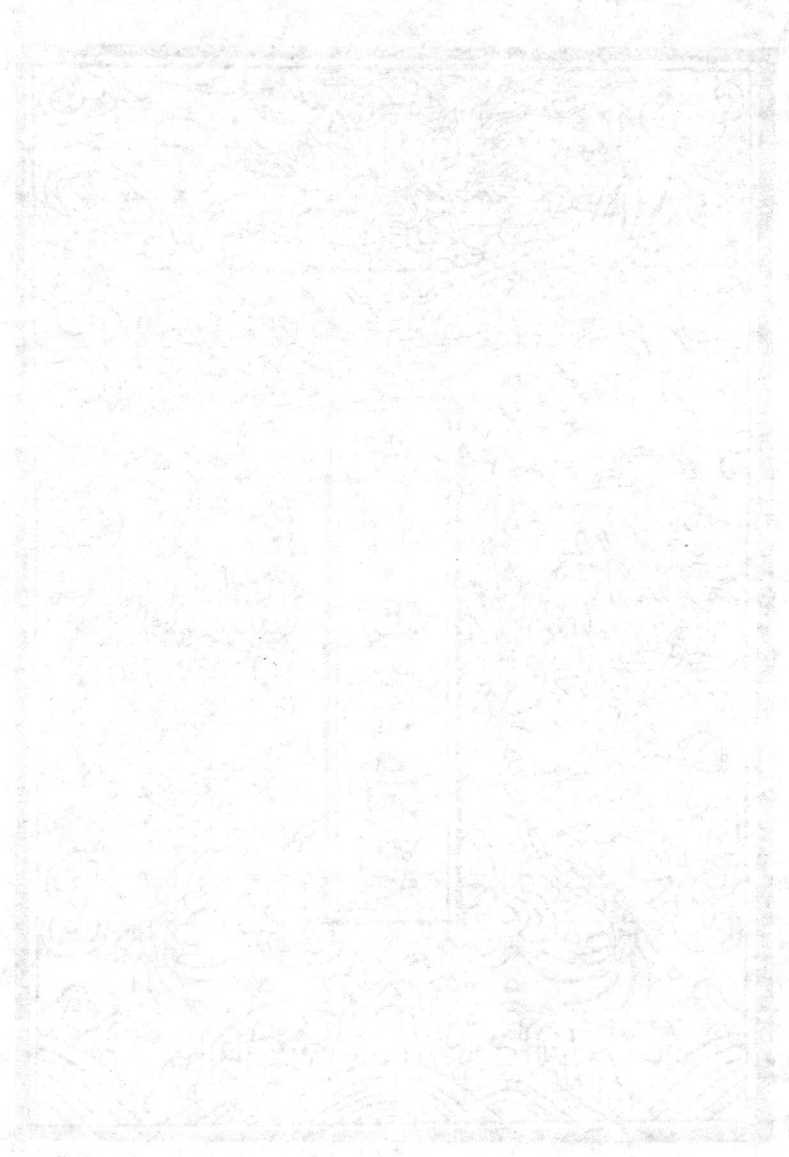

王浵

榜名泉字廉卿號漁莊行一又行二道光丙戌年五月二十三日吉時生順天府寶坻縣府學增生民籍充咸安宮官學教習庚戌考取國子監學正學錄

始祖琳 明附學生 敕封承德郎浙江嘉興府通判先世小興州人永樂二年以軍功占籍寶坻

二世祖翺 明 敕授承德郎成化丙午科舉人歷任江南宿遷縣知縣浙江嘉興府通判

三世祖聘 明義民官

四世祖柔 明附學生

五世祖明汲 明 敕贈文林郎山東青州府推官

八世伯祖乃眞 歲貢生候選訓導

九世胞叔祖朵 歲貢生教習期滿候選知縣 誥封奉政大夫 晉贈資政大夫

九世嫡堂伯叔祖宸 歲貢生 宮 附貢生

十世胞伯叔祖吉士 廩貢生候補行人司司副 多士 候選縣丞 大士 歲貢生候選訓導 誥封中憲大夫刑部山西司郎中加二級 吉人 考授州同知

十世嫡堂叔祖校士 廩貢生歷任鉅鹿縣教諭江南常州府清軍海防同知署清浦縣知縣蘇州府通判常州府知府例升部郎 誥授奉政大夫 晉贈資政大夫候選道加四級

十世從堂叔祖一士 考授州同知 儀文 貢生 紹文 監生

胞高叔祖彭年 候選同知 誥授奉政大夫 堯年 候選布政司理問 柏年

六世祖好善 明 誥授中順大夫萬歷辛卯科舉人辛丑科進士歷任河南開封府山東青州府推官戶部雲南司主事工部營繕司員外郎虞衡司郎中欽命督理清江漕務直隸鳳陽府知府崇祀江南名宦河南名宦祠本縣鄉賢祠

七世祖兆辰 明天啟辛酉科舉人揀選知縣

八世祖乃餘 順治甲午科舉人 誥贈中憲大夫刑部雲南司員外郎

九世祖寓 增生考授州同知 誥贈中憲大夫刑部雲南司員外郎

貢生 誥贈朝議大夫雲南臨安府知府晉贈通奉大夫河南開封府知府加四級 卜年 雲南安寗州知州 有年 光祿寺典簿

嫡堂高伯叔祖讓 康熙戊寅科拔貢教習期滿候選知縣 訥廩生 談監生 詵附生

論 附貢生候選布政司理問 謙監生 [言典] 百齡 附貢生候選行人司司正例贈文林郎 錫齡 附貢生歷任通政司經歷刑部奉天司員外郎山西司郎中廣東雷州府知府乾隆乙巳恩預千叟宴 誥授中憲大夫

從堂高伯叔祖詢 附貢生奉天府經歷署廣寧縣知縣晉秩府同知候選道加四級 誥授資政大夫 讚 誥授奉直大夫湖北荊州府同知監督寶武錢局 讌 誥授奉直大夫貴州正安州知州歷署都江通判平越州黃平州知州

再從堂高伯叔祖詥 監生 貤贈修職郎河南南陽縣縣丞 [言奏] 諫 監生 訓 [言巳] 誥 附生

胞曾伯叔祖旭照 附貢生廣西臨桂縣縣丞署陽朔興業縣知縣 旭皓 附貢生由四庫

十世祖元士附貢生教習
知縣歷任江
南太平府同知內升刑
部雲南司員外郎誥
授奉政大夫晉贈通
奉大夫河南開封府知
府加
四級
高祖萬年誥授奉直大夫候選鹽運司
提舉借補廣東
南雄府通判
高祖妣氏董誥封宜人香河候選州
同通儒公女捐輸欽
賜縣丞載瑜公胞姊議
敘州同治公胞姑母增
生照朗公胞祖姑母
曾祖旭暢例授文林郎勅授修職郎
乾隆辛卯科舉人新城
縣教諭前由四庫館議
敘知縣分發山東試用
起復分發雲南歷署麗

館議敘任甘肅皐蘭縣縣丞署合水縣勅
知縣馳封文林郎山西五臺縣知縣旭晟贈文
林郎山西五
臺縣知縣
嫡堂曾伯叔祖旭東歲貢生候選教諭春增生湖北遠安縣典史旭杲
旭時　旭昰　旭源監生旭亘　旭昭　旭曜監生旭
智　旭耆　旭映　旭曠例贈文林郎旭旺廩生旭藻歷任
河南祥符縣縣丞南陽縣知縣附貢生乾隆
貤贈朝議大夫懷慶府知府旭昇丁酉科挑取
謄錄由四庫館議敘歷任山東布政司經歷章邱
歷城縣知縣濟寧直隸州知州欽加知府銜
誥封朝議大夫晉封通奉大旭載乾隆丁酉科
夫河南開封府知府加四級副榜山東高
唐州州判歷署汶上堂邑寧陽縣恩縣莘縣朝城
縣知縣補嶧縣知縣升曹州府桃源同知雲南臨
安永昌府知府署迤南兵備道兼旭盼　旭昶
署普洱府知府誥授朝議大夫
旭晶監生旭昕　旭暟　承祜附生承祐山東濟寧州仲圩閘閘官
承祉　承禋

歷
江縣知縣陞涼州知州
中甸同知癸卯科雲南
鄉試同
考官

曾祖妣氏芮 勑封孺人同邑康熙戊子科舉人而育公孫女乾隆庚辰科副榜熊占公女附生振翮公胞姊從九品熙公姑母附生家蘭公祖姑母

祖瑄 字江瀾廩膳生例贈修職佐郎

祖妣氏張 例贈孺人王田附生鵬翩公女秀文公胞姊

父寶猷 字瑞伯歲貢生國子監肄業候選訓導 例授修職佐郎 例封文林郎

母氏王 例封孺人雄縣附生綦公女增生

從堂曾伯叔祖世登 應召 欽銘 秉鈞 欽堯

欽曾 成德 超倫 盡倫 敦倫 明倫 鈺

錡 鏞 鑫 旭曉 監生聖廟齋奏官 旭普 乾隆壬午科舉人揀選知縣

旭健 監生 旭昱 廩生 旭海 旭初 附貢生誥贈奉政大夫內閣中書加四級

旭啟 監生 旭丙 旭正 旭朗 乾隆丁酉科拔貢丙午科舉人唐縣教諭候選知縣

旭耀 廩貢生清苑縣訓導歷署望都縣天津府訓導廣宗縣教諭

再從堂曾伯叔祖振聲 勑授修職郎兵部司務廳司務例贈文林郎 振翮 貢生雲南霑益州吏目

振翽 監生 振孫 廩貢生誥封朝議大夫同知加一級 振榮 乾隆丁酉科舉人揀選知縣 勑贈修職郎四川康家渡監大使 誥贈奉政大夫山東濟寧直隸州知州

振若 監生例贈登仕佐郎 振青 監生例贈修職郎山東嶧縣縣丞

振緒 乾隆癸卯科舉人蔚州學正候選知縣

族曾伯叔祖繼曾 貤贈修職郎樂亭縣教諭 繼先 監生 繼傳 繼序

二

鴻臚寺主簿　欽差祿
米倉監督枚公胞姪女
嘉慶戊辰　恩科舉人
道熙公胞妹稟生墉附
生均
姑母
具慶下
庭訓
受業師
胞叔祖名理字芸圃歲貢生國
子監肄業期滿即選訓導
胞叔祖諱玠字椿橋優廩生
嫡堂叔祖名琮字禮田乾隆
戊申科舉人山西五臺縣知縣歷署長治孝義
稷山繁峙縣知縣朔州知州

繼成乾隆甲寅　恩科舉人樂亭縣教諭繼賢　若磐・若夔附生
若崚　若陵　若成
胞叔祖理歲貢生國子監肄業期滿即選訓導玠優廩生　例贈文林郎
嫡堂伯叔祖秉鐩廣東新興縣典史琮乾隆戊申科舉人山西五臺縣知縣歷署長治
孝義稷山繁峙縣知縣朔州知州　例封奉直大夫山東齊東縣知縣　欽加知州升銜璧監生
從堂伯叔祖璉　璽監生　瑚貤封修職郎福建蓮河鹽場大使瑾貤封登仕佐
郎山東日照縣巡檢珍　珮　琦　珊　璿　瓓　玟　瓚
璐　瑴附生　環　瑗　瑜　瑋道光乙酉科舉人揀選知縣雯
霱　霈　露　霨　俊乂分發浙江批驗大使署袁浦場大使康
乂河南縣丞借補銅山縣主簿歷任盱眙縣縣丞邳州知州河南上下南河同知祥河同知懷慶
府知府開封府知府署彰衛懷兵備道　誥授朝議大夫　晉封通奉大夫作乂南河候補
縣丞　例封文林郎用乂山東寧陽縣主簿滕縣知縣彥乂福建蓮河鹽場大使署漳

三

陳辛軒夫子 印 稼生 江蘇寶山
縣人道光壬午科舉人
歷任盂河寶坻大興縣
知縣署東路同知升冀
州直隸州知州 欽加
運同
銜

張護航夫子 印 元培 江蘇太倉
州人道光丁酉科拔貢
庚子科副榜癸卯科舉
人 咸安
宮教習

夏榕孫夫子 印 寶全 江蘇吳江
縣人道光戊子科
舉人國子監學正

桂丹盟夫子 印 超萬 安徽貴池
縣人嘉慶戊辰 恩科
舉人道光癸巳科進士
歷任欒城豐潤縣知縣
務關同知揚州府知府

三

浦縣知縣 保醇 山東昌樂縣典史 熙 山東日照縣安東衛巡檢 學詩 學易
學禮 薪 葵 桂 澧 炳 烜 存志
存慓 薩保 候選未入流 存性 存悅 開第 聯第
再從堂伯叔祖岐 附生 峻 純 經 則乾 則與 解
魏 輝 銑 品 賞 諒 汝豐 汝祥
汝發 汝豫 汝玉 長祿 監生 長凝 廩生 長泰 附生 長
鯨 京從九品 長垣 長洲 長俊 長岩 長凱 監生 長
翰 監生 敕封修職郎 山東濤雒鹽場大使 長佑 附貢生 敕贈文林郎 晉贈奉政大夫
內閣中書加四級 長禧 附貢生 長發 監生 聖廟齋奏官 淳鶴 淳莊
附生 淳惠 淳肅 淳敏 貤封登仕郎刑部司獄 淳睦 武生 淳益
淳方 淳勉 淳典 淳雅 淳敬 仲琪 候選
未入流 仲璄 附生

福建汀漳龍兵備道

周荻香夫子 印彥增 江蘇無錫縣人道光甲午科舉人沛縣教諭

邵桂峰夫子 印占鼇 順天東安縣人道光庚子科舉人國史館謄錄議敘知縣

魏東堂太夫子 印廷模 直隸新城縣人嘉慶戊午科舉人寶坻縣教諭

王蓮士夫子 印清選 漢軍鑲白旗人道光戊子科舉人癸巳科進士議敘光祿寺署正前翰林院編修

李寶之夫子 印宗城 江蘇吳縣

三從堂伯叔祖鍾秀 山東膠州靈山司巡檢 銓秀 乾隆己酉恩科舉人冀州棗強縣教諭例授文林郎勅授修職郎覃恩貤贈奉政大夫翰林院編修加四級 聚秀

挺秀 增生 韞秀 附生 掄秀 廣西西林縣典史 毓秀 松秀

棱秀 附生 蔚秀 擢秀 附生 舒秀 歲貢生候選訓導 甡 例贈修職佐郎

殊澤 乾隆乙卯，恩科舉人歷任四川康家渡鹽大使河南羅山登封縣知縣癸酉科河南鄉試同考官

殊渥 乾隆甲寅恩科舉人候選道前兩浙蘆瀝鹽場大使山東齊東歷城縣知縣東昌府同知濟甯直隸州知州軍功應升知府歷署山東東昌青州兗州曹州府知府濟東泰武臨道鹽運使司鹽運使

殊洽 監生候補從九品 殊滫 監生 殊鎮 兩淮候補鹽運司知事

殊浮 東河南陽閘官 殊濯 山東嶧縣縣丞 殊淳 分發福建未入流

殊泰 書浩 候選從九品

族伯叔祖濆 滋 淮 附生 澈 附生 濤 潔 沖 附生 澄 沄

沅 漢源 增生

人道光甲午科舉人直隸東光縣知縣

張雲屛夫子 印元杰 山東館陶縣人嘉慶癸酉科拔貢道光壬午科舉人乙未科進士實坻縣知縣昌平州知州

再從堂叔鄺卿夫子 名金臺 道光甲辰恩科舉人揀選知縣

車雲衢夫子 印順軌 陝西郃陽縣人道光丁酉科舉人庚子科進士翰林院編修提督湖南學政

李晴川夫子 印道生 江西德安縣人道光壬午科舉人丙申科進士翰林院編修現任通政使司通政使乙巳恩科會試同

胞叔迪猷 例封文林郎 浦猷 例贈文林郎

嫡堂叔復猷

從堂伯叔壯猷 附生 令猷 未入流 憲猷 嘉慶戊寅恩科副榜教習期滿選授江蘇金山縣知縣改選山東陽信縣知縣現任齊東縣知縣欽加知州升銜 燊猷 監生 德猷

再從堂叔光鉞 光鎧 光鑑 附生 光鍌 光棣 爕颺 書賢 書勤 書興 書春 柏 銖 咸亨 復亨 迎壽 道光甲辰恩科舉人咸豐癸丑科大挑二等即選教諭 金臺 道光甲辰恩科舉人揀選知縣 金城 未入流 金聲 建衡 東河候補通判 大章 東河試用巡檢 大濟 道光辛卯恩科舉人揀選知縣 鑑 銑 銓 明德 崇慶 崇齡

三從堂伯叔煥彩 附生 作梅 作楷 永年 永魁 永

考官

從兄小霖夫子 名祖培 道光壬辰科舉人庚子科會魁翰林院編修充文淵閣校理武英殿纂修國史館總纂本衙門撰文提督陝甘學政咸豐壬子恩科會試同考官

受知師

劉磻溪夫子 印夢熊 河南襄城縣人道光乙未科進士現任四川內江縣知縣前署寶坻縣知縣

吳笏菴夫子 印清鵬 浙江錢塘縣人嘉慶丁丑科探花前任順天府府丞

泰 永利 永發 永順 永芳 禮猷附生 璟觿

璟⿰角枼 璟猷附生 璟靜 璟觥 璟官 璟解

寶雲 璟福 慶雲附生 聚瑾附生 聚奎 壽昌 文

寶 商雲 壽椿 永寶 壽彭 留寶 燮和

附生 壽仁 書雲 湘附生 浚監生 江 棣昆 裕昆

賁昆 玉昆 思齊附貢生山東濤雒鹽場大使保舉候選知縣 思捷

府增生 思義嘉慶戊辰恩科舉人丁丑科會魁已卯恩科進士內閣中書國史方略館校對刑部江蘇司主事 思睿歲貢生候選訓導 思忠增生 思孝附生 思誠

樹本 樹棟 樹梓 樹貫 樹桂 樹德

樹桐 樹勳附生 樹楠 樹模 樹棣 樹楷 樹

杞 樹懷

族伯叔 如洋府附生 如澍府廩生誥贈奉政大夫翰林院編修加四級 如瀚附生

二

潘芸閣夫子 印錫恩 安徽涇縣人，嘉慶辛未科翰林，南河河道總督，前順天學政

馮晉園夫子 印芝 山西代州人，嘉慶戊辰科翰林，禮部侍郎，前順天學政

程楞香夫子 印庭桂 江蘇吳縣人，道光丙戌科進士，都察院左副都御史，順天學政，庚子科順天鄉試同考官

鄧謝園夫子 印寶樹 漢軍鑲紅旗人，道光丙戌科進士，浙江衢州府知府，癸卯科順天鄉試同考官

梅谷夫子 印麟魁 滿洲鑲白旗人

夏 擷 頎 頸 九江 大波 昉 靜壽 道光己酉科副榜 守樸 監生 鐵壽 道光辛巳恩科副榜，雲南候補直隸州州判 鈍壽 候選府經歷 鉢壽 陝西草涼驛驛丞 鏗壽 四川丹棱縣典史 鐵桂 銅桂 椿壽 附貢生，候選州吏目 楷壽 附貢生，候選刑部司獄 格壽 候選未入流 桂壽 維楨 廩生 維植 附生 世榕 巨橋 巨梅 巨業 廩生 巨柏 砥柱 廩生，道光乙酉科挑取謄錄 國桂 附生

嫡堂兄濂 道光己酉科拔貢，咸豐辛亥恩科舉人，本科考取咸安宮官學教習

嫡堂弟潤 府附生 湛 池

再從堂兄弟芝 芾 蒲 準 府附生 滙 增生，道光己酉科挑取謄錄

三從堂兄弟通 潤 通洛 通漸 通瀛 文瀾 文濤 文溥 文沼 蘭 治安

族兄擇 貤封修職郎 族弟鐸 永平府灤州學正 鏓 鉆 鋕 閬增 增

道光丙戌科傳臚現任工部尚書軍機大臣癸卯科順天鄉試正考官

許滇生夫子 印乃普 浙江錢塘縣人嘉慶庚辰科榜眼現任刑部尚書南書房行走癸卯科順天鄉試副考官

松岑夫子 印花沙納 蒙古正黃旗人道光壬辰科翰林現任都察院左都御史癸卯科順天鄉試副考官

李芝齡夫子 印宗昉 江蘇山陽縣人嘉慶壬戌科榜眼禮部尚書

魏麗泉夫子 印元煜 直隸昌黎縣人嘉慶戊辰科進士現任兵部尚書庚戌考

基 增業 大鍾 大律 增培 德沛附生 德澤

慈恩 慈蔭附生 洪恩 知禮 增印 增艾

增穀 增爵 增武 增勞 增彬 芳運附生

護 符瑞 文杏 慶平 嶺峻 純嘏 永福

有薰 有恒 有言 國瑞 昌業 灼 鑑

明 文星 壽 其祥候選未入流 麟祥 耆祥 鳳

祥 浙江湖州所千總歷任山東泰安營守備山西祁石樓營都司現山東試用遊擊署單縣營參將文登營副將 貢祥 道光辛卯恩科舉人揀選知縣 鶴祥 蓉祥附生 夢

祥附生 卿祥附生 家祥議敘未入流 啟祥 書祥附生 淑祥

貞祥 端祥 瑞祥 芸祥 椿祥 蘊祥 祖

培 道光壬辰科舉人庚子科會魁翰林院編修充文淵閣校理武英殿纂修國史館總纂本衙門撰文提督陝甘學政咸豐壬子恩科會試同考官 肇 世昌廩生 熾昌

試漢教習
閲卷大臣

小汀夫子 印全慶 滿洲正白旗人
道光己丑科翰林現任
戶部左侍郎署倉塲侍
郎庚戌考試漢
教習閲卷大臣

彭詠莪夫子 印蘊章 江蘇長洲
縣人道光乙未科進士
現任工部右侍郎軍機
大臣庚戌考試漢
教習閲卷大臣

賈筠堂夫子 印楨 山東黃縣人道
光丙戌科榜眼現任吏
部尚書協辦大學士署
翰林院掌院學士庚戌
考試國子監學正學録
閲卷
大臣

曾滌生夫子 印國藩 湖南湘鄉

道光壬辰科舉人永平府灤州學正 烈昌 爔昌 熺昌 燴昌
焯昌 燡昌 鴻昌 燮昌 燕昌 照昌 炣
昌 意健 儔健 昫健 附生 煜 附生 煒 際熙 廩生咸豐
辛亥恩科挑取謄録 輔 翱 崇喜 連喜 壽愷
從堂姪開格
再從堂姪育桐 育桂 育馨
三從堂姪楓慶
族姪景茂 景西 景山 景宗 景雲 景松
瑞雲 祥雲 大慶 二慶 筠報 二報 元
鍾 元通 瑞麟 祥麟 朝宗 翌宗 秩宗
軫宗 續宗 起宗 仲奎 季奎 狀奎
英奎 鳴珊 議叙未入流 鳴珂 鳴岐 鳴盛 鳴韶

縣人道光戊戌科翰林
禮部侍郎庚戌考試國
子監學正學
錄閱卷大臣

文甫夫子 印琦昌 蒙古鑲白旗人
道光癸未科進士詹事
府詹事庚戌考試國子
監學正學錄
閱卷大臣

春山 連中 慶禔 慶祺附生 慶礽 慶禛
又均 又培 丹階 丹陛 丹墀 丹城 彭

族姪孫扎拉芬 雙魁 二官 金萱

娶王氏 同邑乾隆壬申科進士湖南郴州直隸州知州一永芳公曾孫女附生城公孫女附生士傑公女附生𤞤附生耀麇生翁胞妹

子

女二

履[歷]

癸卯鄉試中式第二百十九名

正大光明殿覆試

欽定一等第二十二名

庚戌考取鑾官學教習第一名

庚戌考試國子監學正學錄

欽取第二十六名

會試中式第一百十五名

保和殿覆試

欽定一等第二名

殿試第二甲第二十一名

朝考一等第三名

欽點翰林院庶吉士

族繁不及備載

世居本縣城內

會試硃卷　咸豐癸丑科

中式第一百十五名王　澎順天府寶坻縣府學增生民籍充咸安宮官學教習庚戌考取國子監學正學録

同考試官翰林院編修國史館協修加一級張　閲　薦

大總裁內閣學士兼禮部侍郎銜署工部左侍郎稽察山書科事務稽察左翼宗學加三級潘　批　取

又批　水到渠成

大總裁經筵講官吏部左侍郎兼署刑部右侍郎實錄館副總裁軍機大臣加三級邵　批　取

又批　清眞雅正

大總裁禮部尚書加三級徐　批　中

又批　切理饜心

本房總批

瑩題如鏡弄筆如丸縝密温潤如玉之
無瑕純靜和平如琴之入妙詩裁清雋
經策淹通非讀書養氣之功深未易臻
斯詣境也生青箱世族家學淵源承累
葉之簪纓集一門之科第嚴父訓過庭
之詩禮喆兄導先路於蓬瀛用是弱冠
未登賢書蚤列况迺文名日噪兼妙臨
池凡夫官學儲才成均造士試輒與選
名果非虛今者歷十年而又屆癸科遂
一舉而榮躋甲榜
彤廷歷試上選塡膺文章有價不信然歟
從茲接踵詞垣簪毫
禁籞聯雁序而鏘霓珮賦駪征而擁星軺
祠乃家聲蔚爲
國器勗哉拭目望之矣

子曰聽訟吾猶人也必也使無訟乎

王彤

聽訟者仍有訟迹聖言而見使之神焉夫第曰聽訟是猶有訟也進思無訟而厚望於使子言誠可味哉傳者以爲今以折獄惟良之見重斯世也大抵謂察之以明不知默爲化者初無所用其明也且濟之以斷不知潛爲移者並無所施其斷也夫此嚴明之識果斷之才在常人亦幾躊躇而滿志自大聖人慨慕盛隆深求治理覺移風易俗固有泯爭端所自起擅妙術於無形者而論治乃益精而致治爲有要已昔吾夫子盱衡當世見夫酷烈者以威克貪墨者以賄成訟獄繁興實由此起而一時才畧之士亦惟是恃

智研窮殫心訊鞫操末流之術莫由追隆古之休乃爲之慨然曰成康刑措淳風邈矣降及於今而僅以聽訟聞也夫訟而能聽不且以此擅美於人哉而吾竊思之禮教不足息其爭而法令之嚴乃從後而爲之制不能無訟故相競以聽訟也徒過其流豈藐躬獨慙於能吏文網既日趨於密而險健之勢益相牽以角其能矜言聽訟乃愈不能無訟也未臻其極豈淑問可謝爲專長吾猶人也而未滿吾願也今夫律之必嚴者馭世之法也進而愈上者思治之心也蓋聖世明刑初不廢士師之掌故鈞金束矢亦且本雎麟精意制禮而詳刑獄之司而儒生論治要不同俗吏之爲彼律

令科條詎能挽雀鼠澆風變俗而躋敦龐之盛必也化其頑梗潛消箕帚之爭必也戢其囂淩咸適蕩平之路斯妙於使矣夫桁楊設而畫象僅存犴狴清而下車鮮泣生其際者第相胥爲固然豈知轉移化導之機惟使之者有以神其用也片言可折擊斷徒矜明察之能尺法虛懸耕鑿自率安恬之性果孰淺而孰深耶修史慨刑書之鑄能勿殷然望治也乎必也不介而孚率從者安於愚賤必也相觀而化煽惑者斂其聰明斯捷於使矣夫足跡絶公庭之路姓名恐長吏之知游其宇者祗出於不自覺豈知鼓舞振興之際惟使之者有以握其權也鉤致云勞幸濟而已懈任術刑威

不事無言而化及至頑果孰難而孰易耶刪詩存行露之章能勿穆然思古也乎夫子之言如此味斯語者當恍然於本之說矣

聚奎堂原批

志和音雅弓燥手柔三尤警闢詩工經晷滿策整飭詳核

本房加批

名言精理平心靜氣以出之醞釀深醇應絃合節學養兼到之詣

君子義以爲質　　王澎

事吏諸義惟君子能立其質也夫事之爲與不爲非義無以酌其宜非義無以致其決也以爲質焉君子之守義何如者今夫精義者聖神之詣而守義者成德之修義也者主乎一定範乎百爲循之則爲心之閑植之則爲身之幹而要不可參以適莫也膠於己而絕無裁制則識拘而又不可涉於游移也背乎理而高語圓通則志奪夫亦以確然之見力持其本體焉而已矣何則事苟兩存其說當局恒莫識所從義則有主乎一定者焉經權常變義在斯不惑於幾微可否是非義在斯不淆於疑似是變而不變之道也

事苟偶合其宜過此原無容過孰義則有範乎百爲者焉蕃變紛紜義各有當然之則錯綜參伍義各有不爽之衡是精而又精之理也君子何如者制心貴有其閑而心非義不能制夫事之來吾前者孰主宰是孰綱維是皆心爲之也君子以心莅事即以義制心則凡心所措置之處皆義所彌綸之處而義據其先事從其後焉譬諸繪事君子直以義爲粉素而已矣持身貴立其幹而身非義無以持夫事之在分內者孰擔荷是孰仔肩是皆身爲之也君子以身應事即以義持身則凡身所經歷之區皆義所宰制之區而義主於中事貞於外焉譬諸植木君子亦以義爲本根而已矣

義以爲質有必然者而固非適莫者所可同也世故迭乘之會徇己者疏執己者亦疏蓋所謂義以爲質者任百變不離其宗非以偏自膠其見也有時義所當爲挺然任之而成敗不暇計有時義所當絕毅然去之而利害無或搖則質之所存者固也守基勿壞者得主有常故立身恥託於中庸亦達變不流於堅僻而更非游移者所可語也吾人因應之方泥理者失昧理者尤失蓋所謂義以爲質者時措宜而範圍不過非横棱習而遷就爲勞也有時義當曲致從容以赴而不病迂迴有時義可直將徑遂之情亦非同矯激惟質之所體者眞也事歷萬端者理衷一是故擇之精而

權衡悉當亦守之定而氣節常伸由是而禮行孫出信成皆所以全此義也其斯爲君子乎

本房加批

見理瑩澈妙義層出不窮惟成竹在胸故揮灑自如極行文之樂事

○○○○○孟子道性善言必稱堯舜

王 澎

爲儲君闡性善之說特舉二帝以相證焉蓋性善之說闡於孟子而堯舜則古之盡性者也故特舉以相證歟且中庸爲言性之書其稱孔子也則曰祖述堯舜說者謂天命謂性衍自道心惟微一語故千古盡性之學斷自唐虞焉孟子受業於子思之門人七篇大旨言性特詳又嘗謂人皆可以爲堯舜蓋本萬物皆備之躬紹二帝相傳之緒固無日不以此意望天下也乃適於滕世子發之夫世子身居貴胄年在沖齡而顧越國過都好賢忘勢此其度量有大過人者由是以觀性果皆善人果可以爲堯舜也而謂孟子

能默然於世子哉且夫孟子之論性固有難焉者自湯誥始言性而降衷片語每深惜記載之弗詳彼五百年統紹聞知立說尚從其慎而欲於千載下特宣奧旨則恐近無稽孟子之言性善尤有難焉者自聖門罕聞性而相近一言未嘗混聖凡而一視卽七十子親承函丈著書莫贊其辭而欲以私淑者更闡微言則或嫌於創然而清濁剛柔者氣也仁義禮智者理也孩提知愛少長知敬無殊稟也赤子笑啼途人譽毀無異情也性善之道所為般然也顧其必稱堯舜也何居蓋一以挽戰國之風焉七雄相競之秋爭為異說為我兼愛沈溺日深矣不正之以堯舜恐虛無寂滅之教

興而論性愈詳誣性愈甚也以稱之者挽之俾知神聖功修不過立原於孝弟庶世之創爲高論矜爲畸行者迷途知所返耳則古稱先之下即寓扶衰救弊之心言之所由維世風哉以勉世子之學焉千聖相承之統要在自強物則秉彝盡人同具矣不進之以堯舜恐諭教親師之意薄而賦性自足盡性無由也以稱之者勉之俾知帝王學問亦祇自復其生初彼古之大哉則天君哉協帝者千載有明徵耳讀書訪道之般足收砥行礪名之效言之所由端學術哉維時記者亦不能殫述揭其要曰性善探原之論也括其詞曰堯舜徵實之意也後之學者將本萬物皆備之躬紹二

帝相傳之緒舍斯語奚從哉然則孟子之言豈第爲滕文發也乎

本房加批

讀書得間故能探索名理偉論自成其磅礴之氣颯爽之姿尤覺袞鄂戰酣餘勇可賈

賦得自喜軒窗無俗韻得森字五言八韻　王淜

雅韻全超俗軒窗喜自吟幽居憑嘯傲靜境極蕭森草色承

朱幌蕉痕暈綠陰室添虛白賞塵謝輭紅侵紗印光浮几紋

揮樂寄琴檻花含妙諦檐竹足清音勝景饒天趣澄懷證道

心曲池佳詠續

仙籞愜

宸襟

本房加批

駘宕自喜雅韻欲流眞撲去俗塵三斗

欽命四書詩題

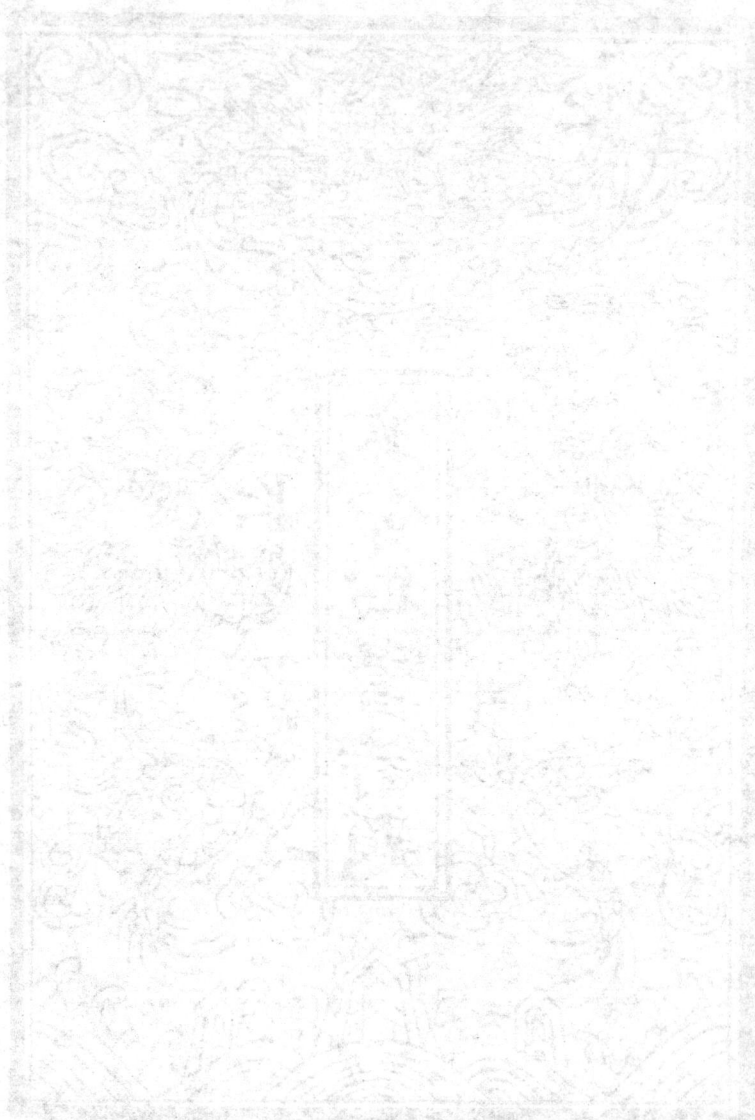

楊景孟

始祖英自山東昌樂縣遷居寶坻

二世祖忠信

三世祖得名

四世祖皀盛

高祖九瑞

高祖妣氏劉

曾祖文秀

曾祖妣氏張

氏杜

字端甫號嶧亭一號浩軒行三又行二道光乙酉年

六月二十一日吉時生順天府寶坻縣學附生民籍

胞高伯叔祖九臨 九正 九進 九成 九齡

胞曾叔祖文華承繼九連高叔祖

堂曾伯叔祖文輔 文金 文才 文郁 文璽 文

善 文傑 文俊 文煥 文山

胞叔祖信九品 恩賜從九品賀

堂叔祖義

從堂伯叔祖明 惠 亮 謨 琢 璁 燊 崑

順 勳

堂伯叔德國 德旺武生 德亨恩貢生候選直隸州州判即業師 德潤附生

一

祖禮豐字振綱例貤贈文林郎

祖妣氏劉例貤贈孺人

父德譽字銘室邑庠生例封文林郎

母氏劉同邑玉峯公女例封孺人

具慶下

庭訓

業師

趙春帆夫子名作舟附生

王芸圃太夫子諱理廩貢生國子監肄業期滿即選訓導

堂叔鬯園夫子名德亨恩貢

從堂叔德醇 德峻附生

再從堂叔伯德寶 德啟 德升 德才 德隆 德

鳳 德貴 玉山 玉春 玉符 玉成 玉岡

胞兄景會國學生

從堂兄弟景文國學生 景蔭業儒 景唐業儒 景新業儒 景湯 景

福 景顏

再從堂弟福貴 福春 黑兒

族兄弟思立 思信 思善 述堯 廷輔 有功

思存 思貴

胞姪濬源業儒 星源幼學

再從堂姪倫 連生

生候選直隸州州判

張雲屏夫子 諱元杰 山東館陶縣人癸酉科拔貢壬午科舉人乙未科進士前任寶坻縣知縣

李霽之夫子 名宗城 江蘇吳縣人甲午科舉人

陳辛軒夫子 名稼生 江南寶山縣人壬午科舉人歷任甯河寶坻大興縣知縣東路廳同知冀州直隸州知州

馮魯園夫子 諱芝 山西代州人戊辰翰林禮部侍郎前任順天學政

族姪 丞安 棠纂 長祥

娶龐氏 同邑文會公女

子清源 幼學

女三

周譪餘夫子 名貽徽 廣西臨桂人丁丑科進士前任順天府府丞堂

麦步鶴夫子 名濤彥 浙江海鹽人戊戌科進士翰林院侍講學士癸卯科順天鄉試同考官

孚恭夫子 名敬事 浙江錢塘人丙申科進士翰林院編修現任內閣侍讀學士甲辰科順天鄉試同考官

羅村夫子 諱文俊 廣東南海縣人壬午科探花原任工部左侍郎甲辰科順天鄉試大主考

張蘭沚夫子諱澧中陝西潼關廳人丁丑科進士原任山東巡撫刑部侍郎甲辰科順天鄉試大主考

杜芝農夫子諱受田山東濱州人癸未科會元傳臚原任協辦大學士甲辰科順天鄉試大主考

李滋園夫子名菡壬午科進士翰林院編修現任倉場侍郎

鄭九丹夫子名瓊詔庚子科進士現任翰林院侍讀提督四川學政庚戌科會試同考官

履歷

課友

王敬齋兄名其慎辛亥科舉人現充景山官學教習本科會試堂備

劉子臨兄名玉樹增生

甲辰科鄉試中式第三十四名

會試中式第九十八名

覆試三等第九名

殿試第二甲第八十六名

欽點即用知縣

族繁不及備載

住城南大皂莊

中式第九十八名進士楊景孟順天府寶坻縣學附生民籍

同考試官戶部員外郎軍機處行走加三級郭　閱

薦

大總裁內閣學士兼禮部侍郎銜加三級劉　批

取

又批　理眞法密

大總裁　經筵講官都察院左都御史加三級許　批

取

又批　力果心精

大總裁　經筵講官工部尚書兼署戶部尚書管理國子監事正紅旗漢軍都統兼管各門副監督加三級全　批

取

又批　聰明精銳

大總裁　經筵講官協辦大學士工部尚書軍機大臣實錄館副總裁稽查京通十七倉加三級彭　批

中

又批　醞釀深醇

本房總批

杼軸從心鑪錘在手製局則
胸中有竹相題則眼底無花
八十字俊逸清新希蹤庾鮑
二三場博通淹貫奪席匡劉
洵所謂學驗深醇功加邃密
者矣生鯉庭式訓螢案研經
丹桂分香綺歲擅龍文之譽
瓊林預宴英年題雁塔之名
欣此時花縣分猷
絲綸優渥卜他日
楓宸嘉績懋著
昇平

告諸往而知來者

楊景孟

知來於往爲言詩者深許焉夫往與來之不相涉也固也乃告以處境而即知夫爲學矣子故深許之若曰向以爲觸類旁通之妙解人未易幾也今而知聞一知二之眞會心不在遠也夫論說已爲陳迹固即淺而寓深而性靈獨啟新機更由此以達彼無所餘於言之外而其量已充有所會於言之中而其神獨遠則教者不煩詞費矣而聽者別具神明矣有如賜可言詩夫詩固非知者不足言也吾之與賜吾實見賜之有所知矣迂儒固執爲懷往往虛懸一境而未克參稽實歷一途而亦難融會是雖教思有在終莫

卽心胸之錮蔽而一啟其明則其知爲已塞矣而賜固無慮此也士人尊聞爲念往往據其一端而因而易解參之他說而滯而難通卽令考證有心要必賴詰誡之周詳而始開其悟則其知爲已窮矣而賜又無待此也不然論境而曰貧富其往者可知也論學而曰磋磨其來者未易知也而何以告之者若彼而知之遂若此哉今夫待問有因端之叩教術之所以顯而呈臨機有妙解之緣識見之所以曲而達賴悟卽有殊姿豈能外已著之端倪而別爲臆造故因情可以見性由迹可以入神異境之忽開要皆前路之默爲相導則往者固蓄夫來者之機會通原無定境要惟卽此心

之妙用而運於無形故神而明之存乎人引而伸之充其類機緘之迭起終非故見之所得而封則知者更出乎告者之外而吾乃深有感於賜矣彰往察來之學縱未敢遽信其能而感而遂通舉念已若鬼神之契深而能造中懷自徵杼軸之工蓋至是告者特爲涉世之方知者早悟治心之要也境以相觀而靡涯機以相循而不竭彼詩之寓物與懷者類如斯矣由斯詣也其即本文章以證性道也歟且深有契於賜矣情來興往之天原不能豫窺其隱而起予有術善悟無煩索解之勞得意難忘擬議莫罄言思之妙蓋至是告者別無餘緒之可留知者實屬靈機之獨闢也理以追

箏而愈出功緣互證而彌深彼詩之因文見義者槪如斯矣推斯意也其即由多識以通一貫也歟此吾之深許以言詩者也

聚奎堂原批

首藝息之深深達之亹亹絕非掉弄虛機次理足氣充三抑揚曲暢詩佳

本房加批

精理名言絡繹奔赴可謂毫髮無遺憾波瀾獨老成

洋洋乎發育萬物峻極于天

楊景孟

即物與天以明道其大無外矣夫不觀萬物不知道之用也不觀於天不知道之體也由發育而復極其峻道之所爲洋洋乎且庶彙一紛紜之勢也穹蒼一覆絶之區也而大道實一充周之妙也道合品類而廣其生則普於無私功化之運行自遠道與乾元而合其撰則覆乎莫尚眞機之布濩常周其用濟乎庶産之中其體參乎太虚之表而俯仰已見無窮已聖道何以見其大乎今夫生機有偶滯之端必不能流行於宇宙氣象有未周之地即難以共受夫帡幪乃觀於聖人之道而有以知其大也洋洋乎其萬物之

與爲托命者乎品彙盈虛之憾陰陽氣數之所不能平而有道以運乎其中則受質含形盡入鈞陶之內遂生負性咸歸運量之間物無盡而道之長養收藏者亦無盡也夫寒燠雨暘資歲功以相劑剛柔溼燥本土壤以相宜亦若不必歸功於道者而不知舍道而別求夫物則物產終鬱而不光蓋道先物而爲之宰凡物之所昭著皆道之所蘊含也道卽物而立其樞凡物之所滋生皆道之所培植也故無論由穉而蒙由蒙而壯而殷繁之景象罔弗曲成而不遺則於各正見性命之原卽於保合寓太和之量也其發育也固徵之萬物而無不得所者也洋洋乎其天之與爲同體者乎

彼蒼寥廓之形豎亥大章之所不能步而有道以周乎其際則眞誠不息直揭日月以俱行元氣所涵若引星辰而益上天無極而道之旁皇周浹者亦無極也夫鬼神可彰其盛左右皆爲如在之方鳶魚並察其端上下亦具同流之致安在不足形容夫道者而不知論道而不驗之天則道體終拘而有限蓋道之大原出於天天以淸虛呈其象道即充塞而不窮也道之功用參乎天天以陰陽妙其權道即通復於無盡也故不待積小成大繼長增高而鼓盪之機緘自與元工而同運則觀象而知管見之難窺即望道而歎階升之莫及也其峻也固極之於天而初無或異者也是知以

道載物而顯仁藏用早統物理而大其生成以道合天而輔相裁成更與天心而默爲往復此聖道之所爲洋洋乎

本房加批

胸中雪亮腕底風生此文無負此題

莫如爲仁

楊景孟

大賢決言仁之宜爲，欲以釋其恥也。夫於仁而不爲，亦奚有可爲者？欲爲知恥者决所爲，固莫如仁之一途耳。今夫仁者人也，人苟甘卽於卑汚之一境，則仁可無事於爲矣；然人誠自悔其卑汚之一境，則舍仁别無可爲矣。夫秉彝有同好，理本各具於生初，而羞惡見眞誠，功在愼權於事後。本其志之不容已，以决其理之所宜從，則本心終難自昧矣，而用力正自無他矣。如由人役而知恥矣，於此欲免於恥焉，而可不善其所爲乎？獨是所爲之宜審也。彼以無禮之故而恥生，其爲之宜莫如禮矣；彼以無義之故而恥生，其爲之宜莫如義矣彼以不智之故而恥生其爲之宜莫如智矣顧分其途以相待則顧此失彼功以泛騖而難周而握其要以相圖則綱舉目張理實因心而各足蓋有仁在曷其奈何弗爲純粹懿美之良統五常而實操其要則決機宜於當境何得昧本眞之所在而別有依歸淵妙精微之蘊備四德而實握其元則審嚮往於一心要惟即惻隱之端倪而深其功力是言所爲於如恥之後其誠莫如爲仁乎且夫生理之不容或息也民彝物則之原具懿良貴亦奚待世途之閱歷而始定其趨特是向以仁道責斯人而惛惛者未之覺耳惟即其愁然自沮之懷以致其翻然改圖之念則

去仁而名無可成者何如爲仁而機有可轉乎試思植品要於自
強而仁則無敵持躬期於遠辱而仁則能榮其中之位置爲何如
也夫天下事固有受權於勢而日見其卑取裁於理而自極其尊
者矣欲貴有同心也胡弗修其在天之爵哉元善之不容或失也
受中定命而後具見天眞及經夫氣習之遷移而頓忘其故縱使
日以仁理望天下而靡靡者殊弗思耳惟即其内顧懷慚之際以
鼓其中情奮往之機則違仁而世俗交譏者何如爲仁而性天可
復耶試思志不容於苟就而居仁自爲尚志之眞身不可以自汚
而取仁實爲成身之地其事之裨益爲何如也夫天下事又有徇

諸世情而日卽於危存諸成性而自得所安者矣廣居誠無可曠

也胡弗返其置身之宅哉

本房加批

精心結撰獨往獨來孟藝得此可謂二喜而力不竭

賦得游鱗萃靈沼　得靈字五言八韻　楊景孟

日煖文鱗躍，欣逢沼曰靈。泳游誠至樂，萃聚久忘形。出穴時占丙，迴波篆認丁。梭紋空際動，橋影靜中停。銜尾依晴藻，駢頭逐碎萍。石痕環透露，珠點唼零星。活潑春如海，澄淸月滿汀。妙吟傳正叔，咸若仰

天庭

本房加批

鈴圓馨徹，嗣響唐音

李溱

字佑豐號鑑塘又號蘭舫行一道光丙申年十一月二十七日吉時生順天府東路廳寶坻縣學附學生民籍

始遷祖諱文達自灤州宜安村遷居寶坻

始祖妣氏張

二世祖諱坤鄉飲大賓

二世祖妣氏楊

三世祖諱韶相國學生

三世祖妣氏王

四世祖諱自才

四世祖妣氏張

夏忝

二世伯祖乾

三世伯祖韶斗例授登仕郎

四世叔祖自華

五世伯叔祖柏官　柏學　柏憲　柏道

族高伯叔祖雲登　雲生

胞曾伯祖守棟　守金

族曾祖雅公

胞伯祖士魁

嫡堂伯祖士俊　士傑

履

太高祖諱柏成

太高祖妣氏邊

高祖諱雲科恩榮九品

高祖妣氏宋例封孺人 張例封孺人

曾祖諱守寅字緒傳例贈文林郎

曾祖妣氏龐例贈孺人

氏李例贈孺人邑庠生諱芬公胞姑母歲貢生候選訓導諱王堂公祖姑母

祖諱士秀字美儒例贈文林郎

祖妣氏田例贈孺人

氏左例贈孺人處士諱　公女邑庠生諱震公姪女業儒名士杰胞祖姑母

族伯叔祖士福　士美　士英

嫡堂伯明哲號行之武庠生

從堂伯明德　明貴

族伯叔明義　明起　明旺　明泰

胞弟湘國學生

嫡堂兄溥國學生

再從堂兄維光　維耀　維興　維衡　維輔　維

震　維法

胞姪兆奎

嫡堂姪兆甲

娶郭氏同邑國學生諱超羣公曾孫女恩榮八旬諱理公孫女處士諱善緒公女國學生名燦

蔭胞

姊

父名明倫 字敷五邑庠生 例封文林郎

母氏劉 諱世祿公女蘭膳 例封孺人處士

生名薰 胞姑母

具慶下

業師

庭訓

芮呈五夫子 印雲 同邑道光己亥恩科副榜咸豐乙卯科舉人

王篠漣夫子 印濂 同邑道光己酉科拔貢咸豐辛亥恩科舉人

課師

孫協[illegible]夫子 印士元 增廣生

[illegible]

子

女一

房[illegible]

苪松樵夫子 印斯盛 廩膳生

王怡庭夫子 印家和 增廣生

苪晴曦夫子 印斯昇 附貢生候選訓導

楊月樵夫子 諱衔 涿州人道光乙未科進士歷任山西猗氏神池石樓襄陵河曲縣知縣

劉崑圃夫子 印秉琳 湖北[illegible]人子科進士前任寶坻縣知縣現任趙州知州

張新畬夫子 印錫田 [illegible]肅縣人道光辛巳恩科舉人前任寶坻縣教諭

受知師

陳子驄夫子諱寶采浙江人道光乙未科翰林前任順天府府丞

朱椒堂夫子印嶟雲南通海縣人嘉慶己卯科翰林前任順天學政

萬藕舲夫子印青藜江西德化縣人道光庚子翰林前順天學政經筵講官現任兵部尚書

啟星東夫子諱文滿洲旗人道光甲辰科翰林原任湖北漢黃德道辛亥恩科鄉試薦卷房師

李子和夫子印鶴年奉天人道光乙巳科翰林現任直隸按察使乙卯科鄉試

房師

薦卷房師

周芝臺夫子 印 祖培 河南商城人嘉慶己卯科翰林現任
經筵講官太子少保體仁閣大學士教習庶吉士己未鄉試大主考

瑞芝生夫子 印 常 蒙古鑲紅旗人道光壬辰科翰林現任
經筵講官協辦大學士吏部尚書己未大主考

梁海樓夫子 印 瀚 陝西盩厔人道光丙申科翰林原任戶部左侍郎己未鄉試大主考

宗室靈蘅生夫子 印 桂 滿洲正藍

旗人道光戊戌科傳臚
現任刑部左侍郎已未
鄉試大
主考
馬雨農夫子印恩溥雲南太和
人咸豐癸丑科翰林翰
林院侍講前安徽學政
己未鄉試
同考官
沈復初夫子印秉成浙江歸安
人咸豐丙辰科翰林現
任雲南迤東道庚申會
試同
考官
王少鶴夫子印拯廣西臨桂人
科進士前通政使司
通政使壬戌會試同考
官
董研樵夫子印文渙山西洪洞

人咸豐丙辰科翰林現
任翰林院檢討癸亥會
試同
考官

巳未鄉試中式第一百三十七名
會試中式第四名
覆試二等第三十七名
殿試第三甲第三十五名
朝考第二等第三十八名
欽點即用知縣

族繁祇載本支
世居城南王莊

欽命四書詩題

方學伊

始祖文煒明成化戊子科舉人徐州訓導

二世祖階明勅封承德郎浙江湖州府通判

三世祖宗董明嘉靖戊子科舉人歷任國子監助教浙江湖州府通判勅授承德郎

四世祖元奭明萬歷癸酉科舉人廣東歸善縣知縣

字叔任號莘卿行四道光己丑年十一月初十日吉時生順天府東路廳寶坻縣府學生民籍現任刑部候補主事貴州司行走

二世叔祖名南明正德丙子科第九魁壬辰科進士觀禮部政大樂明嘉靖甲午科
舉人辛丑科進士歷任廣東順德縣知縣四川
涪州知州南京戶部員外郎廣西潯州府知府萬有明嘉靖丙午科舉人癸丑科進士翰林院庶吉士改工科給事中

三世叔祖承郁明萬歷戊子科舉人戊戌科進士歷任夏津嘉定歙縣知縣南京兵部工部主事承[illegible]明萬歷壬子科舉人癸丑科聯捷進士歷任戶部主事員外郎提督昌平糧儲

四世伯叔祖尚祖明萬歷庚子科舉人歷任封川縣知縣江蘇淮安府同知應天府治中刑部員外郎元會明崇禎庚午科亞魁癸未科進士歷任兵部職方司主事山東道監察御史巡

履

五世祖奇白明天啓辛酉科拔貢歷任山東甯海州同知陝西耀州知州署甯海府知府 誥授奉直大夫

六世祖義康熙壬子科舉人歷任元氏縣教諭山東諸城縣知縣江西新建縣知縣庚午科山西同考官 勅授文林郎

七世祖來儀考授縣丞

高祖復興候選州同 貤贈中憲大夫湖南衡永郴桂兵備道

曾祖廷桂太學生 誥贈中議大夫山東

視京營

五世伯祖袁白歲貢生候選訓導 文璧太學生 誥封奉政大夫陝西平涼府同知 晉贈朝議大夫直隸保定府知府

族六世伯叔祖士傑太學生贈儒林郎 例 士英歲貢生候選訓導 成蘭邑庠生 成基候選州同知 成勛歲貢生候選訓導

堂六世伯叔祖從吉歲貢生初任江西九江府同知調陝西平涼府甯夏西路同知 誥授奉政大夫 從廉浙江慶元縣知縣 從鼎康熙壬辰科拔貢廷試知縣 旭康熙癸卯科亞魁揀選知縣 言廩膳生

族七世伯叔祖鑑歲貢生候選訓導 勅封修職郎武邑縣教諭 鑄候選州同知 錀邑庠生 鍹廩貢生候選訓導 鐸邑庠生 鎬候選州同知 鈵歲貢生候選訓導

鹽運使

曾祖母氏王 候選訓導諱俶公孫女庠生諱宜詔公女乾隆癸酉科舉人甯海縣教諭諱超公堂妹誥贈淑人

祖懋德 庠生 誥贈朝議大夫刑部浙江司郎中加一級 晉贈通議大夫山東按察使

祖母氏芮 庠生諱愷公女 誥贈恭人 晉贈淑人

氏王 候選布政司理問諱思鑄公孫女庠生諱翬公女嘉慶辛酉科舉人遷安縣教

鏜邑庠生 鎣增廣生 汶太學生 釗邑庠生

從堂七世伯叔祖 熺 江甯縣恩貢生由教習歷任直隸清苑縣知縣德安府通判通州知州保定府知府誥授朝議大夫 煚附學生 炳附學生 蓮芳 歲貢生候選訓導

蘂芳 候選府經歷

族高伯叔祖 潢 廩膳生 漢 廩膳生 昌 乾隆辛酉科武舉原任鎮江領運千總候推衛守備 浲 乾隆辛酉科舉人武邑縣教諭 瀟 增廣生 濆 增廣生 準 邑庠生 兆璘 附貢生 兆育 邑庠生 兆鵬 歲貢生候選訓導 兆彪 邑庠生 為簡 太學生 為豐 邑庠生 鴻 太學生 鵫 太學生 鶴 太學生 開泰 邑庠生 開勳 庠生

再從堂高伯叔祖 鳴翰 歲貢生候選訓導 鳴和 附監候補理藩院主事 鳴

諭諱榮公庠生諱梓公
胞姑母　旌表節孝
誥封太恭人
晉贈淑人
本生祖振德嘉慶辛酉科舉人丁丑科
大挑一等趙州柏鄉縣
訓導兼署教諭　貤封
朝議大夫刑部浙江司
郎中加一級　晉封中
議大夫山
東鹽運使
本生祖母氏芮諱芬公女歲貢生候
選訓導諱裕公胞妹
貤封恭人　晉封淑人
父濤嘉慶丙子科舉人庚
辰科進士　欽點主
事由刑部貴州司候補
主事兼稽察欽奉　上

夏歲貢生候選知縣　鳴廷貢生考授縣丞
高叔祖繩武同知考授州
族曾伯叔祖澤深廩貢生　澤林廩膳生　爽太學生　豁太學生　顯邑庠
生　詵從九品　謙邑庠生　正庠生　新邑庠生
三從堂曾伯祖衍慈太學生　衍是候選行人司司傳
堂曾叔祖偉　儁
族伯叔祖贊太學生　煊太學生　度淵太學生　大業邑庠生　度浩候選
從九品　大受候選從九品　魁士歲貢生候選訓導　有德邑庠生　大烈
附學生　光德太學生　勳庠生　大觀附學生　大藿生
從堂叔祖振緒邑庠生　振文　振鑾　振璧

諭事件處總辦秋審處補山西司主事歷陞奉天司員外郎河南司郎中調浙江司郎中甲午京察一等記名再補江蘇司郎中坐辦湖廣司事簡放湖南分守岳常澧道調衡永郴桂兵備道署湖南按察使充丁酉科湖南文武鄉試監試己亥科武鄉試監試歷陞山東鹽運使按察使簡放廣東鹽運使改用道發往貴州兩署糧儲道充咸豐乙卯科貴州鄉試提調
誥授中憲大夫
晉授通議大夫

母氏劉 廩膳生諱廷翊公孫女太學生諱大

胞叔祖樹德 貤贈修職郎教諭銜趙州柏鄉縣訓導

族伯友節 候選從九品 叔友鎬 太學生 建 例封文林郎 瑃 歲貢生候選訓導

瑢 歲貢生候選訓導 學詩 從九品 瑆 邑庠生 珏 附學生 珪 廩膳生 瑾

廩膳生 浩 貢生

再從堂叔沅 濂 渭

嫡堂叔淇 道光壬午科舉人乙未科大挑一等分發湖南試用知縣告近改分山東署理館陶新城壽張縣知縣迴避改分山西 貤封中憲大夫工部郎中加七級

族兄哲 府學生 弟啟 附學生 震 作霖 道光辛卯科舉人甲辰科大挑二等灤城

縣教諭 嚴 附學生 雯 廩膳生 喬 太學生 作楷 咸豐壬子科武舉 學易

學禮 學文 學道

三

訓公女誥封恭人晉封淑人

生母氏陳誥封宜人

具慶下

業師

曾纍郝老夫子名奮順天寶坻縣人廩膳生

受知師

愛棠王老夫子諱廣蔭江蘇南通州人道光癸未榜眼原任工部尚書前順天學政道光己酉科順天鄉試大主考

從堂兄弟學榮附貢生 學尚

胞兄弟學章廩貢生甲寅考取謄錄國史館議敘現候選鹽大使道光己酉咸豐己未兩科薦卷 學蘇道光丙午科舉人丁未科聯捷進士工部虞衡營繕司主事屯田司員外郎現任都水司郎中兼製造庫料估所事戶部坐糧廳京察一等記名專以道員用 學周咸豐辛酉科舉人 學名性敏嗜學書熟經通生十一歲痘卒於黔

族姪如壎從九品 如策附學生 如林太學生 如鑑增廣生 如鋗從九品

從堂姪恩錫業儒 恩照幼

胞姪恩長太學生

族姪孫芹業儒 芸邑庠生

符卿孫老夫子諱瑞珍山東濟甯州人道光癸未翰林原任戸部尚書道光己酉科順天鄉試大主考

蘭生老夫子名靈桂宗室正藍旗人道光戊戌傳臚現任刑部左侍郎道光己酉科順天鄉試大主考

岵瞻林老夫子名揚祖福建莆田縣人道光己丑進士甘肅布政使道光己酉科順天鄉試同考官

樹南老夫子名延煦宗室正藍

娶王氏清苑太學生諱桂公女嘉慶丁丑翰林原任刑部左侍郎誥授光祿大夫諱植公前山東候補通判諱枚公胞姪女候選縣丞名敬壽胞妹現河南候補知府名敬熙堂妹戸部員外郎名敬勳堂姊

繼娶王氏原配堂妹前山東候補通判諱枚公女

子

女

履歷

旗人咸豐丙辰翰林現任內閣學士兼禮部侍郎銜壬戌科會試同考官

己酉鄉試中式第一百十二名

會試中式第十五名

殿試第　甲第　名

欽點

族繁不及備載

中式第十五名方學伊順天府東路廳寶坻縣府學生民籍現任刑部候補主事貴州司行走

同考試官湖廣道監察御史加三級朱 閱

薦

大總裁內閣學士兼禮部侍郎銜稽察中書科事務加三級桑 取批

又批 愜心貴當

大總裁刑部右侍郎加三級譚 取批

又批 切響堅光

大總裁太子少保戶部尚書實錄館總裁文淵閣提舉閣事管理雍和宮[illegible]壽宮中正殿清漪園等處事務廂藍旗滿洲都統加三級寶 取批

又批 力厚思沈

大總裁經筵日講起居注官太子太保武英殿大學士稽察欽奉上諭事件處管理三庫事務上書房總師傅國史館正總裁實錄館總裁管理兵部事務翰林院掌院學士教習庶吉士加三級賈 中批

又批 詞達理舉

本房原批

恬吟密咏機旺神流次三妥帖詩吐屬風雅意致纏緜二場詞豐旨約策對持論明通

聚奎堂原批

前八行精警中後機神洋溢次獨抒偉論尤見筆力三沉實高華兼擅其勝詩清詞麗句活色生香

經藝明淨三場條對詳明足徵學識

孝慈則忠舉善而教不能則勸　方學伊

忠與勸有由致無待於使矣夫孝與慈舉與教道盡於上效自見於民也忠焉勸焉不猶敬之無煩於使哉今夫忠愛本於固有勸勉任夫自爲幾疑感召之機上可寬其責備矣不知民之於上相待也卽可相通斯上之於民相孚也必先相感親愛篤而誠無不動激揚切而行無不興潛移默化之功固有無煩强致者豈特臨之以莊哉夫民志以有所威而肅者民心以有所慕而始歸民氣以有所攝而凝者民俗以有所型而易化維忠與勸可進言矣勢分卽判崇卑何至性天遂分厚薄木水有本源之念乾坤同覆載

之仁身其事以先之誼美恩明道不在虛文而在實意世道卽有升降何至風化莫與轉移司馬升之以三司徒敎之以五多其方以導之尊賢養士道不恃束縛而恃公明如是以言忠孝則宜先而止慈者事有並及也位高者責重家稱世祿由禮鮮聞身秉國鈞推恩未暨涼德先自負嵩嵩者孰發天良乎誠使志切尊親循事禮亦循祭禮澤期公溥無盡征更無倍征傳之閭閻羣深愛戴矣蘭之潔棠之甘卽此爲作忠之本如是以言勸善則必舉而不能者敎有兼施也權屬者望隆野有遺賢圭璋未達人非不肖樗櫟終遺觀感少先貧靡靡者保無自棄乎誠使盡心延攬于邁者

言舞言歸雅意陶成懷音者在公在泮播諸遠近共切奮興矣招以弓徇以鐸即此為用勸之規假定省以沽名道路有難欺之耳目托撫綏以市惠編氓有難饜之心思所謂孝與慈者上之人責原自盡耳然而民情可見矣匹夫飭行家庭聞者生感况在公孤義士好為推解受者銘恩况居尊顯豈無頑梗當亦怦然動也遵斯道也繼述勿隕家聲均和各昭定分趨公奉上而何事要結為哉取士不薦公朝樹黨即營私之計勵俗不隆學校作人亦欺世之為所謂舉與教者上之人道秉至公耳然而民風不振矣懷古而慕遭逢讀書生羨矧屬躬親聞風而起頑懦師表資型矧為當

境孰無廉恥其各勃然興也遵斯道也得人者方策猶存沐化者藻芹可挹風行草偃而何事督責爲哉子大夫其加之意焉

本房加批

朗潤則仙露明珠清華則松風水月精理爲文秀氣成采爐火純青之候

必得其壽

方學伊

壽得於德又有可必者焉夫壽曰其壽則得亦自得矣大德如舜不更有可必者乎今夫事之可必者皆力之可致者也惟此遐齡永錫恐難預期矣然敬修至而神明有主獨爲宇宙著完人亦庸行敦而性命克全遂於古今膺異數難憑之事以可憑者基之則如量以償有奪其權於氣化者焉位祿名之必得得於德卽得於孝也則且備觀其獲福之全則且進驗其積誠之應其惟壽乎其惟得壽乎上華封之頌壽祝三多隱以見矢願雖奢特虛擬而難堅其說則是人世期頤之異在旁觀臆度夫亦或然或不然矣衍

洪範之疇壽先五福明以示大年難强用鄭重而獨冠其詞則是人生耄耋之徵雖遭際適逢夫亦偶然非常然矣且夫壽之得視位祿名爲難而舜之得壽則更有難焉者身世經困窮之久精力易卽於銷磨試思側陋之時耕稼既服其勞井廩復遭其厄極艱難之備歷當亦挫折難堪矣安必雲爛星輝常衍齋夔之甲子功名當建樹之年心志亦倦夫勞瘁試觀明揚之後龍蛇尙虞其慮風雷送警其心荷艱大而永貞非復寬閒自若矣安必重華復旦特繇烝乂之春秋然而舜之壽則有可必得者修短雖有數轉移皆可自爲立乎百行之原猶可爲一世釀太和何難爲一身延純

骸也夫宇宙間生機洋溢亦視人之取攜耳未能踐形乞福徒形其妄未能盡性祈年亦屬於愚蓋此儲之彼固嗇於取也以德爲壽取者奢矣而儲者若適應焉所以五十年孺慕情殷二老猶及待尊親之奉而高堂之歲月亦得借其壽以延垂暮之光陰祇載矢神明不直與岡陵並永哉氣數本何常耆艾惟其自致盡乎人倫之至直可爲蒼生造福命何難爲藐躬集休徵也夫天壤間生氣流行亦視人之翕受耳苟無至性知其本體之不完苟無眞源嘗以非常而立挫蓋此施之彼固難爲受也以壽歸德受者宏矣而施者不居功焉所以數十傳相承勿替三恪與共食報之隆而

俎豆之馨香猶得廣其壽以見神靈之悠久克諧昭運量不且與日月並長哉吾得推其故於天矣

本房加批

意勝筆勝韻勝刋落膚詞獨標精藴常語皆新無一拾人牙慧

不違農時穀不可勝食也

方學伊

盡心於農時食已不匱矣夫農違其時穀於何有不違則不可勝食焉盡心者盡念諸若曰王今者移民移粟必謂救荒之策盡心以權其宜矣夫爲斯民籌變通何如爲斯民謀本業爲斯民籌賑濟何若爲斯民課耕耘古盛世酉熟興歌庚呼不作非必別有經綸也亦惟東作西成悉準其期而已王謂民不加多胡不思民以食爲天足食必資於布穀食以農爲本勸農尤重夫順時乎臣竊爲王計之梁承三晉之遺唐叔舊封其俗實崇勤儉迄於今蟋蟀山樞之詠好樂弗荒洽衆好以驗星從當致意於秉耒元辰出耕

小丱梁據兩河之勝文侯啓宇其國獨擅富强迄於今鴻溝酸棗之區沃壤猶在諜地利而稽月令當無忘夫耘催夏鳥斂趣秋鴻以云農時固穀所由生而食所由出也王奈何違之今夫行間之卒兩農田之亞旅也兵家之虛王農畝之雨晴也亦既爲同澤同仇之侶卽不能不愆或耘或耔之期王方務勤遠畧不念稼穡東擊齊南伐楚西搆怨於秦棄農之業失時之準竭食之源以逞王之志盡心者固如是乎又況臺沼之役不準夫龍見火見安望耕鑿之衆咸慶夫有幹有年耶今者罷戰爭息力役下令國中命農勉作毋或失時將見三時不害而民和年豐矣穀不可勝食有斷

然者披圖而覽山川石田無用難賦稾高瘠土多貧每虞瓶罄粱則平原衍沃其穀無三種四種之偏何竟不獲三年九年之蓄也王念哉春省未巡於阡陌夏甸坐聽其荒蕪其何能有秋乎惟不違焉耦聚十千我其聽介稷之鼓屢盈三百我其譜華黍之笙樂利同需而凶荒有備不共享豐盈之福哉考古而觀風土豳近西戎寒惟多黍荆連南越溼鮮嘉禾粱則中土和平其時無過燠過寒之弊胡亦不興如墉如櫛之歌也王念哉祈年自祝鴻麻靡藍致傷鵃羽奚以占綏豐乎惟不違焉琴瑟御田祖賓里社以鳴歡酒食畀曾孫躋公堂而介壽人安素業而粟擁紅陳又何事補苴

之計哉試進而詳言之可以見王道之始矣

本房加批

筆非秋而垂露文異水而湧泉

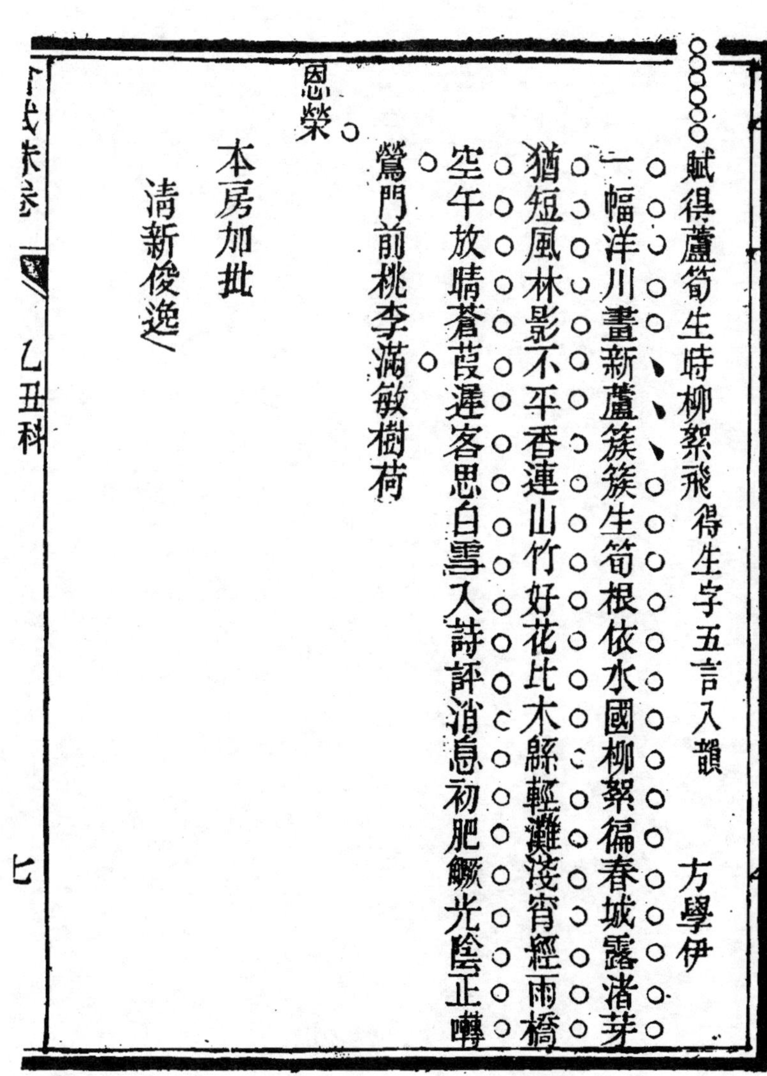

○○○○○○賦得蘆筍生時柳絮飛得生字五言八韻　方學伊

一幅洋川畫新蘆簇簇生筍根依水國柳絮徧春城露渚芽猶短風林影不平香蓮山竹好花比木緜輕灘淺宵經雨橋空午放晴蒼葭遲客思白雪入詩評消息初肥鱖光陰正囀鶯門前桃李滿斂樹荷

恩榮

本房加批

清新俊逸

張太續

始遷祖聚明庠生永樂二年自金陵移居寶坻十六世至十三世諱失考
始遷祖妣氏溫
十二世祖孝
十二世祖妣氏楊
十一世祖受祿
十一世祖妣氏李

字禹襄一字少樓號次瑄行二道光己亥年六月二十六日吉時生順天府寶坻縣府學廩膳生民籍現充　咸安宮官學漢教習
十六世胞叔祖義　諒　謙
十五世嫡堂伯叔祖芬　榮明庠生
十四世從堂伯叔祖進明義民官　璿明庠生　珣　大銘　大亨
教　欽　秀　憲　平　實
十三世再從堂伯叔祖英　標　臣　儒　瑞　顯
廉　清明義民官　天璽　天祿明主簿　奎　斌　瓚　彪
仲仕　仲良　仲義　仲倉　善　壽　介

十世祖宗舜

十世祖妣氏王

九世祖大見

九世祖妣氏陳

八世祖和翎 鄉飲大賓

八世祖妣氏雷

七世祖守富 鄉飲大賓 例封修職郎

七世祖妣氏鄭 例封太孺人

氏李 例封太孺人

六世祖懷琳 字效曾 恩貢生候選教

十二世三從堂伯叔祖恩 厚 第 明 伯學 伯

逼 邦傑 邦俊 邦直 邦彥 璠 膺 世

隆 衛 曾明儒官 書 詩 瑶 選 道 迪

早金 早科 倡金 虎 喜 鉞 澤 潤

洲明庠生 汀 泮明庠生 四教明巡檢 四維 四知明庠生

四端 六府

十一世族伯祖國治明庠膳生

十一世胞伯叔祖受祿 受揚 受相

十一世嫡堂伯叔祖宗禹 堣 宗堯 宗濤 宗會

九世族伯叔祖惟中附生 一中附生

諭 例授
修職郎
六世祖妣氏章 例封孺人
五世祖儀明 字建台 監生
五世祖妣氏劉
氏董
高祖元儒 字會初 貢生 例封徵仕郎
高祖妣氏李 例封太孺人 同縣諱步蟾公女 附生諱嘉謨公胞姊 歲貢生候選訓導諱薰公胞姑
曾祖靖 字甸方 廩貢生候選訓導 例授修

九世從堂伯叔祖道家 道玉 道珅 道瓚 道秀
道燦 道燈 建業 所闢 所覺
九世胞叔祖大綸
八世從堂伯叔祖自誠 自旺 龕 談 論 講
奇 英傑 附生 英敏 英俊 監生 順 訓
八世嫡堂伯叔祖陶 汕
八世胞伯祖雁翎 傍翎 高翎
七世族伯祖椰 邦平 廩貢生考授州同
七世再從堂伯叔祖有覓 有寶 有慶 有餘 有
柱 有維 有棟 有明 有聲 有齡 有恩

職佐郎

曾祖妣氏李 例封孺人

氏楊 例封孺人 甯河縣附生諱楙時公女監生諱宗濂公胞姊名楷公名模公胞姑

本生曾祖藻 字錦川候選鹽運司經歷 例授徵仕郎 例封武略騎尉

本生曾祖妣氏王 例封孺人 例封太安人同縣從九品諱廷楠公女諱瑚公諱運公胞妹附生諱旭升公胞姑

七世從堂伯叔祖守財 文正 守德 文殿 守亮

有聞 有梁

文修 文豆

七世嫡堂伯叔祖守福 守華 守魁 守志 守貴

六世三從堂伯叔祖士梅 士遠 士功 士喜 士

卿 士輔 士從 璞 珍 存信 存英 存

彥 繼宗 纘宗 敦宗 養宗 承宗

六世再從堂伯叔祖太升 太爻 太極 如漋 如鹿 如

鳳

六世從堂伯叔祖存珠 存理 存現 存珍 存運

祖國維字協中早逝例贈奉直大夫工部主事加一級

祖妣呂氏欽旌節孝崇祀本縣節孝祠例贈太宜人同縣附生貤贈中憲大夫諱培元公女乾隆甲午科舉人歷任山西臨縣芮城縣知縣諱炎公附生諱必元公胞姪女附生諱國宗公胞妹諱國禧公附生諱維藩公附生嘉慶丁卯科謄錄歷任福建北團寨廣西大黄江口巡檢諱維恂公諱國珍公胞姊

本生祖紹賡字蔭棠嘉慶甲子科武舉

存省節

五世族伯叔祖鵬溥 鵬搏附生

五世四從堂伯叔祖景明 景開 景五 景晟 景

儒 景行 景出 景絲 景燮 景和

五世三從堂伯叔祖貴 祥 徽 茂 强 皐泰

皐耆

五世再從堂伯叔祖思祿 進祿 景恩 義祿 義

和 結訓 結謗 結讚

高族伯叔祖萬成 萬傑 萬璧 明公 明貴 明

官 明臣 明輔 明卿 明相 明順 清臣

三

人兵部候推守備　例
授武畧騎尉　貤贈奉
政大夫同知銜山
西稷山縣知縣

本生祖妣王氏　例封安
人　貤贈
大宜人武清縣武庠生
諱威著公女附生諱世
芬公附生諱
世吉公胞妹

從搢字佩紳號星槎監生
貤贈儒林郎翰林
院庶吉士加一級　例
贈奉直大夫工部主事
加一
級

母氏趙　貤封太安人
例封太宜人直隸
玉田縣增生候選布政
司經歷　誥贈武義都

文舉　文科　文魁　文生　文圭　文希　三

文瑞　文祥　文長　文貴　文學　文明

胞曾叔祖假字載衜
旌節孝崇祀本縣節孝祠
曾叔祖妣氏劉　欽

嫡堂叔祖紹魁字鐙亭
武庠生**紹伊**字希正
監生

從堂叔愷本生胞叔字晴陽武庠生
翰林院庶吉士加一級
勅封儒林郎
誥贈奉政大夫

同知銜山西**垣**字杏菴
稷山縣知縣武庠生
枝字丹煒
碩字味磐
監生

胞姑一適直隸玉田縣附生
劉升午公諱中照

本生胞姑一適武清縣道光乙酉科拔貢生
候選教諭王小蘇公名鏞庭

再從堂兄弟丕烈道光丙午科舉人咸豐甲寅考取
景山官學漢教習第一名己未科二
甲進士前翰林院庶吉士原選浙江遂安縣知縣
告近改選現任山西稷山縣知縣　欽加同知銜

尉諱體謙字適三公孫女乾隆戊申科副榜壬子科舉人原任大名府元城縣教諭諱玉堂字閣臣公女監生 誥贈武義都尉諱玉琢公附生 勅贈文林郎諱玉樞公胞姪女監生諱常純字蕉田公八品銜諱常琛字獻廷公胞姊適光戊子科舉人山東武城縣知縣諱常恩公嫡堂妹從九品諱常棣公附生諱常旂公道光己亥科舉人歷任深州學正國子監廣業堂學錄工部司務諱常任公諱常醻公道光甲辰 恩科武舉人庚戌科進士現任京南營西珠市口

賞戴藍翎光同治丁卯科山西鄉試收掌官 承詔 承詢 承謙 承

誥

胞兄丕弼字肖巖號雲舫府學廩膳生同治壬戌恩科舉人充 國史館謄錄議敘候選知縣

胞弟丕志字熙叔號蓉舫軍功議敘六品銜 丕德字潤卿號壽先府學增生

胞姊二長適同縣李竹卿公諱金簡守節待旌次適同縣貢生陳蓮溪公名源澣

再從堂姪祖澤監生一名祖甄 祖錫幼讀 祠秦 穆生俱幼

胞姪勤 松官 加官俱幼

娶方氏同縣監生諱度淵字楫良公孫女名璸字文采公女監生名琨公歲貢生候選訓導諱瑾公胞姪女名作屏胞姊咸豐壬子科武舉人名作楷嫡堂妹諱作棟名作哲府附生名用賓名作模

屆

汛都司坐補遊擊 欽

加參將銜、賞戴花翎

名常豫公諱常蓉公武

庠生名常均公嫡堂姊

從九品諱

雲升胞姑

慈侍下

庭訓

受業師

胞兄名丕弼字肖巖府庠生同

治壬戌 恩科舉人充

國史館謄錄議敘候

選知

縣

從堂叔名碩字味磐監生

嫡堂

姊

子勐幼

女一

翟尚榮夫子　諱柯　順天甯河縣人

附生

沈芸石夫子　諱振鈞　順天武清縣人咸豐戊午科舉人原任河南光山縣知縣

欽加同知銜

從舅趙仁菴夫子　諱常任　直隸玉田縣人道光己亥科舉人歷任深州學正國子監廣業堂學錄工部司務

張亦元夫子　印宇光　順天通州人廩膳生

王筱蓮夫子諱濂同縣人道光己酉科拔貢咸豐辛亥恩科舉人充咸安宮官學教習

鄭紫庭夫子諱鳳誥同縣人咸豐己未恩科副榜辛酉壬戌兩科挑取謄錄

王鑄軒夫子印鑾紹庭順天武清縣人道光癸卯科舉人庚戌科進士歷任吏部文選司掌印郎中山東青州府知府山東候補道

從兄佑人夫子名丕烈道光

丙午科舉人咸豐己未科進士前翰林院庶吉士現任山西稷山縣知縣　欽加同知銜　賞戴藍翎

受知師

熊海珊夫子 諱存瀚 江西鉛山縣人道光己亥科舉人原任直隸獻縣知縣同治七年三月殉難前署寶坻縣知縣

張星白夫子 諱錫庚 江蘇丹徒縣人道光丙申　恩科二甲一名進士原任刑部右侍郎浙江學政杭州殉難　子謚文節前

任順天府府丞

龔麟汀夫子 諱文齡 福建侯官縣人嘉慶庚辰科進士原任工部右侍郎提督順天學政

李吉康夫子 諱清鳳 江蘇新陽縣人道光丙申恩科進士原任刑部右侍郎提督順天學政

萬照齋夫子 印青藜 江西德化縣人道光庚子科翰林現任經筵講官禮部尚書兼管順天府府尹事務前提督順天學政

楊稼生夫子諱式穀河南商城縣人道光辛丑恩科翰林原任吏部左侍郎提督順天學政

楊濱石夫子印泗孫江蘇常熟縣人咸豐壬子恩科一甲二名進士前任太常寺少卿南書房行走同治甲子科順天鄉試同考官

李文園夫子諱棠階河南河內縣人道光壬午恩科翰林原任經筵講官太子太保禮部尚書軍機大臣予謚文清

房

同治甲子科順
天鄉試副考官

羅椒生夫子 印惇衍 廣東順德
縣人道光乙未科翰林
現任經筵講官戶部
尚書同治甲子科
順天鄉試副考官

朱桐軒夫子 印鳳標 浙江蕭山
縣人道光壬辰恩科
一甲二名進士現任
經筵日講起居注官
體仁閣大學士上書
房總師傅同治甲子科
順天鄉試副考官本科
會試正
考官

瑞芝生夫子 印瑞常 蒙古鑲藍旗人

道光壬辰　恩科翰林
現任　經筵日講起居
注官　太子少保協辦
大學士工部尚書同治
甲子科順天
鄉試正考官
桑白齋夫子　印　春榮　順天宛平
縣人道光壬辰　恩科
翰林現任刑部右侍郎
同治乙丑科考試
漢教習閱卷大臣
宗室佩卿夫子　印　綿宜　滿洲鑲藍
旗人咸豐壬子　恩科
翰林現任禮部右侍郎
同治乙丑科考試
漢教習閱卷大臣

甲子鄉試中式第二十四名
覆試第二等第十五名
乙亥丁丑戊辰考官學漢教習
會試中式第三十四名
覆試第二等第九十六名
殿試第二甲第一百八名
賜進士出身
朝考第三等第七名
欽點主事籤分工部

族繁不及備載

世居寶坻縣城東南四十里林亭鎮西柵欄內

欽命四書詩題

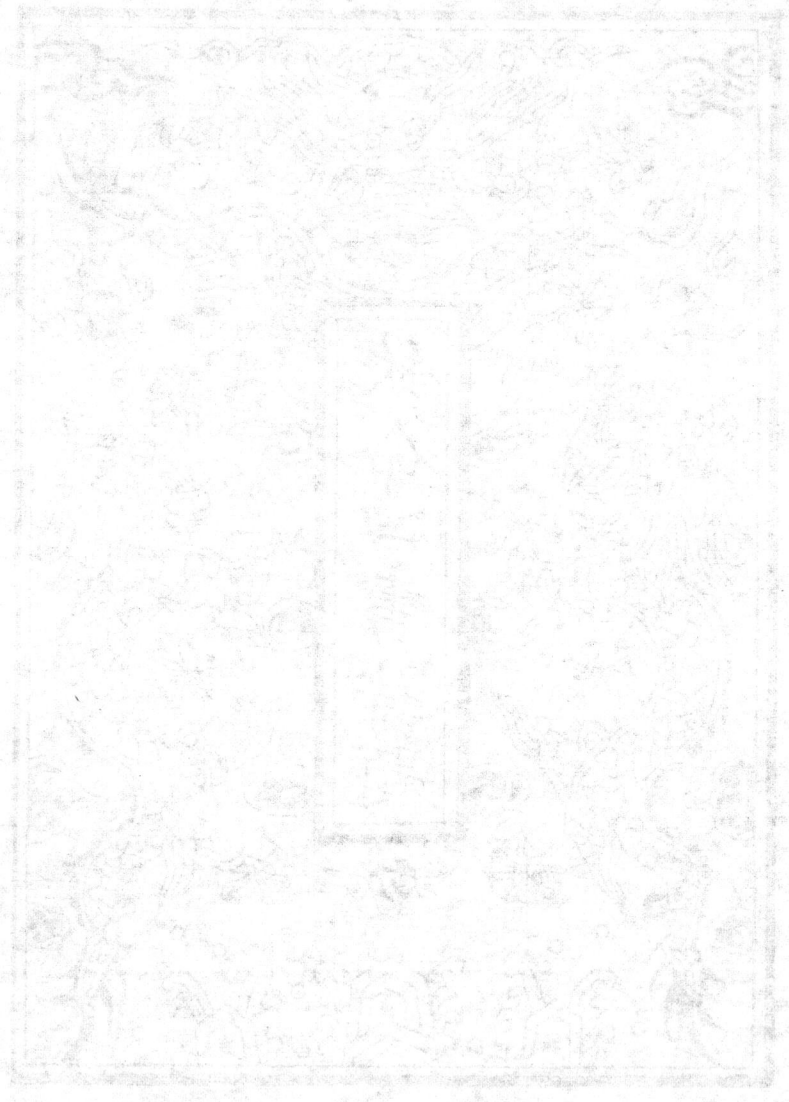

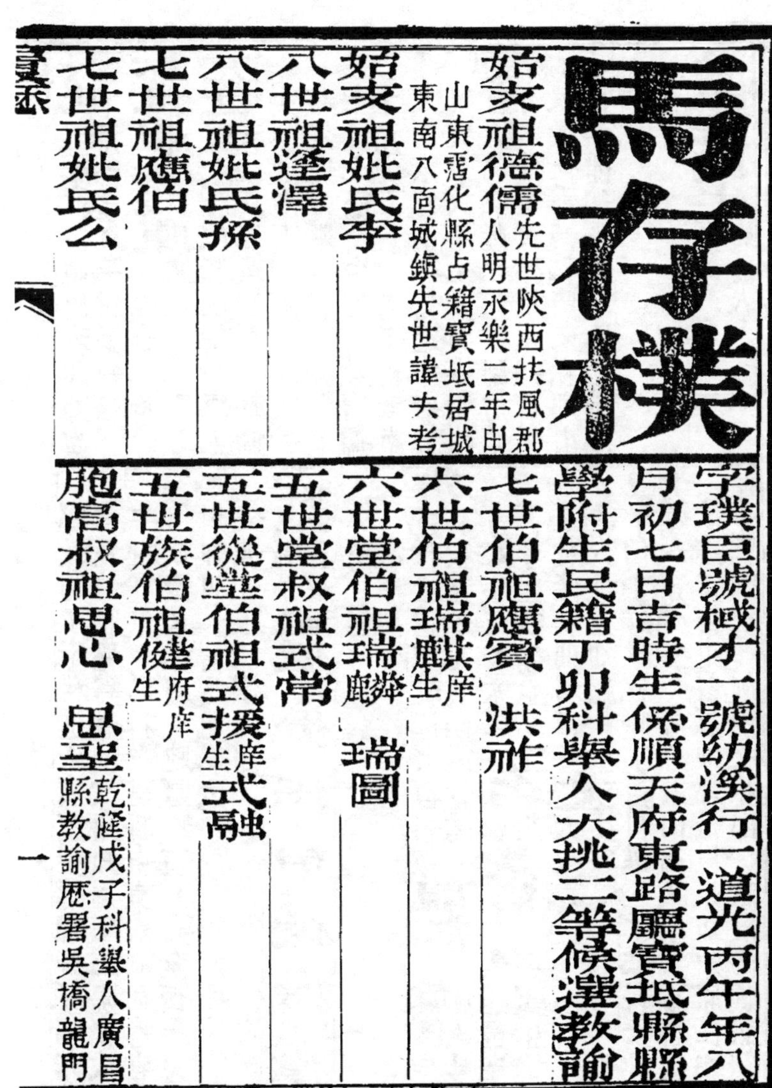

馬存樸

字璞臣號樾才一號幼溪行一道光丙午年八
月初七日吉時生係順天府東路廳寶坻縣縣
學附生民籍丁卯科舉人大挑二等候選教諭

始支祖德儒先世陝西扶風郡人明永樂二年由山東霑化縣占籍寶坻居城東南八面城鎮先世諱夫考

始支祖妣氏李

八世祖逢澤

八世祖妣氏孫

七世祖應伯

七世祖妣氏么

七世伯祖應賓 洪祚

六世伯祖瑞麒庠生

六世堂伯祖瑞麟 瑞圖

五世堂叔祖式常

五世從堂伯祖式援庠生 式融

五世族伯祖璉府庠生

胞高叔祖思心 思聖乾隆戊子科舉人廣昌縣教諭歷署吳橋龍門

寶坻

一

六世祖瑞芳 貤贈文林郎廣
東平遠縣知縣
六世祖妣氏陳 貤贈孺人
五世祖式端 乾隆戊午科舉人
揀選知縣 敕贈
文林郎廣東
平遠縣知縣
五世祖妣氏談 寧河 敕贈孺
人丙子科武舉
人山東臨清衛督運守府諱
郁文公女庠生諱尚謙胞妹
高祖思誠 乾隆己卯科副榜候
選直隸州州判 例
授徵仕郎 敕贈文林郎山
西候補知縣始由八面城遷
居城
內
高祖妣氏牛 同邑 貤
贈孺人

縣教諭丁未科進士廣東平遠縣知縣調新
會縣知縣署嘉應直隸州知州歷充嘉慶戊
午科庚申恩科辛酉科廣東鄉試同考官
敕授文林郎 貤贈奉直大夫廣西上思
州知州 晉贈通奉大
夫加五級候選同知

從堂高伯叔祖 伋 份 任 伊 俊 俶 偉
倓 連

族高伯叔祖 繼曾 乾隆癸酉科拔
貢候選教諭 龍江 慎思 庠生
最 庠生 天牧 太學生 正名 庠生 秉信 皋襄 邑庠生
坦 乾隆辛卯科舉
人揀選知縣 璧基 太學生

胞曾伯叔祖 篤國 乾隆丁酉科舉人丁未科大挑
等分發山西試用知縣歷署
廣靈汾西屯留縣知縣岢嵐州知州原任樂
亭縣訓導 例授文林郎 敕授修職郎

氏閻 通州 贈孺人 貤

曾祖爲作 字新之增廣生嘉慶戊辰科挑取謄錄充
國史館謄錄河南登封
縣典史 敕授登仕郎

曾祖妣氏李 武清 敕封孺人

氏單 同邑例授儒林郎太學生候選州
同諱薰公孫女太學生考授
州同例授儒林郎諱師夔
公女候選從九品諱源太學
生浙江候補縣丞諱沄邑庠
生刑部司獄諱濂邑庠生諱
治例贈文林郎候選州吏
目諱濯公胞妹嘉慶己卯科
舉人道光丙戌大挑二等南
皮縣教諭陞錦州府教授截
取知縣諱維模道光乙未舉

爲乾

嫡堂曾伯叔祖儀清 廩膳生縣訓導 敕封修職郎 誥贈奉直大夫 盎平廣
西上思州知州 晉贈通
奉大夫加五級候選同知 爲震 爲譽 爲
赤 爲駿 爲文

從堂曾伯叔祖顯宗 鴻業 藝林 耀宗 作
聰 恭安 祥生 明珊

族曾伯叔祖雲霄 庠生 雲青 庠生 儀卿 乾隆丁酉科舉人分發山東試
用知縣署理聊城鄒平縣知縣 志權 庠生 得仲 太學生 玉衡 邑庠生
玉成 玉琪 叔琳 訓

胞伯叔祖鈺 庠生 鐸 例贈修職郎

履歷

人湖北候補知縣武昌殉難特贈知府世襲雲騎尉諱維楷公胞姑母

祖鎮字靜齋號岳菴太學生候選從九品 例封文林郎

祖母氏張玉田太學生諱永熙公曾孫女太學生諱師仲公孫女候選從九品諱濤公女武庠生諱鳴珂庠生諱鳴鐸太學生諱鳴鳳公胞妹從九品印麟定公胞姑母

父文濂字竹溪 例封文林郎

妣氏芮同邑儒士諱德占公曾孫女 敕授登仕郎貤贈承德郎莒州州同諱振成公孫女嘉慶庚午科副榜候選直隸州州判 敕贈承德郎莒州州同諱昌公女咸

嫡堂伯叔祖公田庠生 錦英

從堂伯叔祖大鏞太學生候選從九品例授登仕郎誥封奉直大夫廣西上思州知州 大鈞道光乙酉科拔貢戊子科舉人乙未科大挑二等博野縣教諭截取知縣選授廣西修仁縣知縣署理平南縣知縣 敕授文林郎 誥封通奉大夫加五級候選同知 大鎔道光丁酉科拔貢 朝考 欽取二等引見以教職用選授益平縣訓導 敕授修職郎 大釗

族伯叔祖宣光庠生 士文庠生 家 大相 睿 禮

德秀 天性 允亭 振祁 賁 龍

標庠生 龍魁 延年邑庠生 聯魁武庠生 步雲太學生

名山武庠生 豐 八伍 八偉 八伊 邦

二

豐癸丑恩貢候選直隸州州
判諱家啟太學生諱家駿歲
貢生印家愷軍功議敘八品
銜諱家鎣咸豐壬子辛酉兩
科謄錄乙卯科副元已巳
臨雍考職　欽取第一選授
山東沂州府莒州州同　覃
恩　敕封承德郎諱家純公
胞妹諱襄庠生印彝庠生印
溥業儒印結印祜印恭印禧
公胞姑母名式坊式程
胞祖姑母　例封孺人

庶母氏錢

祖蔭待下

嚴待下

祖訓

彥　進甲武庠生　永年太學生　邦本　永綮　永

魁　永和　邦奇　永祥　永昇　永春

百林

嫡堂伯叔　文濟庠生　文灝府庠生　文濤　文涵恩貢生候選

訓導　文淵軍功議敘六品銜　文澤　文瀾

從堂叔　文澄供事議敘從九品

再從堂伯叔　聯芳道光已酉科舉人庚戌考取覺
羅官學教習期滿引見以知
縣用選授山西陽城縣知縣奉旨調授廣
西陽朔縣知縣歷任平樂富川縣知縣奏調
懷遠縣知縣軍功保舉知州大計保薦卓異
陞補上思州知州充同治丁卯科廣西鄉試
收掌官　誥授奉直大夫　光廷太學生安徽候補巡檢署
石埭縣典史現署合肥青

庭訓

受業師

表叔王鑑乾夫子 印 興健 咸豐乙卯科舉人壬戌科大挑二等海運勞績保舉選缺後以同知直隸州用先換頂戴即選知縣現任冀州棗强縣學教諭

母舅芮厚存夫子 諱 家純 咸豐壬子辛酉兩科謄錄乙卯科副元己巳臨雍考職欽取第一選授山東沂州府莒州州同覃恩敕授承德郎

叔岳王鶴軒夫子 諱 繼庭 武清道光癸卯科舉人庚戌科進士吏部文選司主事員外郎掌印

陽司巡檢 振芳 正貢生本班儘先即選訓導 信芳 附貢生考取謄錄現充國史館謄錄候選同知 仁芳 府增生 楨 三

族伯叔 成 義 信 雲會 雲超 雲漢 雲

龍 雲符 彙征 候選千總 百萬 候選守備 旭林 廩貢生

厚軒 附貢生 秀三 廩貢生候選訓導 景泰 太學生 萬青 候選

千總 錦榮 例封登仕郎 向榮 慶榮 邑庠生 恩榮 武庠生

富椿 如椿 庠生 卜齡 彝齡 夢齡 檜齡

松齡 福齡 奎原 占原 僖原 僆

煐 連陞 連中 連貴

胞弟 桂森 幼

郎中　京察一等山東青州
府知府　特授兗州府知府
候補道　誥
授中憲大夫

課師

劉崑圃夫子　印秉琳　湖北黄安人咸豐壬
子科進士歷任大城寶坻宛
平任邱縣知縣深州直隸州
知州正定府知府天津河間
河務兵備道　欽加布政使
銜　賞
戴花翎

方又山夫子　諱濤　嘉慶庚辰科
進士刑部主
事員外郎郎中山東鹽運使
司鹽運使按察使司按察使
誥授中憲大夫
前主講泉州書院

從堂兄弟　景慶　景興　景順　存楷　存模
克存　克成　克桀
三從堂兄弟　延慶　光緒丙子科舉人揀選知縣　履謙　太學生東河新班遇
缺補用主簿署山東天
井閘閘官夏津縣主簿　履升　履恒　履泰
延禧　延祜　延祓　壽昌　緒昌　運
昌　四同　俱業儒
族兄弟　雯光　雯海　雯滄　萬選　廩膳生　家駒　增廣
生　家駰　庠生　殿英　武庠生候選都司　殿琪　武庠生　家騏　庠生
家騶　庠生　殿瑢　太學生　春茂　太學生　元愷　庠生　元逵
德滋　德裕　武生　德發　德才　元杰　元功

四

姑丈王子厚夫子 諱祖培 道光庚子科翰林原任內閣學士兼禮部侍郎銜 誥授資政大夫前主講泉州書院

喬鶴儕夫子 諱松年 山西徐溝人道光甲午乙未聯捷進士原任河東河道總督 贈太子少保 誥授光祿大夫 予謚勤恪

張新畬夫子 諱錫田 保定安肅人道光辛巳 恩科舉人前寶坻縣教諭

受知師

萬藕舲夫子 印青藜 江西德化人道光庚

芳 軍功議敘五品銜盡先選用千總 賞戴藍翎 蘭 莘 芸

紱 莊 藺 維翰 維濤 維倫 維

藹 維周 維新 維嵕 維賢 維清

維城

從堂姪劇生

三從堂姪彥登 業儒 續登 幼

族姪鳴琛 鳴琦 鳴珂 惟馨 候選巡檢 惟驥 太學生

惟晉 惟恆 惟瀚 俱業儒 如阜 如岡

如陵 如山 良佑 良士 良輔 良弼

良臣 樹棻 樹模 俱幼讀 大永 二永

子科翰林、經筵講官吏部
尚書前任提督順天學政
曾霞屏夫子印燡江蘇甘泉人同治癸亥科
翰林詹事府右春坊右贊善
庚午湖北丙子山東巳卯河
南鄉試大主考現任安徽潁
州府知府丁卯科順天鄉試
同考
官
方子望夫子印熊祥浙江仁和人咸豐癸
丑科翰林戶部郎中掌江南
道監察御史福建興化府知
府丁卯科順天
鄉試同考官
汪嘯霞夫子諱元方浙江餘杭人道光癸
巳科翰林前　經筵講官都
察院左都御史軍機大臣提

憂丞

三豕　大霖　二霖　三樂　曾見　更見
禹見　罕見俱幼
族姪孫三寶幼　再見幼
胞祖姑母長適同邑庠生字棣
華諱伯壎趙公室次適同邑　誥
封奉政大夫
增廣生字從樵諱維植王公室咸豐乙卯科
舉人海選勞績保舉選缺後同知直隸州用
先換頂戴卽選知縣現任冀州棗強縣教諭
加二級字篮乾印煦僊公母　欽旌節孝
誥封
宜人
胞姊妹長適同邑附貢生　誥贈奉直大夫　晉
贈朝議大夫刑部江蘇司主事王諱長
佑公曾孫　誥授奉政大夫嘉慶戊辰　恩
科舉人丁丑科會魁巳卯　恩科進士內閣
中書充　國史方略館校對刑部江蘇司主
事諱思義公孫　例封徵仕郎直隸州州判

五

督順天學政丁卯科順天
鄉試大主考 予謚文端
單地山夫子 印懋謙 湖北襄陽人道光壬
辰科翰林前 經筵日講起
居注官 文淵閣大學士管
理兵部事務丁卯科
順天鄉試大主考
芝生夫子 諱瑞常 蒙古廂紅旗人道光壬辰
科翰林前 經筵日講起居
注官 太子少保 體仁閣
大學士教習庶吉士丁卯順
天鄉試大主考 予謚文端
賈筠堂夫子 諱楨 山東黃縣人道光丙戌科
榜眼前 太子太保 武英
殿大學士管理兵部事務翰
林院掌院學士教習庶吉士
丁卯科順天鄉試大主考

諱者祥公子 例授徵仕郎咸豐巳未 恩
科副榜候選直隸州州判字仙樹諱鳴璋公
室守節 次 適同邑乾隆戊申 恩科舉人工
待旌 部都水司主事員外郎郎中江西
贛州府知府署吉南贛寧兵備道 誥授朝
議大夫 誥贈光祿大夫工部尚書李諱光
先公會孫道光己亥 恩科舉人山西寧鄉
鳳臺縣知縣 欽加同知銜 特贈知府
誥授朝議大夫諱薌公孫邑庠生河南候補
知州軍功保舉補缺後以知府用 賞戴花
翎現山西候補知州印德埏公子國 三 適同
學生報捐巡檢字梓和印鍠公室 邑廩
膳生 例贈修職郎王諱瑄公曾孫 例封
文林郎諱迪猷公孫府廩生咸豐己未 恩
科挑取謄錄諱潤公子國學生 四 適同邑府
候選巡檢字蓉軒印育樞公室 庠生 例
贈修職郎開州學正李諱之琇公會孫道光
辛卯 恩科舉人大挑二等癸丑會試挑取
謄錄淸苑縣教諭軍功 欽加同知銜保薦
卓異候陞知縣推陞國子監典籍俸滿改選

寻謚
文恪
宗室星垣夫子 印 奎潤 滿洲正藍旗人同治
癸亥科翰林兵部左侍
郎本科會試知貢舉
夏蘭莊夫子 印 獻馨 江西新建人咸豐丙
辰科翰林廣東糧儲道壬
戌科順天鄉試同考官
黃植庭夫子 印 槐森 廣東香山人同治壬
戌科翰林直隸大順廣兵
備道戊辰科會試同考官
崔清如夫子 印 穆之 山東茌平人咸豐庚
申科翰林湖南岳常澧兵
備道辛未科會試同考官

開州學正 誥授奉直大夫諱光璧公孫同
治丁卯科舉人軍功議敘六品銜現任奉天
開原縣教諭印沄公子邑
庠生字元甫印燕春公室
餘未字
娶王氏
武清增貢生貴州布政司經歷 貤封
中憲大夫工部虞衡司員外郎諱勳著
公曾孫女嘉慶丁卯科副榜戊辰天津 召
試 欽取二等充 文穎閣謄錄靜海縣教
諭 敕授修職郎諱世敬公孫女道光乙酉
科拔貢 朝考 欽取二等以教職用選授
廣平縣復設教諭 敕授修職郎諱鱣庭公
女道光甲辰科挑取謄錄已酉科舉人考取
咸安宮官學教習期滿以知縣用分發陝西
候補知縣署三原縣知縣 欽加同知銜
誥授奉政大夫諱曾庭公胞姪女國學生諱
承蔭公胞妹現任安徽新安衛守備印承勛
公嫡堂姊名
煜文胞姑母
子濟勳 濟熙 俱幼讀

履歷

丁卯鄉試中式第五十二名　女三俱幼

保和殿覆試

欽取二等

庚辰科大挑二等

候選教諭

會試中式第七十名

覆試第二等第十九名

殿試第三甲第十一名

朝考入選　族繁不及備載

欽點即用知縣　世居寶坻城內

會試硃卷光緒庚辰科

中式第七十名貢士馬存楧順天府寶坻縣附生民籍丁卯科舉人大挑二等候選教諭

同考試官翰林院編修國史館協修加三級韓　閱

薦批

大總裁兵部左侍郎加三級許　取批

又批　肅括宏深

大總裁吏部左侍郎鑲白旗滿洲副都統左宗室麟　取批

又批　紆徐卓犖

大總裁經筵講官頭品頂戴工部尚書加三級毓慶宮行走翁　取批

又批　雍容華貴

大總裁戶部尚書正白旗漢軍都統國史館總裁總理各國事務大臣軍機大臣加三級景　中批

又批　博大昌明

本房原薦批

文如水行川氣如春在花有金和玉節之音無劍拔弩張之態次妥帖安詳三語有包孕卓爾不羣詩秀潤經藝藻采繽紛詩禮尤勝五策詳覈

聚奎堂原批

顧視淸高英姿俊偉次三亦精心結撰氣盛言宜望而知爲積學之士詩工雅經藝妃黃儷白典贍風華策條對明晰

欽命四書詩題

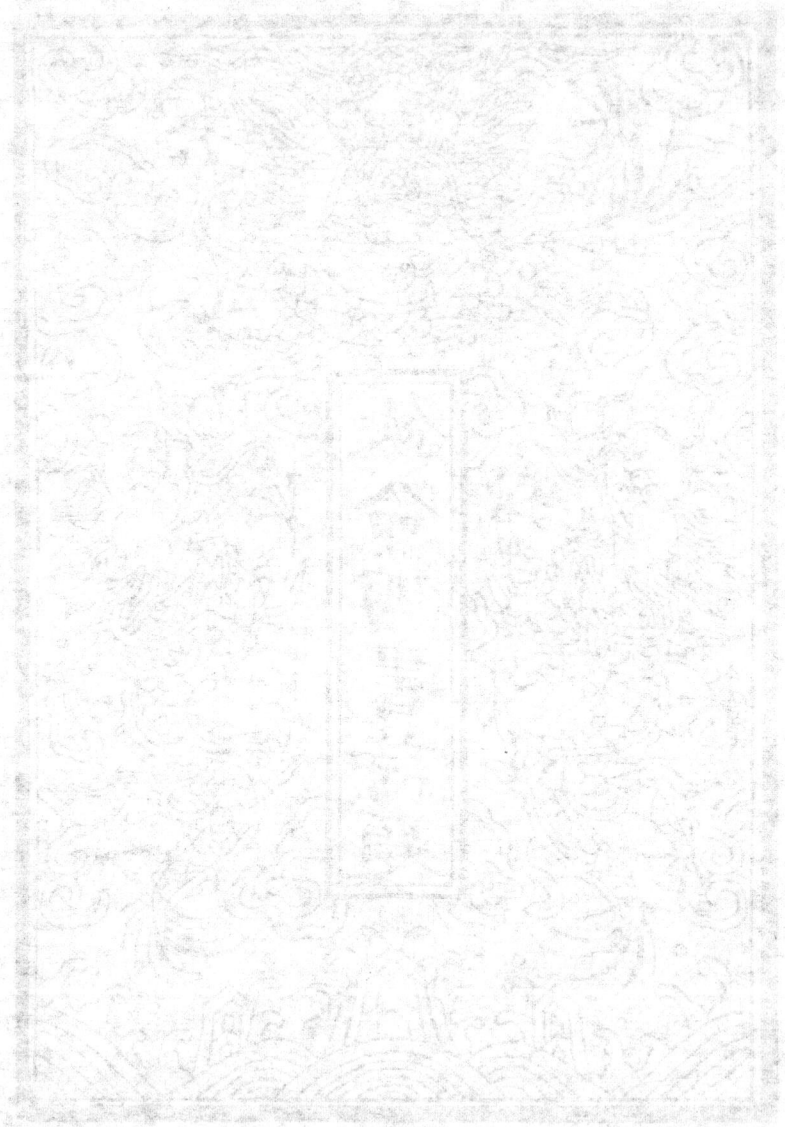

履歷

陳源濬

始祖秉乾 秉章 前明自中山遷居寶坻

始祖妣氏趙

九世祖萬倉

九世祖妣氏魏

八世祖朝普

八世祖妣氏張

七世祖嘉憲

字梅生號麟洲行二又行十三咸豐甲寅年十月十五日吉時生順天府東路廳寶坻縣學附生民籍

族伯叔祖德明太學生 德傑

胞伯叔祖德廣早逝候選守禦所千總祖妣氏高欽旌節孝 大成候選守禦所千總 德達早逝候選守禦所千總祖妣氏曹欽旌節孝 大魁嘉慶戊寅恩科己卯聯捷武進士漢藍翎侍衛加一級郎選都司繼叔祖妣氏岳欽旌節孝

族伯叔鈺從九品 鉞 錷 錦 錡 鎔 銅 鎮

嫡堂伯叔鏞字序東候選守禦所千總敕贈文林郎奉天鳳凰廳教諭加一級 鋭字冠英武庠生候選守禦所千總 銓字秉鈞貢生候選訓導 鏒字璞山翰林院待詔銜 鐸字振

七世祖妣氏鄭

六世祖彥奎

六世祖妣氏陳王

五世祖玉芳早逝

五世祖妣氏汪欽旌節孝

高祖傑字俊公誥贈武德佐騎尉漢藍翎侍衛加一級

高祖妣氏丁誥封宜人

曾祖國順字天祥太學生誥封武德佐騎尉漢藍翎侍衛加一級

聲

鉅本胞叔字文伯候選守禦所千總

胞姑母一適玉田縣庠生齊璞存公諱銳鋒

族兄弟源浦 源浴 源湘

堂兄弟源浚字印泉武庠生 源灝字潤軒咸豐壬子科舉人同治壬戌大挑二等現任奉天鳳凰廳教諭 源溶字蓉塘武庠生 源澣字星橋軍功議敘六品銜 源瀛字雲臺武庠生 源澤字潤卿武庠生 源澍 源涵字容舫武庠生 源沂字春泉 源渤字海樓 源江字杏春 源潔字小波

胞兄源濂字蓮溪貢生

胞姊一適同邑李蔭堂名正榮

從堂姪桂武庠生 檀武庠生 椿 棣 枋 楷武庠生 樟

齋傳下

曾祖妣氏蘭誥封宜人

祖大觀字上臨太學生例贈文林郎

祖妣氏陳例贈孺人同邑太學生諱篤志字博學公女庠生諱偉公胞妹候選州同諱文仲公胞姑母

父錚字鐵卿庠生例贈文林郎

母氏唐例封孺人同邑太學生諱鏞字聲遠公孫女處士諱國璽字輯瑞公女諱森公胞姊名文明胞姑母

棠 模 彬業儒 楫業儒 樽 樹 榮業儒 森 印 丞

俱幼讀 珠 金榜 成 三 四俱幼

胞姪杭字藕莊 樸字實甫 棟字雲生 棟幼讀

從堂姪孫熾昌業儒 煜昌 煦昌 熙昌 慶昌 立

祿 來 保俱幼讀 牛 馬 大 毛 領俱幼

胞姪孫讓幼 雄幼

從堂姪曾孫長春 長盛

娶蒲氏玉田縣太學生諱雲布字徧霖公孫女庠生敕封儒林郎諱金銘字慎齋公女廩膳生名廷賢太學生候選布政司理問名瀛庠生名洵胞妹

子定官幼

受業師

蔣硯莊夫子 諱士林 邑庠生

李子林夫子 印椿祺 邑庠生

蔣文莊夫子 諱士彬 邑庠生

朱雅亭夫子 印文田 同邑廩貢生同治甲戌考取謄錄充國史館謄錄議敘六品銜現分發山東候補縣丞

李一峰夫子 印育秀 同邑人同治癸酉科副榜

課師

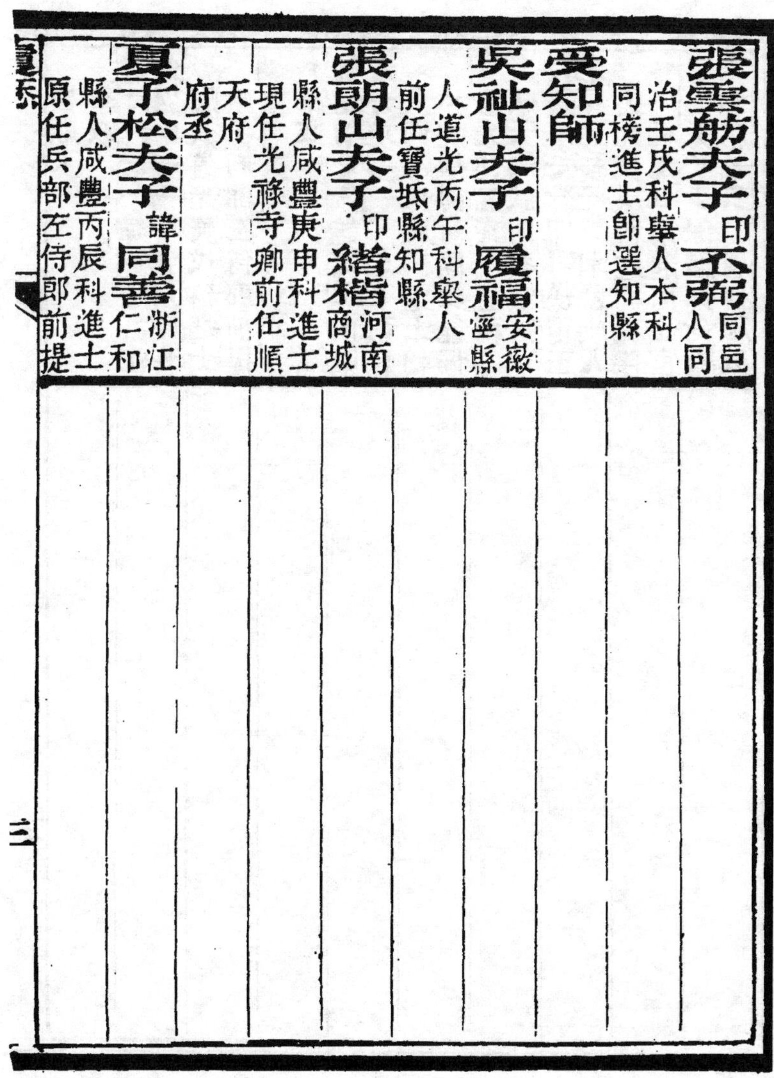

張雲舫夫子印五弼同邑人同
治壬戌科舉人本科
同榜進士即選知縣

受知師

吳祉山夫子印履福安徽涇縣
人道光丙午科舉人
前任寶坻縣知縣

張朗山夫子印緒楷河南商城
縣人咸豐庚申科進士
現任光祿寺卿前任順
天府
府丞

夏子松夫子諱同善浙江仁和
縣人咸豐丙辰科進士
原任兵部左侍郎前提

三

督順天
學政
錢湘吟夫子諱寶廉浙江錢塘
縣人道光庚戌科進士
原任刑部左侍郎前提
督順天
學政
趙枚卿夫子諱汝臣山東黃縣
人同治戊辰科進士翰
林院檢討國史館協
修光緒乙亥恩科
順天鄉試同考官
徐蔭軒夫子印桐漢軍正藍旗人
道光庚戌科進士現任
經筵日講起居注官
太子少保禮部尚書
光緒乙亥恩科順天

鄉試大主考本
科會試大總裁
殷譜經夫子 印兆鏞 江蘇吳江
縣人道光庚子科進士
前任經筵講官吏部
右侍郎光緒乙亥恩
科順天鄉試大主考
崇文山夫子 印綺 滿洲鑲黃旗人
同治乙丑科狀元現任
盛京將軍兼管奉天府
府尹事務光緒乙亥
恩科順天鄉試大主考
毛旭初夫子 諡文達 河南武陟
縣人道光乙巳科進士
原任經筵日講起居
注官吏部尚書光緒乙
亥恩科順天鄉試大

主

考

曾與九夫子印培祺漢軍正白

旗人同治辛未科進士

翰林院編修　記名御

史光緒丁丑科

會試同考官

乙亥鄉試中式第六十七名

會試中式第百五十九名

保和殿覆試

殿試三甲

朝考三等

欽點即用知縣籤掣河南

族繁不及備載

世居寶坻縣城東大沽莊

會試硃卷光緒癸未科

中式第一百五十九名貢士陳源灝係順天府東路廳寶坻縣學附生民籍

同考試官翰林院編修加三級支　閱

薦

貴批　慮周藻密

取　又批

張批　機暢神流

取　又批

瑞批　理實氣空

取　又批

徐批　筆酣墨飽

中　又批

大總裁刑部右侍郎正白旗蒙古副都統稽查左翼覺羅學加三級

大總裁經筵講官刑部尚書加三級

大總裁兵部尚書武英殿總裁宗室正藍旗漢軍都統加三級

大總裁經筵日講起居注官太子少保國史館總裁禮部尚書翰林院掌院學士加三級

本房原薦批

珠圓玉潤鋒發韻流次三一律詩

尤工切經藝風華典贍策詳明

聚奎堂原批

筆意清朗次三一律調暢詩工

知其說者之於天下也其如示諸斯乎

陳源潾

知所難知則治天下不難矣夫禘固有天下者之事也知其說而治天下不難焉禘豈易言知哉且莫測者幽明之理而相通者上下之情此其理可默爲參也其情卽可顯爲喻蓋明無不悉追崇之典既契合於無形而誠至斯乎感應之機自形容而莫罄一本之理溯於無窮萬類之情徵諸有象而猥以淺見測之究恐無當於精微之旨爾禘吾不知子試思知禘之義爲何如人乎子亦思知禘之人爲何如量乎蓋禘說之通於天下也久矣而誰則知之者儀文之設多士能詳器數之存伶工可道此其說之粗者耳王

者合萬國之歡始展一人之孝奏格也勸威是寓果何以精神默契上而通明德馨香異議紛紜經生聚訟遠宗附會叔季多誣此尤說之妄者耳王者斂九州之福始隆五載之儀廟中也境內可通果何以誠敬交孚進而驗皇王典禮誰歟知其說者乎夫惟心探制作淵然見奉先追遠之忱而以誠造形雖形聲之所難通胥本一誠相感格況形聲可接斯達之下治旁治而推暨何難抑且志切參稽穆然窺尊祖敬宗之意而以理宰氣即血氣之所不屬罔非一理所彌綸況血氣相聯斯合爲一家一人而規模無外則莫謂無知其說者則莫謂知其說而猶有難知者其於天下殆如

示諸斯乎而特難爲不知者道耳豈無情般報本而禮儀是飾薄
海莫識推崇豈無詔下尊親而祭義未明羣黎莫隆孝享精意未
審於天下奚望乎而知其說者早探其本矣前聖人崇德報功必
溯受命之始後聖人通微合漠已握起化之原敬祖精誠卽臨民
志氣操萬物之本以御末而遠近親疏皆其說之放而準焉者也
堂階不下而民物相環其如斯之顯而易明乎而正不難爲知者
擬耳非必侈語措施而協氣旁流異類無殊同體非必矜言胞與
而厚德所積六合儼若一家氣類相孚於天下奚隔乎而知其說
者固會其微矣制禮者愛存愨著已成郅治之馨考禮者好學深

思獨踰本原之厚九重仁孝即四海恩施通造化之幽以治明而禮樂政刑皆其說之推而廣焉者也祖考來歆而神人共格其如斯之昭然若揭乎蓋治天下不難而知禘之難也是所望於知其說者

本房加批

前路圓湛中二精切後比諧鬯是水到渠成之候

文理密察足以有別也

陳源滸

終舉至聖之智而別於以足矣夫文理密察智之德也至聖有之猶謂不足以別乎且吾推至聖之德而首曰聰明睿知知也者虛其心而能入剖其理而能出以貫乎始終者也顧知原於天渾言之而靈明獨蘊知周於物分用之斯志氣如神燦然成章秩然有序縝然無間昭然共明其裕諸內而運量咸周者即徵諸外而纖微必析矣容執與敬仁義禮之德既無不足矣然而臨天下尤貴乎能別也智者果何以別之乎是必裕其識於所別之先而知弇鄙者陋滅裂者紛簡略者疏混淆者昧斯不至冥心坐照矜其識

而識有終窮抑必運其神於所別之外而知繁縟不尙瑣屑不務補苴不事刻覈不矜斯不至逐物以稽疲其神而神難偏給以云別也非至聖烏足言有哉然至聖究何所以哉一曰文文非徒緣飾也有美在中獨瑩其質自他有燿特發其華積厚流光自見其文炳其文蔚也則文無不明矣一曰理理非必綜覈也推彼例此獨絜其綱舉一制紛必循其緒揆幾度務自見始條理終條理也則理無不通矣至若純粹以精又莫如密夫侈談豁達非不脫略相高然而粗矣惟基命厘夙夜之神洗心在退藏之地譬如攻錯盍致精焉所謂百密而無一疏也而且明辨以晳更莫如察夫矜

言術數亦云推測如神然而感矣惟識時變協觀成之義聽遍言爲取善之資譬如鑑衡無或爽焉所謂察來即以彰往也夫然而至聖之別有相貫者焉有文而理可不昧有理而密可無間有密而察可弗遺體既全用自足恃耳而要非區別爲高也寸心無物之初本體清明早存眞鑒任萬類之紛紜繁雜而是非可否立判其幾彼臨事張皇者能如斯之燭照乎瑩澈之神明端本而已矣而無所闇者自無所棼無或疏者自無或蔽其區別不已精哉夫然而至聖之別有遞深者焉文輔以理則愈著理進以密則愈眞密加以察則愈澈識既具力自有餘耳而又非剖別是詡也一物

未交之始隱微眞宰早握虛靈舉一世之常變經權而疑似幾微難淆其鑒彼無端逆億者能若是之誠明乎精詳之運用順推而已矣而合可觀者分亦可按微能至者顯亦能彰其剖別不已裕哉智德之備也又如此

本房加批

氣清筆健水淨沙明

其事則齊桓晉文其文則史　陳源濂

卽事與文以觀春秋僅存其舊也夫桓文之事未必正魯史之文未必詳也第觀春秋之舊其事其文何關王迹哉今使霸國宏圖難尋故迹宗邦實錄未輯成編斯亦攷古者之憾矣乃紀爭雄之盛後先比烈不過尊周攘楚之功援赴告之詞潤色爲工第仍紀月編年之例敢曰蹟必覈實辭盡雅馴乎試爲溯厥由來其盡人能識者固僅勝主盟莫考而載筆無徵也繼晉楚而觀魯之春秋夫春秋非以維王迹者哉然卽未成之春秋而論其事與文則何如盛世不無征伐而天命天討胥懔王章一時列辟承流亦第恪

守藩封歸柄權於朝右自轄迹遷而威張大國矣慨侵陵其日肆遂使專征弓矢爭誇摟伐之勳聖朝豈有闕遺而記動記言特存直筆一時羣工效職又復備陳篇什詳紀載於民風自輶軒廢而政紀諸邦矣因聞見之異辭遂令宗國簡編亦有官司之守蓋嘗稽其事則齊桓晉文而已矣且嘗考其文則史而已矣五霸之興桓文尤盛撫遺編而尋勝蹟功勳赫赫不越取威定霸之雄列邦之故魯史必書萃眾說而成一家典冊煌煌僅同易象詩書之古曠觀二百四十年之間其事與文之相歧者不知凡幾矣問鼎觀兵猶登於紀郭公夏五亦著於編瑣瑣者何堪殫述乎然而論過

不如論功傳疑不如傳信也事莫大於勤王而侈其戰功第紀召陵城濮文莫詳於數典而循其舊制第沿史佚周任雖揚厲鋪張事與文不無可據而奉虛名以存故實要不過以先朝掌故爲考證資耳五尺羞稱而一編是抱篇章具在竊嘗流覽殷之綜覽一十有二公之紀其事與文之相類者莫可終窮矣秦穆紹業並列宗盟韓宣來觀或稱周禮紛紛者何堪指數乎然而詳內可以略外核實可以定名也事因文而愈著兩公垂偉烈猶是雜霸規模文卽事而可徵一代號專家猶是前人制作雖參觀比例事與文非盡無稽而舉極盛以括全書亦不過以故府流傳爲撥羅助耳

霸功競尚而成法徒循散佚無虞猶幸涉獵及之苟非孔子取其

義魯之春秋何終異於晉楚乎

本房加批

心手調和機神暢朗後二尤筆歌墨舞熟極而流

賦得花開鳥鳴晨 得晨字五言八韻　　　　陳源濰

喚起看花客枝頭鳥語頻開翻疑昨夜鳴恰喜清晨闌外霞
烘早琴邊露滴勻尋應來蝶使報不待雞人徑曲宜通蔣簧
調欲奏秦香籠朝霧薄聲徹曉山春晴日猶遲午和風快及
辰願隨鸞鳳侶翔翥近
楓宸

本房加批
細意熨貼

李浚

字師竹號孚深行二道光戊申年五月三十日吉時生順天府寶坻縣附生民籍

曾祖如檍 誥封奉直大夫

妣氏方

祖之琇 廩膳生 誥封奉直大夫

妣氏郭 誥封宜人

父光璧 道光辛卯恩科舉人癸丑科會試挑取謄錄大挑二等歷任清苑縣教諭開州學正國子監典籍廳大計兩次卓異欽加五品頂戴陞用知縣委充畿輔通志局提調誥授奉直大夫開州請入名宦祠

[illegible] 誥封宜人

胞叔祖之璘

胞兄澐 同治丁卯科舉人現任奉天開原縣訓導欽加六品銜

胞姪燕春 邑庠生己卯科房薦

妻王氏

子燕詒 業儒聘同邑咸豐辛酉科拔貢同治丁卯科舉人甲戌科進士翰林院編修記名道府壬午科廣西鄉試正考官胡公勝之女 燕崇 幼

女 適同里道光丙午科舉人咸豐己未科進士翰林院庶吉士歷任山西稷山趙城知縣賞換花翎候選知府誥授朝議大夫張公丕烈四子庚午科副榜內閣中書印祖甄胞弟祖年

癸酉鄉試中式第十五名
會試中式第二百九十四名
殿試第三甲第三十三名
朝考第二等第三十二名
欽點主事籤分禮部

族繁不及備載
世居寶坻縣林亭口

欽命四書詩題

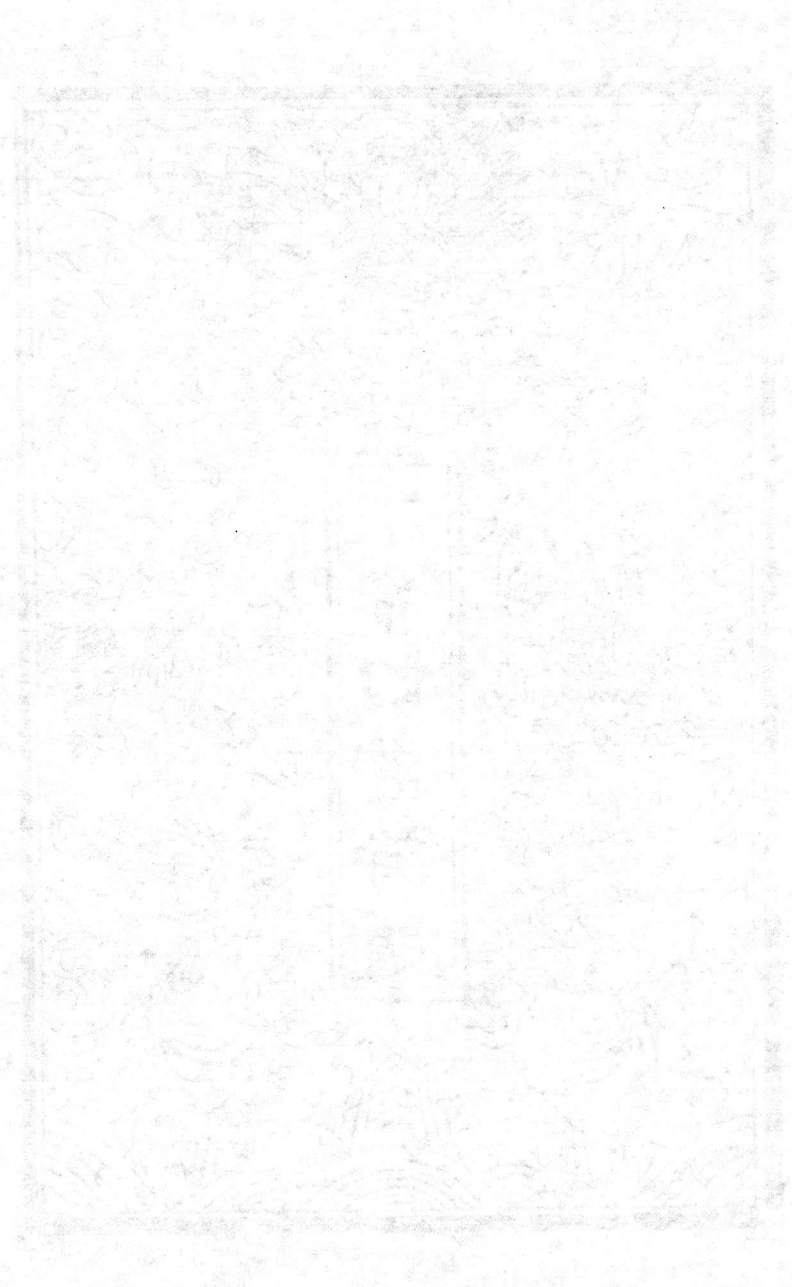

張瑞芳 張瑞芬

字香圃號芷亭行一咸豐癸丑年八月初十日吉時生順天府寶坻縣廩膳生民籍大挑一等試用知縣

字蘭舫號杏村行二又行三咸豐丁巳年十二月初十日吉時生順天府寶坻縣廩膳生民籍

始祖茂

始祖妣氏史

二世祖平時

二世祖妣氏李

三世祖廷進

三世祖妣氏周

太高祖士全

胞伯太高祖士德 士心 士孝 士聰

胞伯高祖兆麟

嫡堂伯叔高祖自義 自禮 自誠 自發 自仁

胞伯曾祖瑨

嫡堂伯叔曾祖璵 琢 璋 璽

從堂伯叔曾祖雲 耀 珮 璧 雷 玉 林

美 寬

履

太高祖妣氏王

高祖兆麒

高祖妣氏紀

曾祖琨 字玉斯贈登仕郎 例

曾祖妣氏劉 例贈趙太孺人

祖守鐻 字宏遠恩榮九品勅授登仕郎貤贈中憲大夫戶部河南司主事加四級

祖妣氏白 勅封孺人貤贈太恭人

父涵 字子容候選從九品誥封中憲大夫戶部河南司主事加四級

母氏王 同邑誥贈朝議大夫諱恩溥公孫

族伯叔曾祖相　德　義　昌

胞伯叔祖守鐸　守錄 九品

嫡堂伯祖守鈔

從堂伯叔祖守鑾　守鈞　守鎰　守鏞　守鏷

守銘　守鑑　守鋭　守鑄　守鏄

再從堂伯叔祖守榮　守讓　守謙　守惠　守信

守忠　守寬　守敏　守魁　守進　守德

族伯叔祖國用　國望　國興　國臣　國祚

胞伯叔江 字蓉橋　淮 字滙東議敘從九品

嫡堂伯叔源　涇　淜

從堂伯漢 附學生　潍　湖　泮

女候選從九品誥封朝議大夫貤封通奉大夫諱焯公女咸豐辛亥恩科舉人景山官學漢教習五品銜廣東試用知縣前署茂名潮陽等縣知縣印其恆公咸豐辛亥恩科舉人己未科進士山東即用知縣歷任泗水蘭山等縣知縣臨淸直隸州知州儘先補用知府賞戴花翎三品銜候補道誥授通奉大夫印其愼公胞妹五品銜浙江即補縣丞諱其志公附貢生國史館謄錄候選鹽大使印其恕公胞姊國學生印昌績增貢生候選訓導印昌繕聖府齋奏銜印昌緒國學生印昌祓業儒印昌組

再從堂伯叔洵 湛 瀎 濡 灝 洪 池

澤 澍 溥 渭 溶 深 漣 濱

族伯泰 通 潭 治 俊 振 本 進 立

貴 富 光前 光第

胞弟瑞薰字叔琴增生乙酉科挑取謄錄戊子科房薦 瑞蓁績學早逝

嫡堂弟瑞芝

從堂兄弟嘉言 嘉信 嘉任 瑞芸

再從堂兄弟嘉楷 嘉樫 嘉椐 嘉林

胞姪楷曾 棨曾俱幼讀

嫡堂姪育曾業儒

從堂姪齡 棠 棣

二

恩
胞姑母 誥封太恭人
具慶下
庭訓
受業知師
族伯作霖夫子 諱濤 文童
族伯靜川夫子 諱渭 文童
鄭華甫夫子 印鳳藻 邑庠生
母舅王心如夫子 印其紀
李竹村夫子 諱清和 邑庠生
姚望峰夫子 諱秀東 邑庠生
馬蘭卿夫子 印鴻儀 邑廩生

再從堂姪焯 炳 煜 炘 熉 烜
瑞芳娶劉氏 同邑處士印登仕公女
子培曾 式曾 俱業儒 蔭曾 幼讀
女四
瑞芬娶耿氏 同邑處士印桂公女
子慶曾 幼讀 撰兒 萬兒 俱幼
女一

姍伯吳齋賢夫子 印竹林 邑庠生

胡捷甫夫子 印勝 同邑甲戌科進士翰林院編修現任福建汀州府知府署泉州府知府

徐養吾夫子 印浩 同邑辛未科進士甲戌科 欽點翰林院庶吉士散館選授山西猗氏縣知縣

李春臺夫子 印重熙 同邑壬午科舉人

李子恭夫子 印允 同邑己卯科舉人

王仁山夫子 諱靜壽 同邑己酉科副榜候選州判

李靜山夫子 印培祜 雲南昆明縣人丁未科進士前通永兵備道

華祝萱夫子 印金壽 直隸天津縣人甲戌科傳臚翰林院編修

吳祉山夫子 諱履福 安徽涇縣人丙午科舉人原任寶坻縣知縣

張朗山夫子 諱緒楷 河南商城縣人庚申科進士原任順天府府丞

夏子松夫子 諱同善 浙江仁和縣人丙辰科進士原任兵部左侍郎順天學政

房師

錢湘吟夫子 諱寶廉 浙江錢塘縣人庚戌科進士原任刑部左侍郎順天學政

何地山夫子 諱廷謙 安徽定遠縣人乙巳科進士原任工部左侍郎順天學政

徐季和夫子 印致祥 江蘇嘉定縣人庚申科會元現任都察院左副都御史前順天學政

趙梅卿夫子 諱汝臣 山東黃縣人戊辰科進士翰林院檢討乙亥科順天鄉試同考官

鳴橋夫子 印貴恆 鑲白旗滿洲人辛未科進士現任都察院左都御史鑲白旗蒙古都統乙亥科順天鄉試同考官本科會試大總裁

毛旭初夫子 謚文達 河南武陟縣人乙巳科進士原任吏部尚書乙亥科順天鄉試大主考

文山夫子 印崇綺 鑲黃旗滿洲人乙丑科狀元前吏部尚書委散秩大臣三等承恩公乙亥科順天鄉試大主考

殷譜經夫子 諱兆鏞 江蘇吳縣人庚子科進士原任吏部右侍郎乙亥科順天鄉試大主考

徐蔭軒夫子 印桐 正藍旗漢軍人庚戌科進士現任吏部尚書協辦大學士乙亥壬午科順天鄉試大主考

陳天如夫子 諱序球 廣東南海縣人辛未科進士翰林院編修壬午科順天鄉試同考官

達峰夫子 印烏拉喜崇阿 鑲黃旗滿洲人丙辰科進士現任兵部尚書正白旗蒙古都統壬午科順天鄉試大主考

畢東河夫子諱道遠山東淄川縣人辛丑科進士原任都察院左都御史兼管順天府府尹壬午科順天鄉試大主考

孫變臣夫子印家鼐安徽壽州人己未科狀元現任都察院左都御史壬午科順天鄉試大主考

陸鳳石夫子印潤庠江蘇元和縣人甲戌科狀元現任詹事府右庶子丙子科會試同考官

張書城夫子印炳琳湖北武昌縣人丙子科進士前工科給事中丙戌科會試同考官

曹次謀夫子印詒孫湖南茶陵州人庚辰科榜眼翰林院編修己丑科會試同考官

朱適菴夫子印百遂江蘇寶應縣人甲戌科進士翰林院編修丙戌科會試同考官

鍾靜丞夫子諱家彥湖北咸甯縣人甲戌科進士翰林院編修己丑科會試同考官

黃愼之夫子印思永江蘇江甯縣人庚辰科狀元翰林院修撰本科會試同考官

馮仲梓夫子印光遹江蘇陽湖縣人甲戌科進士翰林院編修本科會試同考官

孫萊山夫子印毓汶山東濟甯州人丙辰科榜眼現任軍機大臣刑部尙書總理各國事務大臣

許筠菴夫子印應騤廣東番禺縣人庚戌科進士現任吏部左侍郎

履歷

沈叔眉夫子 印 源深 河南祥符縣人辛未科進士
現任都察院左副都御史

瑞芳 乙亥 鄉試中式第一百九十五名
會試中式第一百九十一名
殿試三甲第　名
朝考二等第　名
欽點主事籤分戶部河南司

瑞芬 壬午 鄉試中式第一百十一名
會試中式第二百十二名
殿試二甲第　名
朝考二等第　名
欽點即用知縣籤分山東

族繁不及備載

世居寶坻縣城南廣林木莊

四

會試硃卷光緒庚寅　恩科

中式第一百九十一名貢士張瑞芳順天府寶坻縣廩膳生民籍大挑一等試用知縣

同考試官翰林院修撰加三級黃　薦　閱

大總裁二品頂戴都察院左副都御史稽察左翼宗學加三級沈　取　批　氣度端凝

大總裁吏部左侍郎加三級許　取　批　風神諧暢

大總裁翰林院掌院學士都察院左都御史鑲紅旗蒙古都統加三級貴　取　批　義精詞卓

大總裁經筵講官太子少保軍機大臣刑部尚書總理各國事務大臣加三級孫　中　批　力厚思沈

本房原薦批

大含細入切理饜心次三虛實

兼到詩秀

聚奎堂原批

虛實兼到流利自然次筆意超

雋三俯唱遥吟恰如題界詩雅

子貢曰夫子之文章可得而聞也夫子之言性與天道不可得而聞也子路有聞未之能行惟恐有聞　張瑞芳

學不負其所聞兩賢之功力見矣夫因文章見性道子貢之善體所聞也因未行恐有聞子路之力追所聞也不可見兩賢之功力乎且聖門之學以多聞爲始基以尊聞爲要道聞固無足異也所異者於見淺悟見深之旨潛心體驗由迹象而默契神明以至勇存至怯之心銳志勤求因奮往而轉形畏縮吾黨入道之士明健各有所優使或疑其操末而忘本勤始而怠終亦未嘗深觀於其際也不然吾黨有子貢明敏士也其於夫子之道豈猶有不得聞

者乃日者於靜觀有得之餘亦若動欲從末由之慨曰夫子之文章可得而聞也夫子之言性與天道不可得而聞也是胡爲者吾黨有子路果敢士也推其勵行之心又何至恐有聞者乃吾黨於賞奇晰疑之下如見其瞻前顧後之神曰子路有聞未之能行惟恐有聞是胡爲者蓋儒者之患莫大乎語行習則薄爲庸近談神化則喜其新奇明明官骸物則之昭垂何莫非眞精所流露而或演疇圖之說自詡儒宗高理學之名別標旨趣聖學所以不明也夫至教有何精粗淺求之祇在耳目之前深體之已洩苞符之蘊以得聞不得聞者顯爲辨非謂不得聞者可以恝置實謂不得聞

者可以徐通也此亦可告天下之妄希捷獲者矣儒者之患又莫大乎談道德則斯愛而斯傳課功修則且前而且卻明明倫紀綱常之燦設何莫非擔荷所難寬而或一日廢數日之功貽譏怯懦一時積數時之事坐失機宜儒修所以日敝也夫事機有何緩急怠者以因循而自躭暇逸勤者以進取而日覺憂勞以未行恐有聞者惕其神非慮聞之迫以相追實慮行之緩以相赴耳此亦可告天下之自廢半塗者矣蓋論其功候所臻兩賢祗自勤其策勵美富既窺其奧窔仰企彌殷邁征既迫以悚惶神明愈奮智與勇漸深詣力而賜也貢積力久何敢以博雅閒精修由也日進無疆

何敢以寬閒隳壯志而論其修能所極兩賢已克底於成材當悟境之既開隨在胥徵道妙恥躬修之不逮何時敢懈持循達與果共懋姱修而賜也會悟潛通下學可希夫上達由也進修靡已入室何止於升堂此兩賢之不負所聞也願與學者共勉之

本房加批

文心靜穆筆意清超頗有倜儻自喜之致

知所以治人則知所以治天下國家矣凡爲天下國家有九經　張瑞芳

治人者盡乎人之類舉九經而爲之之道備矣夫天下國家人之盡知治人則無弗知矣既知之又必爲之其道不已備於九經乎今夫統萬有不齊之類而胥待治於一人固貴乎理之無不明也尤貴乎道之無不備蓋維皇建極不敢安於鹵莽滅裂之治以自隘其規模則所以由此達彼者其理可以貫而通而所以措正施行者其道即不容簡而畧此久大之圖也知修身則知所以治人夫渾而舉之則曰人析而言之則家此人國此人天下亦此人也

將欲爲之必先知之仍於所以治人者決之而已矣五方有不齊之風氣山陬海澨地以遠而難周而要無慮其遠者人同此心也人之心返之我身而無弗同卽推之天下國家而無或異放之皆準曲成所以不遺也百族有各具之才能畢雨箕風情以疏而易睽而要無慮其疏者人同此理也人之理證之吾身而無弗合卽驗之天下國家而無或歧恢之彌宏性命所以各正也知其所以則天下國家之理通卽天下國家之道得矣知在其所爲而爲必重其所有聰明具天亶之資而先萬類以握其權衡要必有不易者以奉爲法守知尙麗於虛爲始徵諸實擴所爲以滿乎知之量

所貴宏纖畢舉而一切因陋就簡非所安神聖具過人之質而首
庶物以立其綱紀要必有燦著者以奉爲典型知特明其理爲始
建其功精所爲以赴乎知之程所當運量咸周而一切鉅典宏綱
無弗備是所謂九經也凡爲天下國家者孰不宜有之哉承忠敬
質文之弊而大展猷爲必限其數以爲程治道或疑於簡畧經之
有九非簡畧也古盛時君以經爲綱維經以九爲全備雖在開創
之朝其主才畧自雄多所振作而究不能外此經而別詡才猷簡
而能該殆不啻帝世之謨陳九德也所願爲天下國家者次第圖
之審興衰理亂之源而獨高坐鎮必多其端以爲制建樹亦苦其

紛紜經之有九非紛紜也古盛時君以經爲憲典經以九爲定程雖在守成之世其事清和咸理不待更張而究不能舍此經而稍留缺憾詳而有要殆不啻王朝之範錫九疇也所願爲天下國家者蓍蔡奉之試進歷詳其目

本房加批

理法兼到運實於虛與徒習聲調者有間

霸者之民驩虞如也王者之民皡皡如也　張瑞芳

王與霸異觀於其民而知之矣夫惟王異於霸故其民亦異也曰驩虞曰皡皡不可想見其氣象乎且自唐虞已遡論治者每黜霸而尊王其所以黜之尊之者必驗之心術之微事功之著而王與霸遂較然其各異乃有時不必驗其心術而心術可推不必驗其事功而事功難掩祗此擾往熙來之衆其氣象所表見若截主治者之心術事功以俱傳蓋輿情也而主術判焉矣慨自聖王不作霸者每襲王者之迹以飾智而驚愚然而王卒不可襲也欲知霸者何弗觀於其民乎極權謀術數之工王章可擅威柄可專豈於

民獨不能神其驅策正惟其急欲驅策也而民氣乃愈漓矣假德禮以遂招懷之計託尊攘以行撻伐之私威惠所爭民身親之民亦不禁心感之也而嚮風慕義崇朝遂有易就之功𨓦譎詐牢籠之術功利可圖富强可致豈於民獨不能予以安全正惟其迫欲安全也而民風乃愈薄矣服强字小而信義昭救災䘏鄰而恩施沛治功所被民目覩之民亦不禁口傳之也而頌德歌功計日乃有速成之效驩虞如也霸者之民若此閒嘗抗懷郅治慨想昇平見夫飲和食德羣遊覆載之寬道一風同自得從容之致所謂皞皞如者非耶吾思其民吾不禁穆然於王者之治矣歌孔邇者忠

父母傷太旱者望雲霓彼慕德者實迫於水深火熱之情而遊其宇轉不聞頌禱斯何如景象乎垂裳端拱上已泯夫煩苛鑿井耕田下亦安其樂易從浹髓淪肌之後並無復有無端之詛祝達君上之聽聞有相習於盛朝之寬大而已矣榛苓寄慨於西方黍苗興歌於南國彼望治者實迫於思古傷今之意而當其時轉不解謳思斯何如浩蕩乎茀祿降康上亦昭其泮渙含哺鼓腹下自養其和平從百年必世而還並無復有意外之更張驚閭閻之聽覩有同遊於化日之舒長而已矣然而民實難自主也生霸者之世則感悅難名際王者之朝則敦龐成俗廣狹各如其分量觀治者

正可因流風遺俗默窺夫盛衰升降之大原然而民要難强同也覩維霸之經綸故婦孺知感沐純王之德澤故作息相安轉移祇繫乎君公出治者何弗屏淺效近功進求夫正直蕩平之盛軌試進歷詳其實愈歎治民者當以君子爲法矣

本房加批

心細於髮筆妙如環

賦得城闕參差曉樹中得門字五言八韻　張瑞芳

城闕連三輔全迷曉樹痕參差疑蜃市迢遞接龍門古木都
環郭危樓半出垣千章含宿霧五色映朝暾隱約虹橋隔高
低雉堞存重關青靄合萬疊翠雲屯塔影時明滅山光任吐
吞

上林韶景麗嘉蔭荷

醲恩

本房加批

大雅不羣

會試硃卷 光緒庚寅 恩科

中式第二百十二名貢士張瑞芬順天府寶坻縣廩膳生民籍

同考試官翰林院編修武英殿纂修國史館協修加三級馮 閱 薦批

大總裁二品頂戴都察院左副都御史稽察左翼宗學加三級沈 取批

又批 矜平躁釋

大總裁吏部左侍郎加三級許 取批

又批 理實氣空

大總裁都察院左都御史鑲白旗蒙古都統加三級貴 取批

又批 局整詞醇

大總裁經筵講官太子少保軍機大臣刑部尚書總理各國事務大臣加三級孫 中批

又批 筆流機暢

本房原薦批

軒豁呈露熟極而流矣三暢達詩諧經藝宮商旣調情韻兼美策有條有理考据詳明

聚奎堂原批

思筆輕圓揣摩純熟文理法完密三暢所欲言詩工整

子貢曰夫子之文章可得而聞也夫子之言性與天道不可
得而聞也子路有聞未之能行惟恐有聞　張瑞芬
類記兩賢之尊聞達與果各有得力焉夫子貢惟有悟於聞乃知
其有不得聞也子路惟能勇於行乃恐其又有所聞也達與果不
各有得力乎從來悟道不深者不知至教之有序也力行不果者
不覺世事之難勝也蓋教不可以躐等求由淺入深會悟後始明
其妙理不可以一端竟以心策力奮迅中猶覺其遲以深造者通
其精蘊以未來者策其當幾斯至理不必他求也亦適往無容少
懈矣不然子貢達者也達則無不可聞矣子路果者也果則無不

能行矣而猶曰不得聞恐有聞者其故何哉理道雖判精粗參以穎悟之心思日用間無非妙蘊特恐遠索高深而不返求切近將名理以强探而益晦因時之至教頓悟者終苦徒勞行詣何分遠近策以悚惶之志氣身世間敢謝仔肩特恐恃其才力而不勉厥猷為則私心以一得而自矜奮往之精神後此者恆慮不逮惟然而子貢有悟於聞矣夫夫本學識之修一貫可通豈有精微之莫喻顧當體驗之既深文章可通於性道而當探尋之未久性道亦視為文章有可得聞者即有不可得聞者也夫子無容心也惟然而子路益勉於行矣夫具兼人之力勇行有素豈虞責任之難勝顧

聞甫接而行未遑用力已形甚迫行未畢而聞又至問心尤覺難安其恐有聞者以其未及行也吾黨眞善會也大抵學者之進修必洞明乎教思之離合淺深盡歷其引伸之妙斯體行既臻於實獲自想像可悟其源流以得聞不得聞者判其途此際非關神悟乎教始於文章踐履有基習不啟虛無寂滅教終於性道指歸有定理不外易簡知能在先生默定其權衡實小子自呈其分際聖教豈有成心之設道不貴强索而貴徐通而可得聞者宜篤實修矣不得聞者宜求自達矣大抵吾儒之集事必曠觀乎世務之紛紜繁變默提其鼓舞之神斯功力雖處於有餘而意念恆憂其不

足以未行恐有聞者惕其志此時何敢少寬乎行必據實以求策以聞於行既苦分其念聞可憑虛以造赴以行於聞又慮塞其機前途方致其黽皇後顧轉形其竭蹶進德詎有息肩之日道不貴紛騖而貴專營而所聞者無不能行矣既行者轉喜其聞矣此子貢之達子路之果也是故類記之也

本房加批

析義必精摛詞無懦通體渾成一氣躁釋矜平非洗伐功深者未易臻此

知所以治人則知所以治天下國家矣凡爲天下國家有九經

張瑞芬

由治人而推之天下治法有九經焉夫天下國家者人之積一治自無不治矣進求爲治之法不更賴有九經乎嘗思寰宇之遥充塞者無非倫類將欲範一世而胥歸統馭恃有至明之識也尤恃有至當之規蓋治理有微權察識周斯推暨無殊遐邇而治功無異術敷施當斯古今同此綱常則夫握猷爲之本而求明備之規約舉其條固有無難指數者矣修身卽所以治人是但準之以知尚未驗之於爲也是但徵之於人尚未推之於天下也然而天下

國家之治其經畫亦豈外斯乎則試由治人而進言之五方之風氣難齊經濟每虞其叢脞而本治人者以精爲審察異其勢者不異其天郅治豈有他奇不過統羣黎之日用倫常在在胥端其身範則所以運而及之者本同原也四海之會歸匪易經理每苦其紛紜而由治人者以默測淵微殊其情者不殊其理盛治有何異術不過統儔類之心思耳目時時共勉於修能則所以順而推之者無二致也知所以治人則天下國家之治不從可知乎然而知麗於虛者也爲徵諸實者也化理之敷不遺疏逖本精神以爲感召而推暨咸周聖王之治豈尚空談合朝野以妙敷施而規模大

備有九經焉非凡爲天下國家者所當深念者乎法制無數傳而不變惟此宏綱鉅典歷世運而亘古維昭爲而準之以經不啻日月江河之運行天地也經以守其常皇古永垂爲典則經以防其變叔季亦賴以維持雖有雄才大略力能抗古人而擅制作之奇究之治功雖邁乎前朝欲於經之外別逞神奇高遠終歸於鮮濟周禮周官之紀載悉數難終試推其從出之原覺周浹旁皇無非此九者以垂爲經法也而何事他求哉運會亦升降所由分惟此意美法良閱百代而率循無弊經而定之以九不啻五常四德之特立古今也一日雖有萬幾統以九而條目無難總括元后豈親

瑣務分以九而本末自有後先雖當繼體守文力欲安鎮靜而尙無爲之治究之展布雖求簡要苟於經之數少形脫略措施立見其多乖照考穆考之精神片言可揭試進求其推施之用覺精詳美備必卽此九者懋厥經綸也而何容少略哉試進詳九經之目則所以治天下國家者可知矣

本房加批

理精法密局整詞圓後二暢所欲言尤極揮洒自如之樂

霸者之民驩虞如也王者之民皡皡如也　張瑞芬

觀王霸所由殊即其民而可見矣夫驩虞皡皡異者民所以異者不在民也觀於此不已見王霸之分乎且當春秋之世遐思三代隆鮮不謂有異政者無異民矣不知無異者秉彝之美古今同此人心有異者氣象之間轉移實因主術出治者既異即受治者不得而同一爲懸想其間覺煦嫗之規模與蕩平之氣象固悠然如在目前也從來欲觀民者必先觀其政而善言政者必有驗於民夫政也何爲而分王霸又何爲而分王霸之民哉治理苟常留渾樸何煩別立其主名惟是世運遞遷出而臣時者各本其蘊蓄淺

深以敷爲事業斯主極既分高下治術亦不無純雜之殊古今本同此蒸黎何事强爲之區別惟是治功既異環而待理者亦奉其心思才力以默與推移斯時會既判後先民氣亦顯有隆污之别夫不觀霸者之民乎水深火熱之相循陷溺久而勢難終極有霸者以救其弊民困似可少舒夫招攜懷遠慕其恩豆區釜鍾銘其德民生亦豈能盡遂而矜爲創獲者已不盡歡欣愛戴之忱也則驩虞如也不觀王者之民乎擊壤歌衢之既久屯蒙闢而日啟文明有王者以廓其規民氣似當有異乃食舊德者昇平坐享服先疇者作息相安民心亦豈果無情而習與相忘者只共適正直蕩

平之宇也則皞皞如也故就其質而言則霸者之民似鄰於智王者之民似近於愚此事殊形刺謬而非謬也溫飽獲於崇朝能不矜爲異數耕鑿安於數世何煩出以矜心無意之發皇民亦不能自主惟其驩虞乃成爲霸者之民也惟其皞皞乃成爲王者之民也卽其情而論則霸者之民獨得其深王者之民獨形其恝此中亦覺紛歧而何歧也日習權譎之風心志自多機警久託中和之宇頌禱亦覺優游自然之感應民亦莫解何因旣爲霸者之民不得不驩虞如也旣爲王者之民不能不皞皞如也吾乃爲霸者之民惜生不逢文武成康之盛同此戴高履厚日受夫牢籠驅策而

且感恩私雖舉世盡受其愚而有心人默驗輿情已不勝世運遷流之感吾更爲王者之民幸目不覩桓文莊穆之風惟是食德飲和自安於廣大寬舒而無煩祝禱在當境幾莫名其樂而論世者緬懷上理已不勝流連慨慕之誠試進而詳王者之治

本房加批

沈著之思出以輕靈之筆洋洋灑灑一片機神正文入妙來之候

賦得城闕參差曉樹中 得門字五言八韻 張瑞芬

城對香山寺參差古堞繁曉煙籠鳳闕春樹繞龍門楊柳迷離影亭臺遠近痕女牆紅日射官閣綠雲屯高映林間塔低連郭外村曙光明萬瓦濃蔭掩重閽晴旭三竿照危樓一角吞蓬瀛風景麗嘉植傍

宸垣

本房加批

珠圓玉潤雅韻欲流

鄉試

馬式端

字回虞號默存行一己卯年二月十九日生順天府
通州寶坻縣民籍廩膳生習詩經

高祖德儒
曾祖逢澤
祖應伯
祖母么氏
父瑞豸
母陳氏
慈侍下

鄉試第三十三名

胞伯瑞麒庠生
堂伯瑞麟 瑞圖
堂弟式常
娶談氏丙子武舉人原任山東臨清衛督運守府諱郁文公長女
子恩誠 思復俱業儒
堂侄伋 份 任 伊

鄉試第三十三名
履歷

陳輸

高祖耆志

曾祖之蕃

祖琰 庠生 誥封文林郎

祖母劉氏 誥封孺人

父鶴鳴 癸卯恩科舉人 原任湖南醴陵縣知縣

母谷氏 國學生諱維岱公女

具慶下

字憲邦，號屏齋，行一，戊戌年十二月二十四日生。順天府通州寶坻縣附學生，民籍，習書經。

嫡伯祖玳 玫

嫡叔祖珊

堂伯際鳴 庠生 臯鳴

堂叔鳳鳴 庠生 鐸鳴 詩鳴 雷鳴 俱業儒

堂兄調 詵 庠生

堂弟諾 諏 諧 俱業儒

胞叔謙鳴 宗虞 紹虞 業儒

嫡堂弟德 幼

胞弟常 幼

聘劉氏 壬子舉人諱藜公女

子

鄉試第二百三十名

王大濟

字滄萊號季瀛又號耆舫行二嘉慶辛未年正月十三日吉時生順天府寶坻縣附生民籍

六世祖琳 明附學生 勅封承德郎浙江嘉興府通判先世小興州人永樂二年以軍功占籍寶坻一世至五世諱失考

七世祖翺 明 勅授承德郎成化甲午科舉人歷任江南宿遷縣知縣浙江嘉興府通判

八世祖聘 明義民官

九世祖棨 明附學生

十世祖明汲 明 勅贈文林郎山東青州府推官

十三世伯祖乃眞 增廣生

十四世胞叔祖棨 歲貢生教習期滿候選知縣 誥封奉政大夫 晉贈資政大夫

十四世堂伯叔祖居 附貢生 宣 附貢生

高伯叔祖吉士 廩貢生候補行人司司副 誥授中憲大夫刑部山西清吏司郎中 多士 候選縣丞 大士 歲貢生候選訓導 吉人 考授州同知

堂高叔祖枚士 誥授奉政大夫廩貢生歷任鉅鹿縣教諭江南常州府同知候選員外郎署江南清浦縣知縣蘇州府通判常州府知府 晉贈資政大夫候選道加四級

從堂高叔祖一士 考授州同知 儀文 貢生 紹文 監生

曾伯叔祖嵩年 誥授奉直大夫候選鹽運司提舉借補廣東南雄府通判 彭年 候選

十一世祖好善 明誥授中順大夫萬歷辛卯科舉人辛丑科進士歷任河南開封府山東青州府推官戶部雲南司主事工部都水司員外郎虞衡司郎中欽命都理清江漕務直隸鳳陽府知府崇祀江南名宦河南名宦祠本縣鄉賢祠

十二世祖兆晨 明天啟辛酉科舉人揀選知縣

十三世祖乃餘 順治甲午科舉人誥授中憲大夫刑部雲南清吏司員外郎加三級

同知誥授奉政大夫 彥年 候選布政司理問 卜年 雲南安寧州知州 有年

光祿寺典簿

堂曾伯祖讓 康熙戊寅科拔貢考授教習候選知縣 訥 廪膳生 談 監生 詵 附學生 論 附貢生候選布政使司理問 謙 監生 謨 百齡 附貢生候選行人司司政例贈文林郎 錫齡 誥授中憲大夫附貢生歷任通政司經歷刑部奉天清吏司員外郎山西司郎中廣東雷州府知府乾隆乙巳恩與千叟宴

從堂曾伯祖詢 附貢生奉天府經歷署廣寧縣知縣候選道加四級誥授資政大夫晉授提刑按察使司副使 讚 誥授奉政大夫湖北荊州府同知監督寶武錢局 讌 誥授奉直大夫貴州正安州知州歷署都江通判黃平州知州平樾縣知縣

再從堂曾伯叔祖詒 監生貤贈修職郎河南南陽縣縣丞 [illegible] 諫 監生 詔 記 誥 庠生

十四世祖寓增生考授州同知　誥贈中憲大夫刑部雲南清吏司員外郎

高祖元士附貢生考授教習議叙知縣歷任江南太平府同知內陞刑部雲南清吏司員外郎　誥授奉政大天　晉贈中憲大夫

誥封

高祖母氏董宜人

本生庶高祖母氏湯誥封恭人

曾祖栢年貢生　勅贈徵仕郎山東高唐州州判　晉贈朝議大夫雲南臨安府知府　晉贈通奉大夫河南開封府知府加四級

胞伯叔祖旭藻分發河南府經歷借補祥符縣陳橋驛縣丞歷署盧氏繩池襄城孟津商城縣知縣陞任南陽縣知縣、貤贈朝議大夫河南懷慶府知府　旭截乾隆丁酉科副榜山東高唐州州判歷署汶上堂邑陽恩縣莘縣朝城縣知縣補嶧縣知縣遷曹州府桃源同知　特授雲南臨安府知府署迤南兵備道兼署普洱府知府原任永昌府知府　誥授朝議大夫

堂伯叔祖旭照附貢生廣西臨桂縣縣丞署陽朔興業縣知縣　旭東歲貢生候選教諭

旭皓附貢生甘肅皋蘭縣縣丞署合水縣知縣　貤封文林郎山西五臺縣知縣　春增生湖北遠安縣典史　旭杲　旭暢乾隆辛卯科舉人歷署雲南麗江縣知縣陞涼州知州中甸同知癸卯科雲南鄉試同考官新城縣教諭　勅授修職郎　旭晟勅贈文林郎山西五臺縣知縣　旭昭　旭時　旭昐　旭曜監生　旭昰　旭智　旭源監生　旭曠例贈文林郎　承祜府庠生　承佑山東濟寧州仲圩閘閘官　承祉　旭昕　旭亘　旭著　旭映　承經

曾祖母氏魏 誥封恭人 晉贈夫人
四川成都府同知諱廷
覲公江南池州府知府
諱廷會公胞妹甲午舉
人辛丑進士內閣中書
諱翽公
胞姑

祖旭昇 附貢生乾隆丁酉科鄉試挑取四庫
館謄錄議叙山東布政
司經歷借補昌邑縣縣
丞歷任章邱歷城縣知
縣濟寧直隸州知州
欽加知府銜 誥封朝
議大夫 晉封通奉大
夫河南開封府
知府如四級

祖母氏芮 誥封恭人 晉贈夫人候選
州同諱復份公孫女候
選州判諱永祚公女乾

旭旺 廩膳生郎業師 旭翔

從堂伯叔祖鈺 應召 成德 欽銘 秉鈞 欽堯
超倫 世登 旭啟 監生 欽曾 旭曉 監生聖廟齋奏宮
鏑 壽倫 鏞 敦倫 旭丙 旭初 附貢生馳贈文林
郎 晉贈奉直大夫內閣中書加四級 鑫 旭普 乾隆壬午科舉人揀選知縣 旭
健 監生 旭昱 廩膳生 旭正 旭朗 乾隆丁酉科拔貢丙午科舉人唐縣教諭
旭耀 廩貢生候選訓導歷署望都天津訓導廣宗教諭 旭海 旭驫 監生 旭
璒 旭騣

再從堂伯叔祖振聲 勅授修職郎兵部司務聽司務 例贈文林郎 振孫 廩貢
生 誥封朝議大夫同知加一級 振翮 貢生雲南霑益州吏目 振榮 乾隆丁酉科舉
人揀選知縣 勅贈修職郎四川康家渡大使 誥贈奉政大夫山東濟寧直隸州知州 振著

二

隆壬子科副榜湖南澧州州判諱其淏公胞姊

繼祖母氏芮 誥封恭人 晉贈夫人 邑庠生世芳公孫女庠生時中公女

庶祖母氏陸

父作乂 南河候補縣丞 例封文林郎

母氏鹿 例封孺人乾隆戊午舉人文安縣教諭諱泰吉公曾孫女廩生諱葵公孫女乾隆乙酉拔貢兩淮鹽運司諱荃公胞姪孫女太學生諱耀宗公女山東惠民縣知縣諱慎思公胞姪女庠生諱傳泗公胞妹廩貢生河南蘭儀縣知縣名傳洵公嫡堂妹候選知縣名崇理堂姑

監生 例贈登仕佐郎

振青 監生 勅贈登仕佐郎東河南陽閘閘官

振緒 乾隆癸卯舉人蔚州學正

振翽 監生

三從堂伯叔祖 繼曾 勅贈修職郎樂亭縣教諭

繼先 監生

繼傳

繼

序

繼成 乾隆甲寅恩科舉人現任樂亭縣教諭

繼賢

若盤

若

瓛 附生

胞伯叔 康乂 南河縣丞借補銅山縣主簿歷任盱眙縣縣丞邳州知州河南上下南河同知祥河同知懷慶府知府調開封府知府署彰衛懷兵備道 誥授朝議大夫 晉封通奉大夫

用乂 山東寧陽縣主簿咨送知縣現任兗州府滕縣知縣

堂伯叔 俊乂 分發浙江批驗大使署袁浦場大使

彥乂 福建蓮河場大使署漳浦縣知縣

保醇 山東昌樂縣典史

熙 山東日照縣安東衛巡檢

從堂伯叔 秉彝 廣東新興縣典史

璉

瑄 廩膳生

琮 乾隆戊申科舉人山西五

三

母

重侍具慶下

業師

東山叔祖諱旭珽廩膳生

礱君從堂叔名瑴邑庠生

雨橋從堂叔諱瑋道光乙酉科舉人

鶴亭夫子名雲輝山東歷城人歲貢生

胡白樓夫子名昉浙江上虞人辛巳科舉人

臺縣知縣璽監生 琛庠生 珍 珮 瑾 琨 珊 瑢 瑴

庠生 瑋乙酉科舉人即業師 理廩膳生 玠廩膳生 存志 存素 環

瑗 瑜 薩保候選未入流 存性 陀保 勒保

存恕 學易 輝 新 學詩 致 祿 成 文

豹 貫 瓚 炳 璧監生 學禮 瑢 禮

再從堂伯叔 則乾 純 嵒 則巽 汝豐 解 鳴

長寧廩膳生 淳篤 跂府庠生 汝豫 淳莊庠生 亮

峻 淳肅 長翰監生山東濤雒場鹽大使敕贈修職郎 淳惠 淳

敏 貤封登仕郎刑部司獄 汝發 紀 巍 長泰增廣生 長發

監生聖廟齋奏官 長佑附貢生敕贈文林郎晉贈奉直大夫內閣中書加四級 淳

益 淳睦 長祿監生 淳方 淳敬 長鯨從九品 淳

三

劉子敬夫子名師陸山西洪洞人嘉慶戊辰舉人庚辰進士前翰林院庶吉士候補國子監學正

松石夫子名掌綸天津人嘉慶丁卯舉人河南商邱縣知縣鄭州知州現任下南同知欽加知府銜

吳孝文夫子名式韋山東海豐人辛巳舉人癸未進士戶部廣西司候補主事

沈松盟夫子名第江蘇華亭人嘉慶丙子鄉魁丁丑聯捷進士內閣協辦侍讀

恩師

勉 長岩 長垣 霈 長禧附貢生 銑 長凱監生

長洲 長俊 淳典 雯 霱 仲琪候選未入流 露

蔚 烺 仲境庠生 淳雅

三從堂伯叔 挺秀府庠生 韞秀 掄秀廣西西林縣典史 鍾秀山東膠州靈山司巡檢 銓秀乾隆己酉恩科舉人冀州棗強縣教諭候選知縣 毓秀

聚秀府增生 松秀 枝秀庠生 蔚秀 殊澤乾隆乙卯恩科舉人歷任四川康家渡鹽大使河南羅山縣登封縣知縣癸酉科河南鄉試同考官 殊渥乾隆甲寅恩科舉人候選道前兩浙蘆瀝場鹽大使山東齊東縣歷城縣知縣東昌府同知濟寧直隸州知州軍功應陞知府歷署山東東昌青州兗州曹州知府濟東泰武臨道鹽運使司鹽運使 殊洽監生候選從九品 殊滲監生 擢秀庠生 舒秀歲貢生候選訓導 甡

殊浡 殊頴兩淮候補鹽運司知事 殊濯河南候補從九品借補通濟閘閘官

林梅甫夫子 名靖光 福建侯官人嘉慶辛酉舉人歷任井陘寶坻大興知縣現任涿州知州署遵化直隸州知州

朱葉堂夫子 名爲弼 浙江平湖人嘉慶辛酉科豫選拔貢庚申恩科舉人乙丑科進士己卯科順天鄉試同考官乙酉科順天文武鄉試監臨現任太常寺卿

彭春農夫子 名邦疇 江西南昌府人嘉慶乙丑科進士前任翰林院侍讀學士順天學政

調南陽關閘官 書浩 候選從九品 殊淳 分發雲南未入流 殊泰

四從堂 伯叔 濵 滋 淮 庠生 澈 府庠生 濤 沄 潔 沖

庠生 溶 泌 渪 澄 魁 漢源 府庠生

胞兄大章 候選府經歷

嫡堂弟大任 候選鹽大使

從堂 兄弟 金鑒 廩膳生 金城 候選未入流 金聲 鑑 銑 金

章銓

再從堂 兄弟 憲猷 嘉慶戊寅恩科副榜候補八旗官學教習 合猷 未入 寶猷

廩膳生 麟猷 監生 迪猷 懋猷 光鉞 藝錫 咸亨

復亨 丹桂 光鏗 伯銖 彥亨 光棣

瀛 綬

三從堂兄弟煥彩庠生體猷庠生榘鵤 榘䚢 思齊附貢生山東濤雒場鹽大使保舉候補知縣思義嘉慶戊辰恩科舉人丁丑會魁己卯恩科進士內閣中書充國史方畧兩館校對榘靜庠生榘猷庠生思提附增生樹萱 樹梓 樹桂 樹楠 樹桐 樹棣 樹勲

庠生樹楷 樹德 樹模 思睿廩膳生榘觥 榘解

寶雲 思忠增廣生榘福 聚奎 慶雲 思孝

庠生聚瑾庠生思誠 壽彭 喬雲 浚 榘和 榘奎

壽昌 壽椿 湘庠生麟角 樹杞 樹棟

永平 永魁 永太 永利 永發 永順 永芳

作梅 作楷 壯猷庠生棣昆 裕昆 貲昆

玉昆 黻猷 壽仁 書雲 羹和庠生江

五

四從堂兄弟夏　擷　守樸監生　鐵壽道光辛巳恩科副榜雲南候補直隸州州判　如澍府庠生　如洋府庠生　如瀚庠生　頔　頲　權壽

楷壽庠生　格壽　九江　昉　維楨廩膳生　世榕

大波　靜壽　曙　維植　維棡　桂壽　鈍壽

鉢壽　鏗壽　鐵柱

五從堂兄弟虎寶　五寶　興寶　凝寶　七十五

松寶　文寶　元寶　砥柱廩膳生道光乙酉科挑取謄錄　國柱

庠生

再從堂姪法　瀓　淵　治　洪

三從堂姪閎增　其祥從九品　麟祥　灼　炤　法賢

增基　增業　耆祥　法三　鐘　律　登科

鳳祥浙江湖州所領運千總 貢祥同榜舉人 增培 德沛 德

增 玉增 增印 增芝 賢增 永福 文杏

鶴祥 夢祥庠生 增穀 增笏 喜 慶 有薰

懿恩 芳 芬 二瑞 有恒 農祥 有惠

家祥 三瑞 啟祥 有言 蓉祥 昌業

書祥 藝祥 槐 雲祥 眞祥

五從堂姪世昌 熾昌廩膳生 燕增生 烈昌 煃昌 炅

昌 肇環

四從堂姪孫元鐘 元逼 朝宗 大慶 二慶

瑞麟 祥麟 明山 重魁

娶氏陳康熙辛卯壬辰聯捷進士安徽江蘇布政司崇祀名宦鄉賢諱惠榮公元孫女乾隆甲子

鄉試中式第五十名
會試中式第　名
殿試第　甲第　名
欽點

舉人壬申進士翰林院侍講提督四川貴州學政
諱銓公曾孫女乾隆庚寅科舉人山東鄒平縣知
縣諱鼎鈞公孫女嘉慶庚申舉人河南
榮澤縣知縣現任歸河通判名翔公女
子衍祚幼

族繁不及備載

順天鄉試硃卷道光辛卯 恩科

中式第五十名王大濟順天府寶坻縣附生民籍

同考試官 署詹事府事務翰林院侍講學士加三級翁 閱

翰林院編修武英殿協修國史館纂修加級沈 薦

大主考 經筵講官戶部右侍郎管理錢法堂事務兼署吏部右侍郎管理國子監加三級李 批 取

又批 語皆中肯

大主考 經筵講官吏部左侍郎管理鑲白旗事務兼署國子監右翼總兵將軍加三級賈 批 取

又批 其聲清越

大主考 太子少保經筵講官體仁閣大學士管理刑部事務國史館正總裁兼管順天府府尹加三級盧 批 中

又批 渾脫瀏亮

本房總批

韓昌黎云陳言務去戛戛其難此卷標新領異提要鈎元心貯玉壺神凝秋水二三場中規中矩十四藝有筆有書非面壁功深者未易到也已擷一枝之秀袖染桂香行看十里之花衣沾柳汁

欽命四書詩題

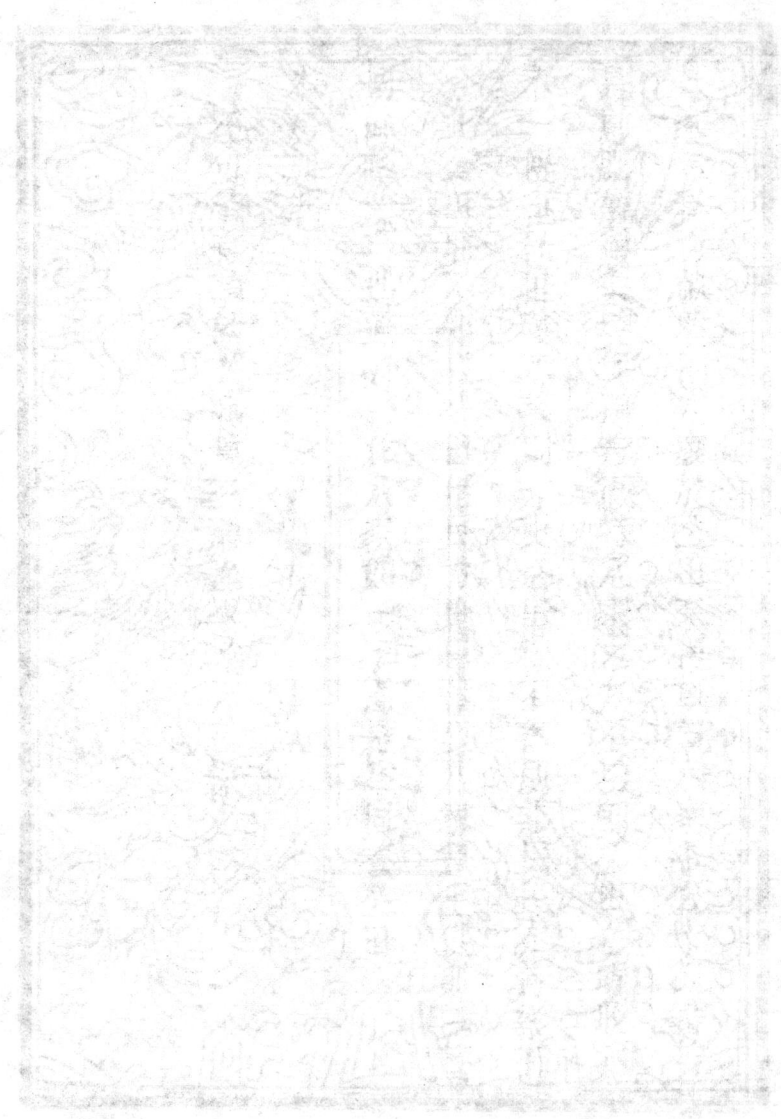

李德良

李德坊

始祖仲銀 始自昌平遷居寶坻

始祖妣氏趙

太高高祖應時

太高高祖妣氏李

高高祖守貴

高高祖妣氏臧

高祖養森 太學生 貤贈通奉大夫都察

字玉如號伯起行二嘉慶己卯年五月十二日吉時生順天府寶坻縣府學廩膳生民籍

字小園號仲言行三道光辛巳年三月初一日吉時生順天府寶坻縣附學生民籍

太高高叔祖應才

高高伯叔祖守榮 守華 守富 守祿

高伯叔祖養聰 養明 養梓 養棋 養檜 養樌

養植 養桐

從堂曾伯叔祖文登 敘 科 俊 偉 侃 英

從堂伯叔祖憲堯 憲文 紹文 太學生 佑清 如玉

新泰 從九品 新履 如珪

院左副都御史

高祖妣氏張 夫人 貤贈

曾祖偉 貢生 誥贈通奉大夫都察院左副都御史

曾祖妣氏張 誥贈夫人 同邑庠生諱震公女庠生諱綳公胞姑

曾祖妣氏呂 誥贈夫人 同邑庠生 貤贈奉政大夫內閣侍讀加二級諱謚公女從九品諱鳴玉公胞妹太學生名向善公胞姑

祖光先 誥贈通奉大夫 乾隆戊申科舉人歷任工部都水司主事員外郎郎中江西贛州

胞伯叔祖光前 廩貢生安州儒學訓導勅 貤贈承德郎誥贈朝議大夫 光里 誥授朝議大夫乾隆己酉科拔貢嘉慶戊辰己巳聯捷進士原任刑部奉天司郎中江西吉安府知府 光庭 誥授朝議大夫乾隆乙卯恩科舉人歷任內閣中書典籍侍讀湖北黃州府知府 達

從堂伯叔 琇 厚 芸 苑 芬 芳 荃 芝 蘭

嫡堂伯叔 葆 嘉慶丙子科舉人大挑一等署山東范縣知縣 渶 嘉慶丙子科副榜道光乙酉科舉人丙申科進士內閣中書宗人府主事 萼 道光乙酉丙戌聯捷進士內閣中書委署侍讀 菁 嘉慶戊寅恩科舉人大挑一等山東泗水縣知縣 蘐 郡庠生 芷 道光甲午科舉人 荸 太學生候選詹事府主簿 棻 道光戊子科舉人刑部貴州司主事 蔚 從九品 莫 國學生

敬 邑庠生 葰 若 茵 俱業儒

胞伯叔 蔭 嘉慶癸酉科拔貢己卯科副榜吏部七品京官文選司主事員外郎郎中廣東潮州府知

府知府覆理吉
南贛寧兵備道
祖妣氏趙 誥封夫人同邑庠生 誥贈
朝議大夫諱培元公女
庠生諱國宗公胞妹庠
生諱維藩公庠生丁卯
科謄錄前任廣西桂平
縣巡檢諱維
恂公胞姉
父諱 嘉慶戊寅 恩科舉人道光壬午 恩科
進士翰林院編修詹事
府少詹事 日講起居
注官 文淵閣校理
咸安宮總裁 國史館
總纂壬辰科會試同考
官四川鄉試副考官丁
酉科順天鄉試同考官
庚子科會試同考官戊
戌科教習庶吉士提督
安徽學政光祿寺卿通

府濬嘉慶癸酉甲戌聯捷進士禮部儀制司員外郎郎中安徽潁州府知府現任江西建昌府
知府綸嘉慶戊寅恩科舉人道光癸未科進士翰林院檢討山東道監察御史工科給事中內
閣侍讀學士奉天府承兼學政
通政使司副使候補四品京堂莊道光壬午科舉人戊戌科進士
戶部山東司主事鄰道光己亥科舉人山西寧鄉縣知縣現任鳳臺縣知縣
族兄成龍 培生 起鳳 增魁邑庠生
堂弟德基 鳳珂 德確 德輿 鶴年俱業儒
嫡堂兄弟德增已亥科副榜癸卯科舉人丁未科進士工部屯田司主事 德均邑庠生
德塤邑庠生 德墀 德垣 德埏 德培 德圭
德坰 德堉 德壽 德型俱業儒 德壁 德塾俱幼
胞弟德垣廩膳生 德堂業儒 德城邑庠生
嫡堂姪大鏞業儒 達生 大鐮 又生 大鋮俱幼

政使司通政使現任
都察院左副都御史
母氏盧涿州附貢生下南河同知諱圻公女
嘉慶己未恩科進士
兩廣總督賜諡敏肅
諱坤公胞姪女道光乙
酉科拔貢工部都水司
員外郎諱端元稟
膳生名端衡胞姊
具慶下
業師
遊海峰老夫子道光戊子科舉人候
選教諭
韓閩農老夫子乙酉科拔貢
馮藹雲老夫子乙巳科進士刑部主

胞姪齡桂幼
德長娶王氏乾隆己亥科舉人江西吉安府知府諱
棵公孫女道光壬午科舉人教習知縣
諱為星公女廣東電茂場大使名為玉公雲南藩
經歷名為健公姪女稟膳生名絜先邑庠生名廉
先寯先
胞姊
子攀桂 聯桂俱業儒 祥桂幼
女一
德坊娶白氏嘉慶己未恩科進士工部尚書大理
寺卿丁卯科福建鄉試副考官壬辰科
順天鄉試正考官庚辰科會試同考官提督安徽
廣東江蘇學政諱鉻公孫女己丑科進士戶部陝
西司員外郎名讖卿公女癸酉科拔貢教習知縣
諱詠卿公陝西即補道名維清公壬午科進士浙
江候補同知名讓卿公丁酉科副榜四川岳池縣
知縣名汝衡公稟膳生名謙卿公現任江蘇南滙
縣縣丞名誥
卿公胞姪女

事

高次封老夫子乙巳科進士戶部主事

陶蘭皋老夫子壬午科進士前任貴州知縣

吳薇客老夫子庚子科會元翰林院編修詹事府贊善記名御史癸卯科陝甘鄉試正考官本科順天鄉試同考官

吳榕江老夫子庚子科進士揀發雲南知縣

庭訓

子一元生 幼

女一

受知師

張雲屏老夫子乙未科進士昌平州知州前任寶坻縣知縣

周藹餘老夫子丁丑科進士前順天府丞候選道

潘芸閣老夫子辛未科進士南河總督前提督順天學政

馮晉園老夫子戊辰科進士禮部左侍郎前提督順天學政

王蔭堂老夫子癸未科一甲進士都察院左都御史前提督順天學政

三

朱嶽堂老夫子己卯科進士倉場侍郎前提督順天學政

鄭九丹老夫子庚子科進士翰林院編修丙午科順天鄉試同考官

陸稼堂老夫子壬辰科進士順天府尹本科鄉試監臨

履歷

貢選拔第一名

鄉試中式第名

坊𨙻試中式第九十一名

會試中式第名

殿試第甲第名

朝考第等第名

欽點

族繁不及備載

世居實坻縣城東林亭鎮

順天選拔貢卷 道光己酉科

選拔貢生第一名李德良係順天府寶坻縣府學廩膳生民籍

欽命內閣學士兼禮部侍郎銜提督順天等處學政現任倉場總督加三級朱 拔

取

欽命太子太保兵部尚書兼都察院右都御史總督直隸等處兼管河道提督軍務糧餉管巡撫事加三級訥 覆

取

總批

析理極清澈辭必顯

整鍊中自饒逸致發

揮處倍見精神韻語

則朱艷班香楷法亦
顔筋柳骨屢經扃試
洊屬通才生甲第傳
家丁年積學早采芹
于泮水旋食餼于黌
宫偕羣季而趨庭三
百篇親承詩禮紹前
徽而繩武六十年遥
接科名豈徒騐足登
場羣空大宛佇見
螭頭珥筆調奏清平

信近於義言可復也

李德良

言有不期復而可復者當慎於言之先焉夫言之始而不近於義則信未可恃也欲復言者亦準之於義焉可耳且夫人之於言未有不求其克踐者也顧言之踐踐於言之後而其所以克踐者則生於言之先酌乎理之所可通審乎勢之無可格則有以定其言之當然者卽可以期其言之必然而吾之言遂於是乎克踐矣今夫人與人相接而言尙焉言與言相乘而信尙焉則甚矣信之恃乎言而言所以堅其信也然而信其言亦自有辨言必由衷詎不謂肫誠之可尙顧有一言以爲信而閱一事焉或無以見諒於人

者固亦時勢之不同而吾言要未堪深恃也信以發志亦足徵意念之無他乃有必欲信其言而易一候焉并無以自堅其說者迨至情形之屢變而吾言更無可明也是非信之過也信而不近於義之過也夫言必以可復爲期而信必以近義爲準是非者理所必爭近於義則擇夫理之至精矣理據其是既可言自不可違理涉於非不敢言而遑敢踐始也不輕於相許繼也不至於相猜卽究也亦不難相應皎然共諒天下咸服其持信之堅而不知義有所安早舉夫言之本末初終而精其權度也而是非何能相假哉行止者道之一定近於義則準夫道之至當矣言爲道所當行發

於前豈敢食於後言爲道所當止愼於始正可要於終無言早默
定其衡片言亦必居其要卽極之千萬言亦不越其範圍久要不
忘同人共仰其守信之篤而不知義之與比實統乎言之經權常
變而樹之準繩也而行止何至相違哉蓋其心常運於言之先焉
未言而義早裕於言之中旣言而信遂昭於言之後是近義之時
而復言之機已寓也故言皆有物圭無玷之可磨言可爲坊矩從
心而不越抑其心常貞於言之後爲言雖信而信猶懼或渝義雖
近而義猶恐或逝是復言之際而近義之念終存也故言有常經
約誓可以盟金石言有通變權宜可以協樞機求復言者尚其愼

之○

此題若矜才使氣包孕史籍易涉膚廓順筆揮灑落落大方文境朗潤淸華所謂玉壺秋水者似之

○○○○○富貴不能淫貧賤不能移威武不能屈

李德良

定性者不易於勢所得爲已深矣夫富貴貧賤威武人所易動者也而不能淫不能移不能屈焉所得不已深哉且人各有能有不能我退處於不能斯外來者皆得而尙之遇寵榮而心動矣處困乏之而節揺矣當强暴而志挫矣惟性分既定勢分不得而遷斯物皆退處於不能而我之能乃獨著如得志與民由之不得志獨行其道此惟有足於已者而後外物不能奪也而何有動其心揺其節挫其志者哉然而天下震而驚之者則莫如富貴也門羅賓客引上坐者三千勢埒侯王從後車者數十舉人所艷羨而不可必

得者獨於一身兼備之彼其人方且以得意自鳴而無如祿不期侈位不期驕宴安中之骨力不知何由而頹矣淫矣夫日用浸淫之患每中之於至微凡柔而易入之緣皆其類耳若人則克之以至剛焉富有大業之盛貴居天爵之尊夫豈故甘澹泊哉有獨嗜之旨甘自無外求之利祿雖欲淫焉而不能也而富貴何至動其心也然而天下鄙而惡之者則又有貧賤也裘敝囊空誰念形容之枯槁無魚彈鋏難禁歌泣之淒涼舉人所困阨而無可如何者轉於當躬嘗試之彼其人豈不欲義命自安而無如冬暖號寒年豐啼飢怨尤中之意氣不知何自而生矣移矣夫人生移易之機

每伏之於至久凡忍而難持之境皆其類耳若人則葆之以至堅焉貧知命而固窮賤樂道而忘勢夫豈故樂簞瓢哉有中藏之快足自忘外至之艱難雖欲移焉而不能也而貧賤何至搖其節也然而天下畏而避之者則尤在威武也遂窮燕市幾邀屠狗之憐計阻秦關轉斅鳴雞而遁舉人所讋慄而不敢攖鋒者偏於一時驟遇之彼其人豈必盡英雄氣短而無如臨之卒然加之無故瞻顧中之情形不知何緣而撓矣屈矣夫當躬屈抑之端每攖之於至猝凡強而莫禦之資皆其類耳若人則服之以至猛焉威足勝夫義理之強武難撓夫剛大之氣夫豈故為果毅哉有中心之貞

固自無人世之摧殘雖欲屈焉而不能也而威武何至挫其志也

世之稱大丈夫者何竟舍此而别有所謂哉

平分三比刻劃不能處語語爲孟子寫照慷慨激昂波瀾層疊

仍復一氣渾成想見得意疾書之樂

賦得紅杏尚書 得京字五言八韻　李德良

麗藻摛紅杏，風流溯子京。尚書推品格，及第逐恩榮。賞雨迎帘影，攀雲聽履聲。奇花同富貴，芳草但科名。掌握三臺艷，頭銜兩字清。瓊林陪夜宴，香國拜春卿。調壓屯田柳，詞憐紫禁櫻。一枝依
上苑，向日矢葵傾。

清詞麗句副署三唐

順天鄉試硃卷道光己酉科

中式第九十一名舉人李德坊順天府寶坻縣附生民籍

同考試官翰林院編修加三級蔡 閱 薦

大主考工部右侍郎兼管錢法堂事務署刑部左侍郎正紅旗蒙古副都統加三級靈 批 取

又 批 思沉力厚格老氣蒼

大主考都察院左都御史加三級王 批 取

又 批 掃盡浮詞獨標新諦

大主考經筵講官禮部尚書 武英殿總裁 上書房行走署翰林院掌院學士加三級孫 批 中

又 批 風格遒上氣體清華

本房總批

鑪錘在手規矩從心尙雕飾者無此精深逞才華者遜其縝栗可謂慮周藻密文潔體清者矣詩登庾鮑之堂經奪匡劉之席五策更原原本本炳炳麟麟有美畢臻諸長悉備生家傳箸笏學萃縹緗覽勝境于皖江纍訓曾隨蓮幕飲香名于潞水雁行並譽芹宮雖拔茅少遜元方而折桂終推康樂此際標名蕋榜紹箕裘而科第承家明春

高步

蓬瀛襄黼黻而文章華

國

爲君難爲臣不易　　李德坊

君以難率臣臣當體君之難以爲難矣夫君與臣共治焉有君難而臣獨易者故人言並易之嘗聞責難者臣之所以勉君也圖易者君之所以勉臣也顧難而曰責必有實見其難者故臣以難勉君而君尤當以難自警易而曰圖必有未獲其易者故君以易勉臣而臣不可以易自寬道本交修理惟各盡其難與不易之故要皆視其所爲而已蓋邦之主治者君也而輔治者臣也欲爲君盡君道欲爲臣盡臣道爲而期於盡也必有盈量相付者矣主不虛王亦臣不虛貴豈徒襲林蒸之號而崇槐棘之班爲人君止於仁

爲人臣止於敬爲而要於止也必有至是不遷者矣后艱厥后卽
臣艱厥臣當共凜七月之篇而守三風之戒爲君難爲臣不易人
言何其明且切也爲戡亂之君則草昧經綸難在開創爲繼治之
君則典章明備難在守成皇曰煌而帝曰諦要皆有無窮之廡翼
默係於淵微而秉鉞揮絃特其迹爲輔弼之臣則繩愆糾謬不易
格者君心爲奔走之臣則治劇理煩不易飭者政體卿惟月而尹
惟日要皆有莫貸之仔肩周防於夙夜而垂紳搢笏特其文難諶
者天命兩間氣運胥恃元后爲主持而贊化調元庶官亦共凜天
功之代惟聖時憲惟臣欽若而彼蒼之陟降直與旦明屋漏而俱

嚴難保者民心萬姓性情端賴一人爲立達而召棠郇黍百僚亦各膺民望之隆君以牧民臣以貳君而億兆之馭臨直如履薄臨深而倍切日贊贊而日孜孜耳目股肱僅備大君之一體而羔羊退食論治者猶舉正直之概厚望諸班聯則建極綏猷主治者宜何如凛凛也惟君之難率臣之不易而先蹈之而基命單心爰統百官之劼毖官雍雍而廟肅肅冕旒黈纊實爲百爾所取型故虎尾春冰觀政者必以鞏大之投重繩諸黼座而承流宣化在位者亦本此兢兢也惟臣不易因君之難而共勵之則謨明弼直聿分當宁之憂勤人言若此爲君者可不勉其難以率臣哉

本房加批

前路極雋刻清思健筆最擅勝場中後暢所欲言沈實高華題無賸義雅近經畬堂稿中得意文字

小人反中庸

李德坊

又有反乎中庸者可以觀小人矣夫中庸之理具於人心固未可反者也而小人既異於君子不與中庸相反歟嘗思中庸之道卽率性之道是言道猶或可離言性未有相反者也顧率性由於天命生初之賦原非別有知能而漓性則在人心澆薄之懷詎不越乎規矩如謂不偏不倚必盡人奉行焉吾恐天下未必皆君子也君子中庸君子之所以爲君子者以其體乎中庸而不與之相反也然則中庸顧可反哉執中可法禹湯文武接其傳庸德克敦弟友子臣立其極範圍不過早括乎至德要道之精豈愚賤所能矯

其故釋惕厲之占曾筮乎中孚中吉闇閑存之旨宜謹乎庸行庸言纖悉不遺既寓乎日用飲食之質豈倫類所得易其端然此非所論於小人小人與君子同此秉彝不與君子同此學力故雖含生負氣亦若共具乎中和而性習懸殊作僞豈同於作德小人與君子異其品類必與君子異其心思故雖材力聰明亦若迥超乎庸俗而公私各判放心終異於存心噫是反中庸者也夫中庸也而可反乎哉畸士矯同立異性情疏縱措施或反乎中行然彼之相反僅在於偏端而小人之相反直要諸畢世也反公平為邪曲盡入歧途反正大為偏詖雖期坦白當其自專自用豈無先迷後

得之時無如錮蔽日深則一念之明終難敵終身之昧也夫安望其轉移有術也哉儒生致遠鉤深探索精微著作或反乎庸近然彼之相反祇在乎文字而小人之相反竟見諸躬行也反平常爲變異恒性消亡反淳樸爲新奇天眞琢喪縱使所指所視容有閉藏消沮之心究之掩著彌工則平旦之清明終難存幾希之好惡也又安望其愧怍或萌也哉小人之反中庸也無忌憚而已矣

本房加批

胸如鏡筆如刀清辯滔滔極舌本瀾翻之妙

苟能充之足以保四海　李德坊

推心而四海可保更爲充之者望其能焉蓋仁義禮智藴於一心而實通於四海苟能充之豈不足以保之乎且自方域之內幅員遼濶必謂性情之觸發即足以撫綏之似亦未敢遽信不知不敢必者限之於地有可必者格之以天或者不思推廣而妄疑方寸之未易感通焉亦未識操之有本矣火然泉達其始甚微而欲其用之大難矣然此特充之未盡其量者也心未周於無外則善端發見猶或囿於方隅而能充則無所囿也一室通乎痌瘝六合共此性情初不必有意誕敷而漸被之餘何分畛域化未極於大同

則至性感孚猶或限以疆界而能充則無可限也一人果克推恩萬姓自皆向化初不必有心流播而置郵之速早遍垓埏充之若是將見能行其實惠四海已被覩遜之休能發其天良四海盡泯詐虞之習能敦夫禮讓而威可畏者儀可象四海皆習乎節文能析夫是非而慝可別者淑可旌四海盡服其睿照蓋不一者勢也至一者情也相隔者分也相通者理也苟能充之以保四海有至足者大抵保之著於外者科條政令亦足撫馭乎斯民而眞意不存其保亦暫而難久若四端之充則自內以發外也不必昭宣夫聲聞而不疾而速萬物固已歸懷不必明示夫尊崇而不介而孚

羣生居然在宥必謂充之者取懷而予而所保者猶未能無欲而通也有是理乎保之務乎遠者要結羈縻亦足噢咻乎一世而至情不屬其保亦合而易離若四端之充則由近以及遠也不待要之以術而無恩不服早共荷共帡幪不待挾之以權而有觸斯通即可聯爲臂指必謂充之者因心作則而所保者猶未克如願相償也有是情乎苟不充之即至近之地亦不足以行矣況四海乎

本房加批

點染四海鋪排保字縱極熱鬧於題旨迴隔矣文筆清靈婉妙使題中數虛字躍躍紙上自是佳篇

賦得月中桂得香字五言八韻　李德坊

丹桂何年種高寒冠衆芳靈根蟠月窟瑞彩散天香金粟三
秋綻瓊枝七寶裝星芒分細柳日影對扶桑鏡轉輝流白珠
圓蕋綴黃此花宜上界凡卉沐餘光位置蟾宫裏攀躋鷺嶺
旁栽培承
渥澤吉士頌梧岡

本房加批
戛玉敲金葩流藻耀

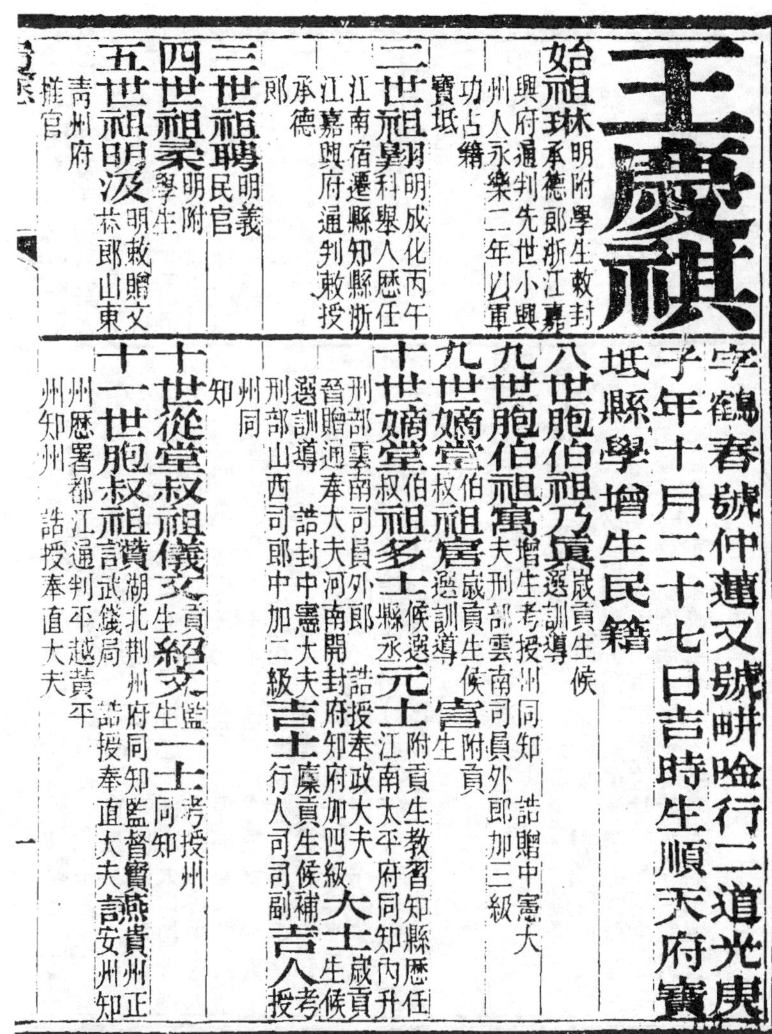

王慶祺

字鶴春，號仲蓮，又號畊唫，行二。道光庚子年十月二十七日吉時生。順天府寶坻縣學增生，民籍。

始祖琳，明附學生，敕封承德郎、浙江嘉興府通判。先世小興州人，永樂二年以軍功占籍寶坻。

二世祖翺，明成化丙午科舉人，歷任江南宿遷縣知縣、浙江嘉興府通判，敕授承德郎。

三世祖聘，明義民官。

四世祖彔，明附學生。

五世祖明汲，明敕贈文林郎、山東青州府推官。

八世胞伯祖乃賡，歲貢生，候選訓導。

九世胞伯祖寓，增生，考授州同知，誥贈中憲大夫、刑部雲南司員外郎，加三級。

九世嫡堂伯叔祖宮，歲貢生，候選訓導。宮，附貢生。

十世嫡堂伯叔祖多士，候選縣丞。元士，附貢生，教習知縣，歷任江南太平府同知，內升刑部雲南司員外郎，誥授奉政大夫，晉贈通奉大夫、河南開封府知府，加四級。大士，歲貢生，候選訓導，誥封中憲大夫、刑部山西司郎中，加二級。吉士，廩貢生，候補行人司司副。吉人，考授州同知。

十世從堂叔祖儀文，貢生。紹文，監生。一士，考授州同知。

十一世胞叔祖讚，湖北荊州府同知，監督寶武錢局，誥授奉直大夫。讌，貴州正安州知州，歷署都江通判、平越黃平州知州，誥授奉直大夫。

六世祖好謇 明萬歷辛卯科舉人辛丑科進士歷任河南開封府山東青州府推官戶部雲南司主事工部營繕司員外郎廣衡司郎中督理清江漕務直隸鳳陽府知府誥授中順大夫崇祀江南河南名宦祠本縣鄉賢祠

七世祖兆辰 明天啟辛酉科舉人揀選知縣

八世祖乃餘 順治甲午科舉人誥贈中憲大夫刑部雲南司員外郎加三級

九世祖琛 歲貢生教習期滿候選知縣誥贈奉政大夫誥贈資政大夫候

十一世堂伯叔祖讓 康熙戊寅科拔貢教習期滿候選知縣 訥廩生 談監生 說附生 論附貢生候選布政司理問 謙監生 ⿰言典 百齡附貢生候選行人司司正例贈文林郎 錫齡附貢生歷任通政司經歷刑部奉天司員外郎山西司郎中陞[illegible]州府知府誥授中憲大夫乾隆乙巳恩頒千叟宴 萬年三候選鹽運司提舉借補廣東南雄府通判誥授奉直大夫 彭年候選同知 堯年候選布政司理問 柏年貢生誥贈朝議大夫雲南臨安府知府晉贈通奉大夫河南開封府知府加四級 卜年雲南安甯州知州 有年光祿寺典簿

十一世族伯叔祖詒 監生貤贈修職郎河南南陽縣縣丞 ⿰言奏 諫監生 訓 誥附生 記

胞叔高祖振翮 貢生雲南霑益州吏目 振翽監生

嫡堂叔高祖振孫 廩貢生誥封朝議大夫同知加一級 振榮 乾隆丁酉科舉人揀選知縣 敕贈修職郎四川康家渡鹽場大使 誥贈奉政大夫山東濟甯直隸州知州 振若監生 例贈登仕佐郎 振青監生例贈修職郎山東嶧縣縣丞 振緒乾隆癸卯科舉人蔚州學正候選知縣

選道加四級

十世祖文士 廩貢生歷任鉅鹿縣教諭江南常州府清軍海防同知署清浦縣知縣蘇州府通判常州府知府例升部郎 誥授奉政大夫晉贈資政大夫候選道加四級

十一世祖詢 附貢生奉天府經歷署廣甯縣知縣晉秩府同知候選道加四級 誥授資政大夫

高祖振聲 兵部司務廳司務 敕授修職郎例贈文林郎

高祖妣氏楊 敕封孺人 固安縣雍正己酉科舉人考授內閣中書乾隆丁

從堂伯叔高祖旭啟 監生 旭曉 監生聖廟齋奏官 旭丙 旭初 附貢生誥贈奉直大夫內閣中書加四級 旭普 乾隆壬午科舉人揀選知縣 旭照 附貢生廣西臨桂縣縣丞署陽朔興業縣知縣 旭健 監生 旭昱 廩生 旭東 歲貢生候選教諭 旭朗 乾隆丁酉科拔貢丙午科舉人唐縣教諭候選知縣 旭正 旭杲 旭晧 附貢生由四庫館議敘任甘肅皋蘭縣縣丞署合水縣知縣貤封文林郎山西五臺縣知縣 旭暢 乾隆辛卯科舉人新城縣教諭前由四庫館議敘知縣分發雲南歷署麗江縣知縣陸涼州知州中甸同知癸卯科雲南鄉試同考官敕授修職郎 旭昭 旭時 旭晟 敕贈文林郎山西五臺縣知縣 旭盼 旭藻 歷任河南祥符縣縣丞南陽縣知縣貤贈朝議大夫河南懷慶府知府 旭曜 監生 旭耀 廩貢生清苑縣訓導歷署望都縣天津府訓導廣宗縣教諭 旭曠 例贈文林郎 旭贏 監生 旭駕 旭昱 旭昇 附貢生乾隆丁酉科挑取謄錄由四庫館議敘歷任山東布政司經歷章邱歷城縣知縣濟甯直隸州知州欽加知府銜 誥封朝議大夫 晉封通奉大夫 河南開封府知府加四級 旭映 旭祖 旭載 乾隆丁酉科副榜山東高唐州州判歷署汶上堂邑甯陽朝城恩縣莘縣知縣補嶧縣知縣升曹州府桃源同知雲

二

丑科進士歷任江南
山陽阜甯山東海豐
長清新城縣知縣諱
逜公女雍正己酉科
解元聯捷進士翰林
院編修諱秀公雍正
乙卯科舉人武邑縣
教諭諱煥公雍正己
酉科舉人諱熠公乙
卯科舉人淮南批驗
所泰壩分司諱焴公
胞姪女附生諱維詩
公胞
妹

曾祖銓秀字升三號晉
階乾隆己酉
恩科舉人冀州棗
强縣教諭例授文林
郎敕授修職郎貤
封奉政大夫翰林院
編修加四級例晉中
憲大夫翰林院侍講
加三
級

曾祖妣氏時人敕封孺
貤贈太

南臨安永昌府知府署迤南兵備道
兼署普洱府知府誥授朝議大夫　旭亘　旭瑆
旭旺廩生　旭昕　旭著　旭源監生　旭海　承祐山東濟甯州仲
玕閶閶官　承祉　承祜府附生　承禮　超倫　盡倫　明倫
敦倫　欽銘　欽羹　欽曾　世登　應召　成
德　秉鈞　春增生湖北遠安縣典史　鈺　錡　鏞　鑫

族伯叔高祖繼曾貤贈修職郎樂亭縣教諭　繼序　繼傳　繼成乾隆甲寅
恩科舉人樂亭縣教諭　繼賢　繼先監生　若磐　若峻　若陵
若夔附生　若成

胞伯叔曾祖鍾秀山東膠州靈山司巡檢　聚秀府增生
嫡堂伯叔曾祖挺秀附生　掄秀廣西西林縣典史　擢秀附生　松秀
枝秀附生　蔚秀　鋁秀歲貢生候選訓導　韡秀監生　鋶秀　甡例贈
徵仕
郎

從堂叔曾祖殊澤乾隆乙卯恩科舉人歷任四川康
家渡鹽場大使河南羅山登封縣知

宜人例晉太恭人武
清縣附生諱兆麟公
女　實錄館謄
錄諱際雍公附生諱
際泰公
胞妹
祖如澍字潤之號甘菴
順天府學廩生
誥贈奉政大夫翰
林院編修加四級例
晉中憲大夫翰林
院侍講加三級
祖母氏劉　欽旌節孝
誥封太宜
人例晉太恭人武清
縣廩生諱士鑾公孫
女歲貢生候選訓導
諱泗公女諱廷機公
胞
姊
父祖培字子厚號篠舲
道光壬辰科舉
人庚子科會魁翰林
院編修現任侍講充
文淵閣校理　國
史館提調兼總纂本

縣癸酉科河南　殊渥乾隆甲寅　恩科舉人歷任兩
鄉試同考官　浙蘆瀝鹽場大使山東齊東歷
城縣知縣東昌府同知濟甯直隸州知州[illegible]
知府候選道歷署山東東昌青州兗州曹州[illegible]
濟東泰武臨道鹽　殊洽監生候選　殊濟監生　殊
運使司鹽運使　從九品　殊涥
灃東河通濟閘閘官調南陽　殊淳分發福建試　殊泰
閘閘官山東嶧縣縣丞　用未入流
例贈文　殊頎兩淮候補鹽　書浩候選從
林郎　運司知事　九品
族伯叔曾祖長祿監生　長凝廩生　長泰增生　長垣　長鯨候選從九品
長洲　長翰監生　敕贈修職郎　山東壽雅鹽場大使　長俊　長凱監生　長
岩　長佑附貢生　誥贈奉直大夫內閣中書加四級　長禧附貢生貤封奉直大夫內
閣中書加四級　長發監生　聖廟齋奉官　淳莊附生　淳惠　淳肅　淳方
淳敏貤封登仕郎刑部司獄　淳益　淳勉　淳典　淳睦附生
淳雅　淳敬　淳[illegible]　康乂南河候補縣丞借補銅山主簿歷任盱眙管河
縣丞邳州知州河南上下南河同知泇河同知懷慶
開封府知府署彰衛懷兵備道　誥授朝議大夫
俊乂分發浙江批驗大使署袁浦場大使　作乂南河候補縣丞例封文林郎　彥乂福建

府凡
衙門撰文　京察一
等道光丙午提督陝
甘學政咸豐壬子
恩科會試同考官本
科貴州鄉試正考官
誥授奉直大夫
母氏馬同邑廩生諱儀
滿公孫女候選
從九品印大鏞公女
道光乙酉科拔貢戊
子科舉人博野縣教
諭加大鈞公道光丁
西科拔貢番平縣訓
導加大銘公胞姪女
道光己酉科舉人教
習期滿選授山西陽
城縣調補廣西陽朔
縣知縣加□□大公胞
妹

祖慈侍　眞慶下
受業師
李也愚夫子諱炘直隸□懷縣

蓮河鹽場大使
署漳浦縣知縣　用乂山東萊陽縣主簿滕縣知縣　汝豐　汝玉
汝豫　汝發　汝祥　存志　存愫　存悅　存性
仲琪候選未入流　仲璄附生　開第　聯第　學易　學詩
學禮　則乾　則巽　漢源增生例贈文林郎　保醇山東昌樂
縣典史　隆保候選未入流　秉鑅廣東新興縣典史　瑄廩生例贈修職郎貤贈儒林郎
翰林院庶吉士　理歲貢生國子監肄業期滿候選訓導　玠優廩生例贈文林郎　琮乾隆戊申科舉人
人山西五臺縣知縣歷署長治孝義稷山繁
峙縣知縣朔州知州道光己酉重預鹿鳴宴　珍　珮
璧監生　璉　璽監生　琦　珊　瑚貤封修職郎福建蓮河鹽場大使　璿
瓓　瑾貤封登仕佐郎山東日照縣巡檢　玫　璸　琛附生　瑢　瑴
附生環　璲　瑜　璋道光乙酉科舉人　霈　雯　霨　露
霦　濱　滋　淮附生　澈府附生　濤　沄　沅　潔　沖
附生澧　澄　薪　蕡　葵　岐府附生　峻　崑　巍
純　經　炳　烺　煇　烒　解　諒　桂　鼎山東

人道光壬辰科挑取謄錄國史館議敘候選訓導

嫡堂叔祖名如洋字起濤順天府學附生

孫紫垣夫子印近宸直隸玉田人增生

劉善初夫子印餘慶陝西長安人道光丙午科解元大挑二等候選教諭

王秀峰夫子印峻漢軍鑲藍旗人道光丙午科舉人大挑一等分發安徽試用知縣

張裕甫夫子印朋申甘肅

日照縣安東衛巡檢

胞叔祖如瀚附生承嗣胞叔曾祖

嫡堂叔祖如洋府附生

從堂伯叔祖夏 攄 䫋 頲 昉 九江 大波 靜

濤道光己酉科副榜

再從堂伯叔祖鐵壽道光辛巳恩科副榜雲南候補直隸州州判 椿壽附貢生候選州吏目 楷壽附貢生候選刑部司獄改選湖北南沱巡檢 格壽候選未入流 桂壽 鈍壽候選府經歷 本壽陝西草涼驛驛丞 堅壽四川丹稜縣典史 鐵桂 銅柱 維楨廩生 維楨附生例贈文林郎 守樸監生 世榕

族伯叔祖豐獻附生 壯獻附生 憲獻嘉慶戊寅恩科副榜教習期滿選授江蘇金山縣教諭改選山東陽信縣知縣歷任齊東博山縣知縣欽加知州銜 令獻候選未入流 寶獻歲貢生國子監肄業部選訓導例封儒林郎翰林院庶吉士 迪獻例封文林郎 愍獻監生 德獻 補獻例贈文林郎 大獻 緄獻附貢生 纘獻 緤獻 緄

文縣人道光己酉科拔貢

母舅馬伯華夫子　印聯芳　同邑道光己酉科舉人教習期滿選授山西陽城縣調補廣西陽朔縣知縣

從叔筱蓮夫子　諱濂　道光己酉科拔貢咸豐辛亥、恩科舉人咸安宮官學教習

陳子嘉夫子　印寶禾　浙江錢塘人道光乙未科翰林前任順天府府丞甲辰恩科丙午科陝甘鄉試正考官

從叔濂莊夫子　名澎　道光癸卯科舉人、咸豐癸丑科進士翰林院庶吉士充　國史館協修署纂修　武英殿

靜　[illegible]觥　[illegible]解　[illegible]官　[illegible]福　思齊附貢生山東濤雒鹽場大使保舉候補知縣

思義嘉慶戊辰恩科舉人丁丑科會魁己卯恩科進士內閣中書國史館方略館校對刑部江蘇司主事　思捷府增生　思睿歲貢生候選訓導　思忠增生

思孝附生　思誠　樹贊　樹梓　樹桐　樹棣　樹桂

樹楠　樹楷　樹樻　樹杞　樹棟　樹勳附生

樹德　樹懷　樹本　永年　永魁　永泰　永利

永發　永順　永勞　光鉞　光鑑附生　光鎰　光鐙

光棣　棣昆　裕昆　岦昆　玉昆　書賢

書勤　書興　書春　巨橋　巨梅　巨柏　巨業廩生

壽昌　壽椿　壽彭　壽仁　寶雲　慶雲附生　靄雲

書雲　金臺道光甲辰恩科舉人揀選知縣　金聲　金城候選未入流

文寶　勇寶　留寶　聚璋附生　聚奎　秪柱廩生

道光乙酉科拔貢謄錄例贈文林郎

國柱附生　咸亨　復亨　大章河東試用

協修

受知師

董雨春夫子 印汝霖 貴州貴陽人道光乙巳科進士前任寶坻縣知縣

張星伯夫子 印錫庚 江蘇丹徒人道光丙申科傳臚翰林院編修京畿道監察御史順天府府丞現任太僕寺卿本科山東鄉試正考官

龔西園夫子 諱文齡 福建侯官人嘉慶庚辰科進士翰林院庶吉士原任工部侍郎提督順天學政

巡檢大濟 道光辛卯恩科舉人 作梅 作楷 崇慶 崇齡

迎壽 道光甲辰恩科舉人大挑二等試用教諭 建衡 河東河候補通判 羹和 附生 煥

彩附生 夔颺 明德 鑑 銑 銓 銖 浚監生 湘附生

江柏

從堂叔肇 輔德 輔世

再從堂伯叔世昌 廩生 克昌 榮昌 濟昌 嗣昌 慶昌

延昌 起昌

三從堂伯叔熾昌 道光壬辰科舉人灤州學正 烈昌 爔昌 熺昌

燠昌 焯昌 燡昌 鴻昌 鑾昌 燕昌 照昌

炣昌 熹健 熹俊 煦傑 本科同榜舉人

族伯叔其祥 候選未入流 麟祥 候選知縣 鳳祥 浙江湖州所千總歷任山東泰安營守備山西石樓營都司山東試用遊擊署單縣營參將文登營副將現任高唐營遊擊賞戴藍翎 者祥

貢祥 道光辛卯恩科舉人揀選知縣 鶴祥 晉祥 府生 夢祥 附生

卿祥府附生　家祥議敘未入流　啟祥　書祥附生　淑祥　臻祥
附生端祥　瑞祥　芸祥　椿祥　蘊祥　增基　增
業　增培　增印　增文　增穀　增爵　增武
增芴　增彬　文杏　文星　文瀾　文濤　文溥
文沼　通渭　通洛　通澣　通瀛　有薰　有
恒　有言　德沛附生　德澤　懿恩　懿蔭附生　大鍾
大律　符瑞　國瑞　崇壽　進壽　闕增　洪恩
知禮　嶺峻　慶平　純嘏　永福　昌業　鑑
明　際熙咸豐辛亥恩科挑取謄錄本科同榜舉人　治安　壽愷　濂
道光己酉科拔貢咸豐辛亥恩科舉人咸安宮官學教習　浵道光癸卯科舉人咸豐癸丑科進士
翰林院庶吉士充國史館協修署纂修武英殿協修　潤府庠生　瀹　池　準府附
生候選直隸州州判　匯增生道光己酉科挑取謄錄　泳　灼　煜附生　燁　鏘
貽封修職郎灤州學正　鏸　鉛　鋕　芳附生　蓮　蕭　芝　苗

蒲慧蘭 鞠壽

胞兄弟慶禔附生 慶紡 慶禩俱業儒

族兄弟景度 景西 景山 景宗 景雲 景松 大慶 二慶 鈞報 二報 元鍾 元通 瑞麟

祥麟 朝宗山東候補縣丞 朝翼即選知縣欽加同知銜 秩宗 輅宗

起宗 續宗 仲奎 季奎 狀奎 英奎 鳴珊議敘未入流 鳴珂附生 鳴璋附生 鳴盛 鳴韶 又均 又培 丹階 丹陛 丹墀 丹城 育桐 育桂 育馨 松林 柏林 桂林 瑞雲 祥雲 開格

連中 楓慶 彭祿

族姪扎拉芬 雙魁 二官 金萱

聘馬氏道光乙酉科優貢丙戌科鑲白旗教習戊子科舉人龍門縣教諭候選知縣諱書奎公孫女道光乙未科舉人戊戌科覺羅教習庚子科進士翰林院編修 國史館提調 京察一等 記名以道府

履歷

用國子監司業印壽金公女道光甲午科舉人乙未
科覺羅教習山東萊蕪縣知縣欽加知州銜諱鐏
公胞姪女名幹原輔原
胞姊名軒原嫡堂姊

鄉試中式第四十三名
正大光明殿覆試
欽定第二等第二十八名
會試中式第　名
殿試第　甲第　名
朝考第　等第　名
欽點

族繁不及備載
世居寶坻城內

王熙健

字毅齋號雉乾行一又行三道光乙未年九月十八日吉時生係順天府寶坻縣附學生民籍

始祖琳明附學生敕封承德郎浙江嘉興府通判先世小興州人永樂二年以軍功占籍寶坻

二世祖翱明成化丙午科舉人歷任江南宿遷縣知縣浙江嘉興府通判敕授承德郎

三世祖聘明義民官

四世祖棻明附學生

五世祖明汲明敕贈文林郎山東青州府推官

八世胞伯祖乃眞歲貢生候選訓導

九世胞伯祖寓增生考授州同誥贈中憲大夫

九世嫡堂伯叔祖宸歲貢生　言附貢生

十世嫡堂伯叔祖吉士廩貢生候選行人司司副　多士候選縣丞　大士歲貢生候選訓導誥封中憲大夫　元士附貢生教習知縣歷任江南太平府同知內升刑部雲南司員外郎誥授奉政大夫　吉人考授州同

十世從堂叔祖一士考授州同　儀文貢生　紹文監生

胞伯高祖詢附貢生奉天府經歷署廣甯縣知縣晉秩府同知候選道加四級誥授資政大夫　讚湖北荊州府同知監督寶武錢局誥授奉直大夫

從堂伯叔高祖讓康熙戊寅科拔貢教習期滿候選知縣　訥廩生　談監生　詵附生　論

六世祖好善 明萬曆辛
卯科舉人
辛丑科進士歷任河
南開封府山東青州
府推官戶部雲南司
主事工部營繕司員
外郎虞衡司郎中督
理清江漕務直隸鳳
陽府知府誥授中順
大夫崇祀江南河府
名宦祠本
縣鄉賢祠

七世祖兆辰 明天啟年
酉科舉人
揀選
知縣

八世祖乃餘 順治甲[illegible]年
科舉人
誥贈中憲大夫
部實前司員外郎

九世祖光期 [illegible]貢生教諭
[illegible]候選知
縣 誥贈奉政大
夫候選道加四級

十世祖枚七 廩貢生歷
任[illegible]縣

附貢生候選兼監 與
布政司理問 謨 生
附貢生候選行人司
司正例贈文林郎 百齡 錫
齡 附貢生歷任通政司經歷刑部奉天司員外郎山
西司郎中廣東雷州府知府誥授中憲大夫乾
隆乙巳 恩 灝年 候選鹽運司提舉借
預千叟宴 補廣東南雄府通判 彭年 同知候選 堯
年 候選布政司理問 柏年 貢生 晉贈通奉大夫 誥贈朝議大夫 卜年 雲南安甯州知
州 有年 光祿寺典簿
作叔 高祖 言鎔 監生 貤贈修職郎 誥奏 東監川 生訓 記巳 詰 附生
伯叔 曾祖 振者 監生 贈登仕郎 敕 振緒 乾隆癸卯科舉人 州學正候選知縣 蔚
伯叔 曾祖 振聲 兵部司務 例贈司務 文林郎 振翮 貢生 雲南益州吏目 霑 振
羽 監生 振孫 廩貢生 歲封朝議大夫 誥 振榮 乾隆丁酉科舉人 揀選 知縣 敕贈修職郎
誥贈奉政大夫
伯叔 曾祖 鈺 從堂 應召 成德 欽銘 秉鈞 欽堯
繼倫 世登 旭啟 監生 欽曾 錡 旭堯 監生 聖廟齋
奏 旨 盡倫 鏞 敦倫 明倫 旭丙 旭初 附貢生 [illegible]

教諭江南常州府同知署青浦縣知縣蘇州府通判常州府知府例升部郎 誥授奉政大夫 晉贈資政大夫候選道加四級

高祖諱熊 貴州正安州知州歷署都江通判平越黃平州知州 誥授奉直大夫

高祖妣氏李 誥封宜人灤州按察使司副使分巡川北道諱丕顯公女

庶高祖妣氏張 節孝 欽旌

曾祖振青 號丹輝監生 敕贈修職郎山東嶧縣縣丞

曾祖妣氏孫 開平諱溥公女

氏佟 敕封太孺人豐潤

奉直大夫旭普 乾隆壬午科舉人揀選知縣 鑫 旭照 附貢生廣西臨桂縣縣丞 旭

健 監生 旭昱 廩生 旭東 歲貢生候選訓導 旭正 春 增生湖北遠安縣典史

旭朗 乾隆丁酉科拔貢丙午科舉人唐縣教諭 旭晧 附貢生甘肅皇蘭縣縣丞貤贈文林郎

旭暢 乾隆辛卯科舉人新城縣教諭前分發雲南知縣癸卯科雲南鄉試同考官 旭晟 教

贈文林郎 旭昭 旭時 旭昐 旭瀛 歷任河南祥符縣縣丞南陽縣知縣

貤贈朝議大夫 旭昇 附貢生歷任山東布政司經歷歷城縣知縣濟甯直隸州知州欽加知府銜

誥封朝議大夫 晉封通奉大夫 旭曜 監生 旭燿 廩貢生清苑縣訓導 旭智 旭

載 乾隆丁酉科副榜歷任山東高唐州州判歷城縣知縣曹州府桃源同知雲南永昌府知府署迤南

兵備道 旭昰 旭海 旭源 監生 旭映 旭昶 旭曠 例贈

文林郎 承祜 附生 旭矗 監生 承祐 東河仲圩閘閘官 承祉 旭亘

旭暟 承禋 旭旺 廩生 旭昕 旭暏

族伯叔曾祖繼曾 貤贈修職郎 繼先 監生 繼傳 繼序 繼成 乾隆

甲寅恩科舉人樂亭縣教諭 繼賢 若磐 若夔 附生 若峻 若陵

二

誥封中憲大夫
晉封武翼大夫諱瑄
公
女
祖硃泰號虞尊例贈文林郎
祖妣氏芮同邑乾隆丙辰科舉人揀
選知縣諱永成公曾
孫女附生諱其猶公
孫女諱汝達公女道
光巳酉科舉人揀發
甘肅署秦安縣知縣
本科陝甘鄉試同考
官印斯振
公堂姊
父維楨號從樵府附生例贈文林郎
母氏馬守節待旌同邑乾隆戊午科舉
人揀選知縣諱式端
公曾孫女乾隆巳卯
科副榜候選直隸州
州判諱思誠公孫女
乾隆戊子科舉人丁
未科進士歷任廣昌

若成
胞伯祖硃淳貤封登仕佐郎硃瀏東河南陽閘閘官山東嶧縣縣丞教授修職郎硃
淳分發福建未入流承嗣胞伯翁祖
嫡堂伯叔祖硃浩候選從九品
從堂伯叔祖鍾秀山東膠州靈山司巡檢銓秀乾隆巳酉恩科舉人冀州棗強縣教諭
例授文林郎教授修職郎貤聚秀增生挺秀附生韞秀
封奉政大夫例晉中憲大夫
掄秀廣西西林縣典史毓秀松秀棫秀附生蔚秀擢
秀附生舒秀歲貢生候選訓導主生例增徵仕郎硃瀼乾隆乙卯恩科舉人歷任四
川康家渡鹽大使河南羅山登封硃渥乾隆甲寅恩科舉人歷
縣知縣癸酉科河南鄉試同考官
任兩淮鹽場鹽大使山東齊東歷城縣知縣東昌
府同知濟甯直隸州知州單功應升知府候選道歷
署山東東昌青州兗州曹州府知府監兩
濟東泰武臨道鹽運使司鹽運使硃滑生硃穎進
候補鹽運
司知事
族伯叔祖則乾　純　嵒　則巽　汝豐　解　長凝

縣教諭廣東平遠縣
知縣署曹縣應直隸州
知州嘉慶戊午科庚
申恩科辛酉科廣
東鄉試同考官諱思
聖公姪孫女增生嘉
慶戊辰科挑取謄録
河南登封縣典史諱
爲作公女乾隆丁酉
科舉人分發山西知
縣歷署廣靈汾西屯
留縣知縣岢嵐州知
州改授樂亭縣訓導
諱爲國公胞姪女附
生諱鈺印鎮印鐸公
胞妹府庠生印文瀾
府庠生印文洄胞姑
母胞健初學文讀

慈侍下

庭訓

受業師

萬西林夫子

印斯翰附邑

鳴　淳篤　長泰增生　岐附生　汝豫　汝祥　汝玉　亮

淳莊附生　峻　淳肅　長翰監生敕贈修職郎　淳惠　淳敏

貤封登仕郎　汝發　經　長發監生　秉彝廣東新興縣典史　淳益

璉　長佑附貢生誥贈奉直大夫　淳睦附生　長祿監生　瑄廪生例贈修職佐郎

貤贈儒林郎　淳方　淳璈　長鯨候選從九品　琮乾隆戊申科舉人山西五

臺縣知縣例封奉直大夫　璧監生　俊乂分發浙江批驗所大使　淳勉　演　長

岩　長垣　長禧附貢生　滋　學易　珊　康乂南河銅山

主簿盱眙縣丞邳州知州河南祥河同知懷慶開封府知府誥授朝議大夫　輝　長凱監生

瑚貤封修職郎　璡貤封登仕佐郎　珮　瑜　霈　瓓　長洲　銑

雯　霱　長俊　琦　學詩　玫　淳雅　淳典

作乂南河候補縣丞　轂附生　淮附生　澈附生　存志　存懷　璿

瓚　露　濤　浤　炳　環　理歲貢生候選訓導　潔　澄

沖附生　沅　彥乂福建蓮河場鹽大使　用乂山東甯陽縣主簿滕縣知縣　保

生

再舅氏麗津夫子 諱玉鈺 邑附生

芮蘭軒夫子 印家愷 邑廩生

從兄筱漣夫子 諱潾 道光己酉科拔貢咸豐辛亥恩科舉人 咸安宮教習

從兄瀛莊夫子 印澎 道光癸卯科舉人咸豐癸丑科進士翰林院庶吉士

課師

楊月橋夫子 印衍 涿州人道[illegible]

享醇 山東昌樂縣典史 熙 山東日照縣安東衛巡檢 玠 優廩生例贈文林郎 瑋 道光乙酉科舉人揀選知縣

學禮 綍 瑢 桂 薪 葵 烜 開第

聯第 存性 蔭保 候選未入流 存悅 漢源 附生 仲琪

候選未入流 仲璣 附生 璽 監生 珍 璦 灃 巍

胞叔維棡 承嗣胞伯祖

嫡堂伯維楨 廩生

從堂伯世榕

再從堂叔伯夏 擷 如樹 府廩生誥贈奉政大夫例晉中憲大夫 如洋 附生

如瀚 附生 頲 頔 九江 昉 大波 靜壽 道光己酉科副榜

守樸 監生 鐏壽 道光辛巳恩科副榜雲南候補直隸州州判 鉦壽 候選經歷

[illegible]壽 陝西韓城縣縣丞 鐸 四川丹稜縣典史 鐵柱 銅柱 椿壽

[illegible]吏目 楷壽 附貢生刑部司獄湖北南漳巡檢 格壽 候選未入流 桂齡

族[illegible] 煥彩 作梅 作楷 永年 永魁 永泰 永[illegible]

光乙未科進士即用知縣分發山西

高穰堂夫子 印龍躍 龍巖人道光丙戌科進士山東鄆城縣知縣

劉崑璣夫子 印秉球 湖北人咸豐壬子恩科進士現任寶坻縣知縣

張新𦲷夫子 印錫田 安肅人道光辛巳恩科舉人現任寶坻縣教諭

王竹村夫子 印錫祜 安州人道光乙酉科拔貢己亥科舉人現署寶坻縣訓導

姚文瀾棣華夫子 印伯

利 永發 永順 永芳 體猷附生 槩麟 槩鍊

槩猷附生 槩靜 槩熊 槩官 槩解 槩雲 槩福

慶雲附生 聚瑾附生 聚奎 書昌 文寶 函雲 壽

椿 永寶 壽彭 留寶 羨和附生 壽仁 書雲

湘附生 浚監生 江 棣昆 裕昆 步昆 玉昆 思齊

附貢生山東壽雜場鹽大使保舉知縣 思捷府增生 思義嘉慶戊辰恩科舉人丁丑科

會魁己卯恩科進士內閣中書國史方略館校對刑部江蘇司主事 思睿歲貢生候選訓導

思忠增生 思孝附生 思誠 樹本 樹棟 樹梓 樹寶

樹桂 樹德 樹桐 樹勳附生 樹楠 樹模 樹

棣 樹楨 樹杞 樹懷 寶猷歲貢生即選訓導例封儒林郎 迪

猷例封文林郎 補猷例贈文林郎 大猷 壯猷附生 合猷未入庠 憲

猷嘉慶戊寅恩科副榜山東齊東縣知縣欽加知州銜 懿猷監生 德猷 光鉞

光鎣 光鑑附生 光鎰 光棣 燮威 書賢 書

壎 邑附生

芮心一夫子 印 家純 邑附生咸豐壬子科謄錄本科副榜

受知師

車雨眷夫子 印 汝霖 貴州人道光乙巳科進士前任寶坻縣知縣

張星伯夫子 印 錫庚 江蘇人道光丙申科翰林現任太僕寺卿前順天府丞

龔西園夫子 諱 文齡 福建人嘉慶庚辰科進士前順天學政

勤 書輿 書春 柏 銖 復亭 咸亭 迎壽

金聲 道光甲辰恩科舉人即選教諭 金臺 道光甲辰恩科舉人揀選知縣 金城 未入流

建衡 東河候補通判 大章 東河試用巡檢 大濟 道光辛卯恩科舉人

鑑 銑 銓 明德 崇慶 崇齡 巨橋 巨梅

巨業 廩生 巨柏 砥柱 廩生道光乙酉科謄錄例贈文林郎 國柱 附生

嫡堂兄 熹健 業儒 熙健

三從堂兄祖詒弟祁土 道光壬辰科舉人庚子科會魁翰林院編修現任侍講充文淵閣校理國史館提調本衙門撰文提督陝甘學政咸豐壬子恩科會試同考官本科貴州鄉試正考官 肇

世昌 廩生 熾昌 道光壬辰科舉人東平府滕州學正 熒昌 烈昌 煌昌

熾昌 燏昌 煥昌 煌昌 爆昌 熙昌 鴻

昌 熒昌 燕昌 照昌 炯昌 嗣昌 慶昌

延昌 超昌 煽昌 燈昌 輔德 輔世

族兄弟 鐸 貤封修職郎 鏸 鉛 鏓 闓 增 墉 壎

大鍾 大律 增培 德沛附生 德澤 懿恩 懿齋

附生洪恩 知禮 增印 增穀 增爵 增武 增

勞 增彬 芳附生 蓮 讓 符瑞 文杏 慶平

嶺峻 純根 永福 有薰 有恆 有言 國瑞

昌業 灼 鑑明 文星 喜 其祥候選未入流 麟

祥候選知縣 耆祥 鳳祥浙江湖州所千總山東泰安營守備山西石叟營都司現任山東高唐營遊擊賞戴藍翎 貢祥道光辛卯恩科舉人 鶴祥 蓉祥附生 夢

祥附生 卿祥附生 家祥議敘未入流 敬祥 青祥附生 淑祥 毓

祥附生 端祥 瑞祥 芸祥 禧祥 蘊祥 濂道光己酉科拔貢咸豐辛亥恩科舉人咸安官教習 [illegible]道光癸卯科舉人咸豐癸丑科進士翰林院庶吉士

潤府廩生 淪 池 芝 芾 蒲 進府附生候選直隸州州判 滙

增生道光己酉科謄錄 泳 通渭 通洛 通澣 通瀛 文

瀾 文濤 文溥 文沼 治安 煜附生 燁 際熙

鄉試中式第五十四名
會試中式第　名
殿試　甲第　名
朝考　等第　名
欽點

同榜舉人鞠　棠晉　連喜　壽愷　慈蘭

從堂姪賀裕

三從堂姪慶禔附生　慶祺同榜舉人　慶礽　慶禛　葆

族姪景麟　景西　景山　景雲　景宗　景松　瑞

雪　祥雲　大慶　二慶　鹤報　二報　元鍾

元通　瑞麟　祥麟　朝宗山東候補縣丞　朝翼即選知縣欽加同知銜

秩宗　軫宗　纘宗　起宗　仲奎　季奎　狀

奎　英奎　鳴珊議敘未入流　鳴珂附生　鳴璋府附生　鳴盛

鳴韶　連甲　開格　吉格　育桐　育桂　育馨

楓慶　又均　又培　丹階　丹陛　丹墀　彭

族姪孫札　拉芳　雙魁　三官　金萱

娶廉氏甯河乾隆己酉恩科副榜原任山東高唐州州判即補直隸州州判諱永奎公曾孫女諱融公孫女增生諱牧公姪孫女印節駿公女附生諱節誠公胞姪女

五

高銘鼎

字克恭號小泉一號蘿洲行二嘉慶庚辰年十月十二日吉時生順天府寶坻縣府學附生民籍

始祖辛朗
始祖妣氏潘
高高祖振
高高祖妣氏張
高祖凌雲 貤封文林郎
高祖妣氏張 貤封孺人
氏李 貤封孺人
曾祖麟 附生 敕封文林郎山東霑化縣知縣 例封奉政大夫
曾祖妣氏劉 敕封孺人 例封宜人

族高伯祖銓
堂曾伯叔祖景 晏 珮 玉 崑 琢
從堂曾伯叔祖章 宣 亮 吉 法 昇 傑 謙 德 忍
族曾伯叔祖雲翔 雲路太學生 雲章增生 雲漢歲貢生候選訓導
胞伯叔祖占鰲武庠生 占元武庠生候選千總
堂叔祖尚智 尚義
從堂伯祖占和 占喜
族伯叔祖楷 森附生 杰附生 栘 校 桊 棨附生 桂
胞伯濬璿庠生 濬璋庠生承嗣長門

歷

氏闞 敕封孺人 例封宜人

氏郭 敕封孺人 例封宜人

祖占魁 字約齋號亭嵐乾隆丙午科舉人歷任山東霑化縣冠縣知縣曹州府桃源同知濟甯直隸州知州誥授奉政大夫著有三味齋文稿宦海一粟集

祖妣甯氏 誥封宜人遷安庠生有智公女庠生玉成公胞妹

氏楊 誥封宜人乾隆壬申恩科舉人倣公孫女武庠生元鎮公女

氏甯 誥封宜人

氏王 誥封宜人乾隆丁酉科舉人

堂叔 元保 雙保

族伯叔 搢紳 命紳 廷紳 書紳 步紳 正紳

世紳 登紳

胞弟 承基 銘鑑 儒業

堂兄 壽昌

從堂兄弟 紹鼎 兆鼎 庠生 峙鼎

族兄弟 連登 連捷

娶孟氏 天津縣處士德棻公女

子

女

誥贈奉政大夫濟甯直隸州知州振榮公女乾隆乙卯恩科舉人河南羅山登封縣知縣殊澤公乾隆甲寅恩科舉人山東濟甯直隸州知州濟東泰武臨道鹽運使司鹽運使殊渥公胞妹候選從九品殊洽公監生殊滲公兩淮候補鹽知事殊穎公胞姊附貢生候選州吏目椿壽公附貢生候選刑部司獄改選湖北南沱巡檢楷壽公候選未入流格壽公胞姑母

父

繼珩字蒼佩號寄泉嘉慶戊寅恩科舉人乙未科大挑二等現任大名縣教諭軍功議敘奏旨賞戴藍翎保舉知縣歷任欒城縣訓導河間縣教諭敕授修職郎例授文林郎

著有味經齋文稿鑄鐵硯齋試帖蝶階外史

母氏邵 敕封孺人原任山西布政司照磨登岱公女乾隆壬子科舉人山西候補知縣登書公甲寅科舉人唐縣教諭登選公胞姪女廣西州同候選知縣坦胞姑母

具慶下

業師

陳壽朋夫子 印如岡 辛巳舉人

芮時菩夫子 印汝霖 廪膳生

郝鴻飛夫子 印漸磐 廪膳生

袁老夫子 印文煦

芮蓉塘夫子 印斯振 道光己酉

科舉人甘肅即補知
縣現署秦安縣知縣
王侗南夫子　印　懿猷　太學生
舅祖王實齋太夫子　印　殊
洽　太學生候選從九品
魏東堂夫子　印　廷模　直隸新城
縣人嘉慶戊午科舉
人前任寶坻縣教諭
王春帆夫子　印　震　道光癸未科進
士原任福建
詔安縣知縣
王問樵夫子　印　維楨　廩膳生
王從樵夫子　印　維植　附生
周荻香夫子　印　彥增　江蘇無錫
縣人道光甲午科
舉人沛縣教諭

桂丹盟夫子 印 超萬 安徽貴池

縣人嘉慶戊辰恩科

舉人道光癸巳科進士

歷任欒城豐潤縣知縣

務關同知揚州府知府

福建汀漳

龍兵備道

達經圃夫子 印 綸 漢軍正藍旗人

道光癸未科進士歷任

欒城縣訓導陝西洵縣

知縣佛坪廳同知丁酉

科陝西鄉試同考官

邊袖石夫子 印 浴禮 任邱縣人

道光癸卯科舉人甲辰

科進士翰林院編修現

任河南南

汝光道

陸費芝卿夫子 印 棨 浙江桐鄉

縣人太學生直隸候補

通判現任湖南興甯縣

知縣歴署清豐縣知縣
順德府天津府同知

何玉民夫子 印耿緝 山西靈石
縣人嘉慶己卯科舉人
道光壬午恩科進士
歴任陝西褒城渭南直
隷定興永年大興縣知
縣東路廳同知大名府
保定府知府清河道大
順廣兵備道道光乙酉
科陝西鄉試同考官

受知師

潘芸閣夫子 印錫恩 安徽涇縣
人嘉慶辛未科翰林南
河河道總督前順天學
政

黃薇卿夫子 印兆麟 湖南善化
縣人道光庚子科翰林
光祿寺少卿癸卯科順

履歷

天鄉試同考官

課友

任蘇春先生印式坊密雲縣人

辛亥恩科副榜壬子科舉人癸丑科進士現任禮部主事

鄉試中式第一百六名

會試中式第　名

殿試第　甲第　名

朝考第　等第　名

欽點

族繁不及備載

世居寶坻縣城內

四

李文壇

字杏村號純甫行二又行一道光己丑年八月二十
八日吉時生順天府東路廳寶坻縣學增廣生民籍

曾祖兆瑞

曾祖妣氏白

繼曾祖妣氏郭鍾

祖明 恩榮正九品 例封文林郎

祖母氏李 孺人 例封

父士升 廩膳生 例貤文林郎

母氏周 孺人 例封

祖嚴慈侍慈侍下

庭訓

受業師

胞伯叔祖德 桂

嫡堂叔祖亮 果 厚 玉

胞伯叔士芝 士俊 士忠

嫡堂伯士鴻 士逞

從堂伯叔士成 士福 士永 士信 士璞 士富

胞弟文林 文璨

嫡堂兄弟文醇 文衡

從堂兄弟文翰 文森 文元

再從堂弟文友 文聯

胞姪慶亮

歷[illegible]

嚴樹香夫子 諱燊 同邑丁酉科舉人 原任萬全縣教諭

課師

芮佑昆夫子 名家啟 同邑歲貢生 候選訓導

芮蔭軒夫子 名家愷 同邑廩膳生

王篠漣夫子 諱濂 同邑己酉科拔貢 辛亥恩科舉人 咸安宮教習

楊月樵夫子 名子□ 涿州人 □乙未科進士 歷任山西猗氏補池石樓 選授陵縣知縣

高霖堂夫子 名龍躍 盧龍縣人

嫡堂姪孝先 繼先 佩先 滮先

從堂姪麗先

娶□氏

子榮先 □先 耀先 俱幼

女二

癸酉科拔貢壬午科舉
人丙戌科進士前任山
東鄆城縣知縣戊子科
山東鄉試同考官著有
見眞吾齋文稿現
主講泉州書院

張新畬夫子 名錫畱 安肅縣人
辛巳恩科舉人
現任寶坻縣教諭

王竹村夫子 名錫祜 安州人丁
酉科拔貢己亥科舉
人現署寶坻縣訓導

劉[illegible]圃夫子 名秉琳 湖北人壬
子科進士現任
寶坻縣知縣

受知師

王鳳諧夫子 名耆詔 山東人乙
巳科進士前任
寶坻縣知縣

座師
陳子壽夫子 名寶渠 浙江人乙
丑翰林前任
順天府丞
朱椒堂夫子 名嶟 雲南人
己卯翰林現任戶部侍郎
前任順天學政

鄉試中式第二百七名
覆試第　等第　名
會試中式第　名
殿試第　甲第　名
朝考第　等第　名
欽點

族繁不及備載
世居縣東東苑莊

徐沺

字稚櫄一字鶴雛號竹坡行二又行三嘉慶辛未年十二月初四日吉時生順天府寶坻縣民籍庚子科副貢生現充國史館謄錄

北遷始祖厚 字坤載世居山陽由別駕擢工部員外郎永樂初從燕籓之北卜居寶坻盤龍莊

北遷始祖妣氏陳 誥封 王淑人

二世祖海 字宏度襲指揮同知

二世祖妣氏張 淑人 誥封

三世祖景山 字商都襲指揮同知

三世祖妣氏劉 淑人 誥封

四世祖卿 字公弼襲指揮同知贈中議大夫

四世祖妣氏單 淑人 誥封

五世祖仲金 字品三封中議大夫 誥封

五世祖妣氏高 淑人

二世叔祖鳴 林

三世叔祖抱 稅 興

四世叔祖孝 義 秀 保

五世叔祖仲堂 仲文 仲友 仲斌 仲舉

六世叔祖棟 柱

七世叔祖三陽 聘陽 東陽

八世叔祖舒潤 舒德 舒澤 舒恩 任關東都使司

九世叔祖之鳳 之錦 之望 之銳 振濤 庠生

十世叔祖有孚 有度 有寬 有爵 應培 庠生

應直 庠生 應對 庠生 應衍 庠生

十一世叔祖爾純 爾慧 爾信 庠生 爾偉 翰 庠生

六世祖相字元輔任河東鹽運使授中議大夫 誥封
六世祖妣氏朱淑人
七世祖朝陽字梧岡邑庠生舉鄉飲大賓 誥封
七世祖妣氏張孺人
八世祖舒化字仁宇廩膳生貤封登仕郎
八世祖妣氏楊孺人 貤封
九世祖之鹿號字夢石鴻臚寺鳴贊舉鄉飲大
誥贈明威將軍
九世祖妣氏楊宜人 例贈
十世祖起[illegible]邑文庠生中康熙丙午科舉人丙辰科進士任山西渾源州守府授明威將軍 誥封
十世祖妣氏單宜人 誥封武
太高祖爾[illegible]德將軍

維新庠生 琢庠生 琮庠生 爾俊 玥太學生 瑚庠生 樞庠生 琨
庠生
高叔祖鵬庠生 元 健庠生 謚 謹 尚友庠生
叔曾祖承勳庠生 承煥 承文 承運
族曾祖大中庠生 大有恩榮八品 大儒 三省恩榮八品 大山
大章 大文 大本 煜庠生 調燮附貢生 承琳
承倉 承賓 承珠 承珍 熾廩膳生 澤庠生 澄
庠生
堂叔祖坤 奎增廣生 堂廩膳生 城處士
族祖[illegible] 棟隆 璽 瑛 祥 禎 崢增廣生 照
瑩 永天 永祿 永保 永齡 永淑
陵 光文乾隆乙丑進士翰林院編修河南學政 淺太學生 午乾隆甲午科舉人
科舉人歷任江西大庾南[illegible]
昌知縣[illegible]

太高祖妣氏蔣 宜人 誥封

高祖毅 雍正癸卯科武解元丙辰會魁任江南新安衛正堂

高祖妣氏陸 宜人 誥封

曾祖承烈 太學生 例贈文林郎

曾祖妣氏卞 旌表節孝入祠 例封孺人

本生曾祖家玉 處士世居徽州府歙縣徐村 例贈文林郎

本生曾祖妣氏江 孺人 例贈

祖增 太學生 貤封登仕郎 例贈修職郎 例贈文林郎

祖妣氏王 孺人 貤封

父振鐸 恩貢生 例授修職郎 例贈文林郎

進科 進元 進仲 進陪

胞叔振鍠 承德郎 例贈 振銳 由增生丁卯科鄉試挑取會典館謄錄議敘選授浙江德清縣主簿封登仕郎

堂叔鍾祥 鍾嵋 庠生 鍾[illegible] 庠生 鍾秀 恩貢生辛亥科挑取謄錄 鍾

芳[illegible] 振榮 振宗

族叔作霖 振鑾 恩貢生 光庭 殿發 庠生 長卿 長

存 長春 騰蛟 庠生 長益 長治 長貞 長

順 長宗 長惠 長恩 長城 寶善 嘉慶戊寅恩科舉人庚辰科進士由工部屯田司員外郎改翰林院庶吉士道光丁酉科浙江副主考京畿道監察御史 長山 長嶐 耀明 從九品 長齡 長

茂 長魁 長英 肇元 福元 鐶 鈞 庠生

嫡堂兄弟江 庠生道光十二年湖南軍功議敘六品候選通判 澍 增廣生 瀞 庠生

從堂兄弟濤 湧 治 琳 珍 瀕 涵 澡

歷

母氏張例贈孺人劉諱亨時公女

永感下

庭訓

課師

樹傳老夫子諱振聲恩貢生

受知師

海門師老夫子諱承瀚都察院副憲原任順天學政

吉安老夫子名祥庚子科同考官山西太原府知府

鈞堂老夫子名楨禮仁閣大學士管理戶部事務

露軒文老夫子名奇奉天府府尹

上鏞道光壬午科進士兵部武選司員外郎原任湖北黃州府知府　名鰲　名

元

族兄弟定桂浙江大挑三山巡檢　淳亨　鴻洽業儒　敬昱庠生　鎮

紹洲庠生　淮　汶　清　浦　田　湘　傚先

壺遵庠生道光甲辰科舉人內閣中書　壺導道光甲辰科舉人內閣中書　天

祿己亥科舉人　天泰庠生

堂姪保杭邑庠生　保桂　永樾　永桐　永樟俱業儒

族姪來有　如意　金榜　金印　國樑　國楨

綬　堆　毓仁　毓義　榮桂

姪孫榮甲　寅震業儒

娶孫氏玉邑庠生諱剛公女庠生諱作霖公胞妹

子永植邑庠生　永彬　永森　永相　永樹俱業儒

鈺甫廖老夫子 名鴻荃 工部尚書 武英殿總裁

定九王老夫子 名鼎 太子太保東閣大學士

子箴鍾老夫子 名音鴻 甲辰科同考官 挑取謄錄 湖南糧道

賓朋方老夫子 名遠 辛亥科同考官 薦卷 順天府府丞

幼丹沈老夫子 名葆楨 壬子科同考官 薦卷 江西九江府知府

課友

雙南孫大兄 名貴 甲辰科舉人 巳亥科挑取謄錄 即選知縣

友松齊大兄名椿齡庠生壬辰科薦卷

鄉試中式第二百十二名

會試中式第　名

殿試　甲第　名

朝考　等第　名

欽點[illegible]

族繁不及備載

住城東盤龍莊

欽命四書詩題

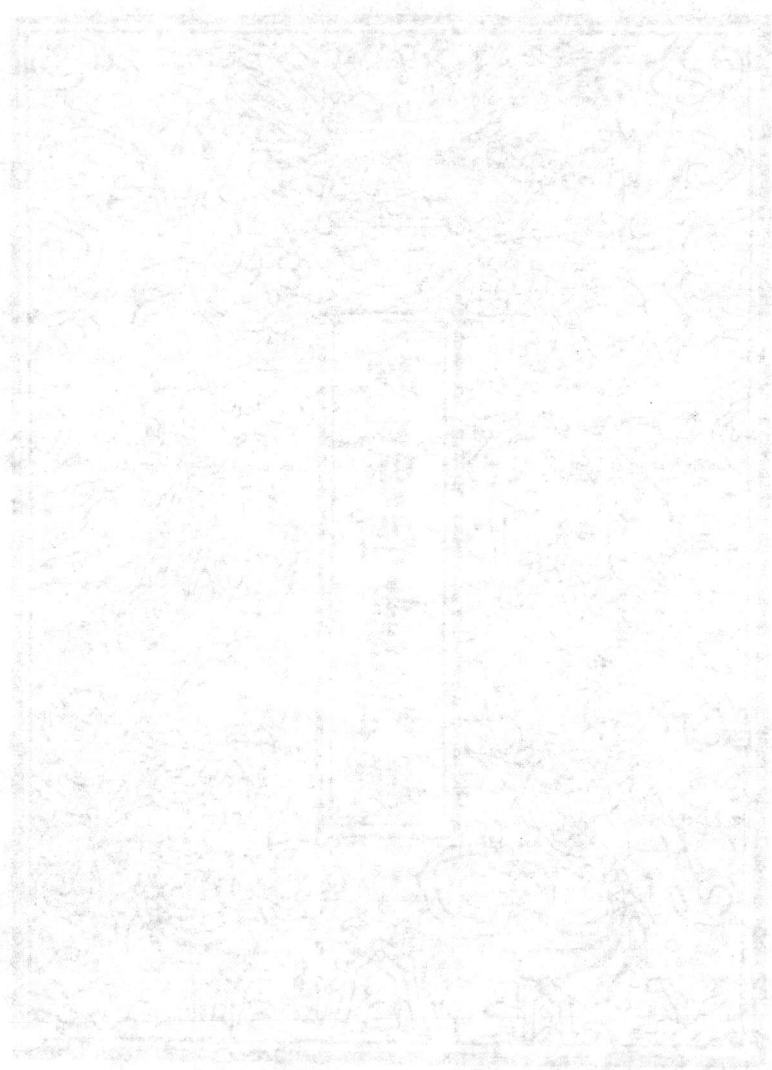

李桂攀

李桂聯

始祖仲銀始自昌平遷居寶坻

始祖妣氏趙

二世祖應時

二世祖妣氏李

太高高祖守貴

太高高祖妣氏臧

高高祖養林太學生貤贈光祿大夫

字仰山號秋谷行一道光己亥年八月十四日吉時生順天府府學廩膳生寶坻縣民籍

字珠甫號次谷行二道光辛丑年八月十三日吉時生順天府府學廩膳生寶坻縣民籍

二世叔祖應才

太高高伯叔祖守榮　守華　守富　守祿

高高伯叔祖養聰　養明　養梓　養積　養檜　養檟　養植　養桐

高伯叔祖文登　俶　科　俊　倬　侃　英

從堂曾伯叔祖憲堯　憲文　紹文太學生　佑清　如玉

新泰從九品　新履　如珪

府

吏部左侍郎

高高祖妣氏張 貤贈一品夫人

高祖偉 貢生 誥贈光祿大夫吏部左侍郎

高祖妣氏張 誥贈一品夫人同邑庠生諱震公女庠生諱綱公胞姑

高祖妣氏呂 誥贈一品夫人同邑庠生 貤贈奉政大夫內閣侍讀加二級諱謚公女從九品諱鳴玉公胞妹太學生名向善公胞姑

曾祖光先 誥贈朝議大夫乾隆戊申科舉人歷任工部都水司主事員外郎郎中江西

胞伯叔曾祖光前 廩貢生安州儒學訓導 勅贈承德郎 誥贈朝議大夫 光里 誥授朝議大夫乾隆己酉科拔貢嘉慶戊辰己巳聯捷進士刑部奉天司郎中原任江西吉安府知府 光庭 誥授朝議大夫乾隆乙卯恩科舉人歷任內閣中書典籍侍讀湖北黃州府知府咸豐乙卯科重賦鹿鳴 貤贈光祿大夫

從堂伯叔祖璓 厚 芸 菀 芬 芳 荃 芝 藺 逵 貤封奉政大夫

嫡堂伯叔祖禚 嘉慶丙子科舉人大挑一等署山東范縣知縣 藻 嘉慶丙子科副榜道光乙酉科舉人丙申科進士內閣中書宗人府主事吏部驗封司郎中徵取知府 誥授朝議大夫 薹 道光乙酉丙戌聯捷進士內閣中書委署侍讀 著 嘉慶戊寅恩科舉人大挑一等山東泗水縣知縣 蒦 郡庠生 芷 道光甲午科舉人 著 太學生候選詹事府主簿 菓 道光戊子科舉人歷任刑部貴州司主事員外郎郎中 蔚 從九品 蕙 國學生戶部廣東司主事 敬 邑庠

贛州府知府護理贛甯
兵備道　誥贈光祿大
夫吏部
左侍郎

曾祖妣趙氏　誥封一品
夫人同邑庠
生　誥贈朝議大夫諱
培元公女庠生庠生諱國宗
公胞妹庠生諱維藩公
庠生丁卯科謄錄前任
廣西桂平縣巡檢
諱維恂公胞姊

祖諱嘉慶戊寅　恩科舉
人道光壬午　恩科
進士翰林院編修詹事
府少詹事　日講起居
注官　文淵閣校理
咸安宮總裁　國史館
總纂壬辰科會試同考
官四川鄉試副考官丁
酉科順天鄉試同考官
庚子科會試同考官戊

生咸豐戊午科優貢筱都察院
考取八旗官學教習　經歷　若　茵俱業儒　莊

葳

胞伯叔祖蔭嘉慶癸酉科拔貢己卯科副榜吏部七品
小京官文選司主事員外郎郎中廣東潮
州府知府　貤
贈資政大夫　藩嘉慶癸酉甲戌聯捷進士禮部
儀制司員外郎郎中安徽潁州
府知府調任江西建昌府知府候選道　結嘉慶戊寅　恩科舉人道
光癸未科進士翰林院檢
討山東道監察御史工科給事中內閣侍讀學士
奉天府府丞兼學政通政使司副使候補四品京
堂江西九江府知府調任安徽徽州府知府候補
道辦理糧臺　欽加鹽運使銜照軍營病故例
賜卹　珪道光壬午科舉人戊戌科進士戶部山東司
主事員外郎郎中四川重慶府知府署理川
東兵備道　邨道光己亥科舉人山西甯鄉縣知
欽加道銜　縣調鳳臺縣知縣　欽加同知銜
特贈知府照軍
營病故例　賜卹

族伯叔成龍　培生　起鳳　德恒邑庠生　德垠太學生

戌科教習庶吉士提督
安徽學政光祿寺卿通
政使司通政使都察院
左副都御史署禮部左
侍郎歷任兵部左右侍
郎倉場侍郎工部左侍
郎辛酉科宗室覆試閱
卷大臣　實錄館副總
裁　紫禁城內騎馬現
任吏部左侍郎　誥授
光祿大夫

祖母氏盧涿州附貢生下
南河同知諱圻
公女嘉慶乙未恩科
進士兩廣總督賜諡
敏肅諱坤公胞姪女道
光乙酉科拔貢工部都
水司員外郎諱端元廩
膳生名端衡胞姊　誥
封一品
夫人

堂叔德基山東候補知縣鳳珂山西候補知縣德庸郡廩生德輿　鶴
元山東候補通判德圻郡庠生
嫡堂伯叔德增道光己亥科副榜癸卯科舉人丁未科進士工部屯田司主事山東候補知府
署東昌府知府軍功賞戴花翎德均邑庠生河南尉氏縣知縣山西沁州直隸州知州河
南候補直隸州知州奉旨以知府用德塤邑庠生德墀候選府經歷德埴
候選知縣德埏邑庠生河南候補通判德培邑庠生候選知縣德珪邑庠生
德垌郡廩生戊午科謄錄德堉郡庠生德壔德型太學生德塏
德埻德臺德堅德墪
胞叔德坊道光己酉科舉人河南濬縣知縣調署武陟縣知縣　欽加同知銜在任候補直隸
州知州德垣廩貢生兵部武選司主事德堂三品廕生中書科中書山西卽補同知
德城歲貢生咸豐甲寅科教習內閣中書委署侍讀　欽加侍讀銜

父德昌 道光己酉科拔貢四川試用知縣開縣知縣歷署鹽亭華陽富順縣知縣眉州直隸州知州候補知府軍功賞戴花翎

母氏王 乾隆己亥科舉人江西吉安府知府諱棶公孫女道光壬午科舉人敎習知縣諱爲星公女廣東電茂場大使諱爲玉公雲南藩庫廳諱爲健公姪女廩膳生咸豐乙卯科謄錄名槼先庠生咸豐壬子科謄錄四川候補府經廳即用知縣名廉先本科中式舉人名鶚先胞姊

重慶下

庭訓

堂兄弟 大鏞 鐮 鉞 丞生 聯生 三官 浙生 五官 八官 鑾 鍠 壽生 二官 復生 祿生

嫡堂弟 桂綸 桂一 俱業儒

胞弟 桂祥 業儒 桂辛 幼

桂馨 聘汪氏 安徽進士原任陝西按察使諱云任公孫女河南許州直隸州知州諱根恕公

女

桂聯 聘何氏 浙江餘姚縣候選州同諱興邦公孫女咸豐辛亥恩科舉人庚申恩科進士吏部文選司主事名端霖公女咸豐辛亥恩科舉人工部屯田司主事名端章公胞姪女

業師

毋鷗灝原老夫子

余萬門老夫子 道光癸卯科舉人直隸元城縣教諭

金火傳老夫子 四川廣元縣廩生

周子衡老夫子 咸豐乙卯科舉人

張南坡老夫子 四川開縣增生

周少蘧老夫子 咸豐乙卯科舉人

受知師

蔣霞舫老夫子 道光辛丑科進士前任順天府府丞

李古廉老夫子道光丙申科進士前刑部侍郎提督順天學政

萬藕舲老夫子道光庚子科進士兵部尚書前提督順天學政

楊詒堂老夫子道光辛丑科進士禮部右侍郎現任提督順天學政

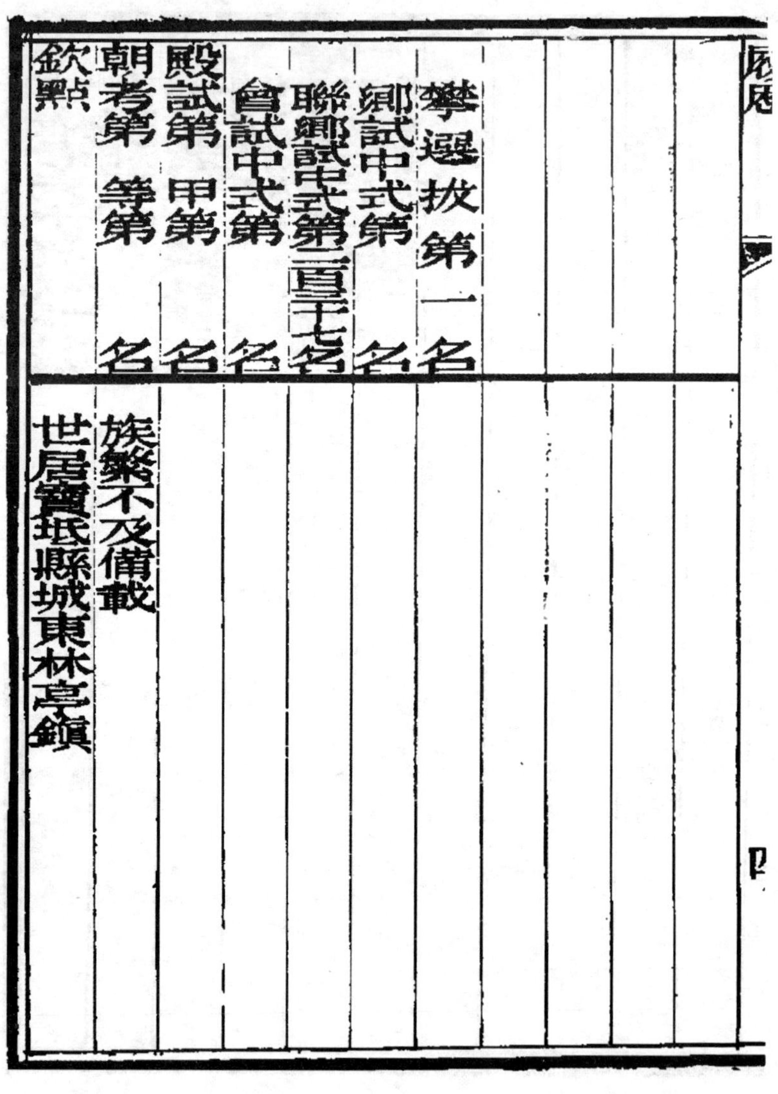

擧選拔第一名
鄉試中式第　名
聯鄉試中式第二百十七名
會試中式第　名
殿試第　甲第　名
朝考第　等第　名
欽點

族繁不及備載
世居寶坻縣城東林亭鎮

順天選拔貢卷咸豐辛酉科

選拔貢生第一名李桂攀順天府府學廩膳生寶坻縣民籍

欽命禮部右侍郎提督順天等處學政加三級楊　拔

取

欽命兵部尚書兼都察院右都御史總督直隸等處兼管河道提督軍務糧餉管巡撫事加三級文　覆

取

總批

首藝理圓法密機暢神流次議論宏通韵語戛玉敲金經解條分縷析策論有識書法擅長具此英才定徵遠到

或謂孔子曰子奚不爲政子曰書云孝乎　李桂攀

不仕之意難明聖人特權辭以應焉蓋子之不爲政非可爲或言也以書之言孝者答之謂非夫子之權詞乎且聖人出處之宜難爲淺見者窺也亦難爲淺見者言直言之不能則借端以言之借言之又無以徵信則借古人之言以言之以審時度勢之念託之於稱先則古之文斯不能見信於時人者固可遠稽諸往訓也昔我夫子教孝垂經定萬國子臣之極刪書立訓察千古治忽之源其身雖未嘗一日爲政其心何嘗一日忘爲政哉乃或人竟以不爲政問也何故蓋以一車兩馬半生頻事周遊則他邦冀假夫斧

祠豈宗國反辭夫軒冕而斯人不出何以博讀書稽古之榮稱又況楸梓恭桑吾魯實爲故里則有木本水源之誼即當有救饑拯溺之權縱大道難行何得改移孝作忠之素志子奚不爲政宜或之有此問也子果何以應之哉將欲就不仕之迹爲之强飾其詞則易筮潛龍在田有象詩歌懸特伐輻何傷當朝野之相需反託爲林泉之高尚此固夫子所樂出也然而或人必不信也將欲明不仕之原爲之直陳其隱則公在乾侯史多遺議溝分黨氏禮昧祀先當國事之日紛原可見危邦之不入此固或人所能悉也然而夫子必不忍也子於是當今時而懷古事遠而引之於書舍國

務而論家修實而徵之於孝道政事惟書簡策貽留半紀朝廷之化理則言書者宜觀夫紀綱法度之全茲何以引書而專言孝也蓋事歸徵實一朝之典則備舉焉不厭其詳意在斷章一事之流傳飭取焉不嫌其畧書不專爲孝言書不啻專爲孝言也而有懷難白子特即書言而委曲明之飭庸行惟孝晨昏侍奉不越日用之常經則論孝者宜溯夫內則少儀諸訓茲何以言孝而取於書也蓋爲斯世敎和親用力用勞節目散詳於傳記與當時商隱見盡倫盡性大綱必證於典謨孝不專見於書孝要當取法於書也而古訓可師或當即孝道而反覆思之不然君陳一冊固周室論

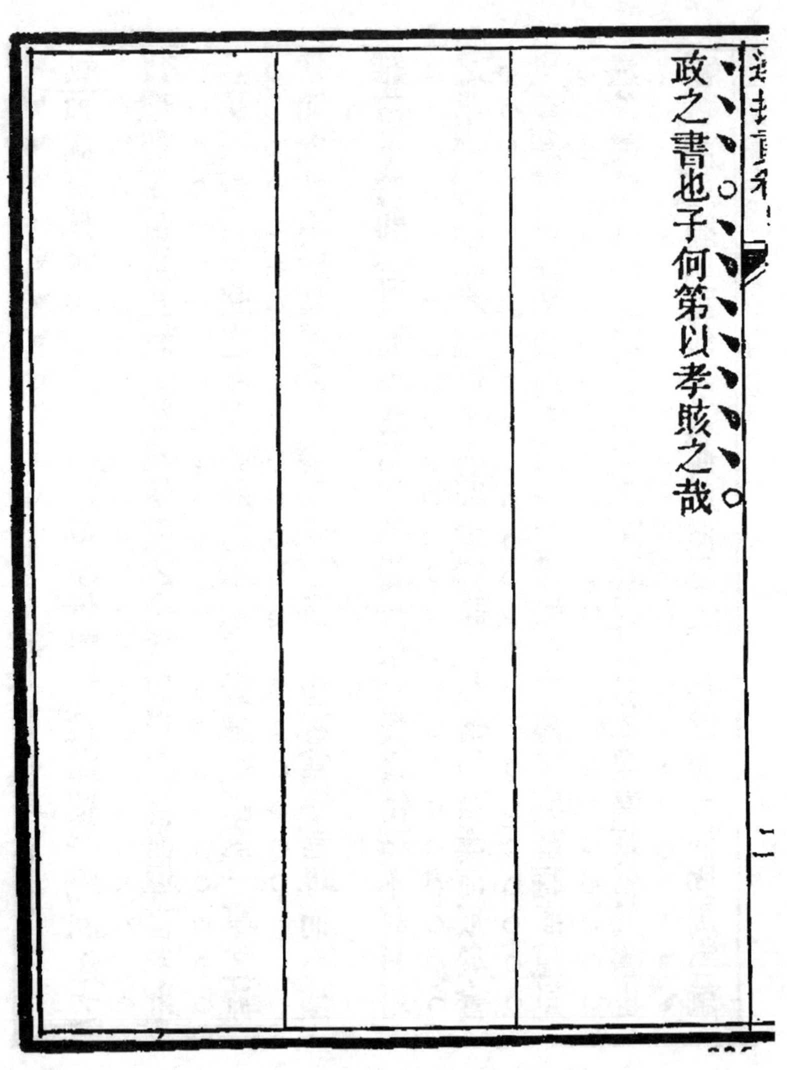
政之書也子何第以孝賅之哉

禹稷顏子易地則皆然

李桂攀

人因地而異易地可決其同也蓋惟地處其異故禹稷顏子遂若是不侔也易地則然孟子所以特決之歟且世之一定不易者其人生仕止之道乎顧有定者仕止之道而無定者仕止之途可仕可止出以有定之見而無定者不患其殊途或仕或止遇夫無定之遭而有定者終歸于一致勞逸雖若殊科實出處不妨互代吾願卽其地以論其人者愼勿謂古今不相及也觀於禹稷之急顏子之不急可知矣雖然禹稷顏子豈故爲是相反哉想其躬稼半生在禹稷初心亦自具陋巷嘯歌之志乃懷襄見偪而責任匪輕

則帝陛慶登庸詎能免風塵之鞅掌念自爲邪一問在顏子素學亦自抱臣鄰襄贊之才乃大道不行而遯世無悶則儒生當隱逸能勿安絃誦之陋身無他此皆其地爲之也然而世固有居其地而不能自安者矣巢許亦中天之高士當盛世而莫贊猷爲管晏亦列國之奇才甘小就而僅稱霸顯是處禹稷之地而以顏子自期居顏子之地而以禹稷自命也則昧乎其地也然而世更有易一地而不能復變者矣東齊有志待清際周運而獨忘輔翼微箕盡心靖獻處商末而竟昧引身是優於顏子之地者不復能爲禹稷優於禹稷之地者不復能爲顏子也則拘乎其地也若夫禹稷

顏子豈拘乎其地哉豈昧乎其地哉蓋易地則皆然也所可異者禹稷乘時展具未嘗値周魯之衰顏子藏器待沽未得覩唐虞之盛此其詣故落落不合耳假令以禹稷之地讓顏子則簞瓢豈願終身以顏子之地處禹稷則水火豈堪躬試千載而下各自有眞不必因顏子之逸憫禹稷亦不必因禹稷之勞羨顏子也而其地豈復相假哉所可信者時逢喜起禹稷即不憚夫胼胝運際艱屯顏子即甘心於懷卷此其品故遙遙並峙耳假令以禹稷之地而樂寄琴書即顏子亦疑其太忍以顏子之地而憂深昏墊即禹稷亦訝其何爲異致同歸不妨互證覺能爲顏子者惟禹稷能爲禹

稷者惟顏子也而其地豈眞懸絕哉

賦得桑條霑潤麥溝青 得青字五言八韻

李桂攀

四野霑新潤遺山繪物形桑條千縷翠麥穗一溝青蠶市絲抽乙鱗塍字畫丁枝高看熟甚浪輭誤浮萍密葉淸如洗輕花落共聽瑶筐紅雨溼繡畦綠雲停耕織欣相濟郊原詠旣零沾濡

宸澤普萬卉沐芳馨

中式第二百三十七名李桂聯順天府寶坻縣府學廩生民籍

同考試官掌廣東道監察御史加三級董　閱

薦

大主考兵部右侍郎加三級畢　批

取

又　批　氣局渾成筆意明爽

大主考經筵講官工部尚書正白旗漢軍都統加三級麟　批

取

又　批　思精體大法密機圓

大主考經筵講官都察院左都御史現署戶部尚書加三級萬　批

中

又　批　題無剩義文有內心

本房原批

筆意倜儻局度端凝詩工穩

聚奎堂原批

顧本節復顧上節文筆亦殊

恬雅次清利三篁情搖曳中

二比鎮得住詩穩切

圈點悉遵
聚奎堂原刻

不以禮節之亦不可行也　李桂聯

舍禮未足以用和與不知和者等也蓋禮固賴和而行而不節其和雖和庸足貴乎則亦曰不可行而已且吾人競言行禮而禮之實獨重節文此非徒節其文采之微也而并節其性情之失蓋嚴以濟寬平之用範圍內彌見天倪敬以防泰肆之愆坦易中不離天則非然者防維不峻而放縱自安吾恐其情之入於肆然者即其事之歸於廢然者也不然彼知和而和者豈不謂禮以和爲貴而知和即不啻行禮乎不知守禮而徒事拘牽故必以和化其迹用和而流於放誕則當以禮矯其偏大易重嘉會之文合禮特詳

至德我觀禮之天澤辨諸履禮之卑牧取諸謙禮之因革通諸損益而乾元保合太和之道始凝焉故有本有文天下必無可離之軌物周官開經曲之制典禮厥有專司我觀婚禮領諸司徒軍禮講諸司馬吉禮嘉禮掌諸春官而六德詔王中和之教乃備焉故中規中矩古今無不就範之性情無他以禮節和正可以和行禮也而奈何其不然也夫秩敘之經必不容越乃筋骸不堪其束縛而舉動逖蕩其防閑則偏勝之尤其終必歸於偏廢況寬嚴之道貴劑其平苟其坦率而病於狂何異拘謹而涉於矯則過情之失其弊亦等於徑情即是以言行蓋亦有不可者謂朝廷爲化行之

地而登降拜跪恭敬或病於虛拘則禮之或參以僞者誠不若和之自卒其眞願眞意何可徑達也夫皐陶賡喜起中天不廢颺拜之文昭考告武成列辟不忘駿奔之典必謂末節趨承何關眞性則戲豫馳驅之氣奚以稱文章黼黻之華故雖追渾樸於先民或欲以眞矯僞而威儀之脫畧亦有難行諸朝右者已謂學校多行道之人而歌舞獻酬儀節倍增其繁重則禮之徒習其文者誠不若和之尙存其質然美質要貴曲成耳夫鄉黨一篇半記大聖儀容之則檀弓諸說備詳吾門裼襲之經必曰從容中道安事虛文則直情徑遂之爲何足與金錫圭璧之度故雖鑒增華於後進或

欲以質勝文而軌度之夌踰亦有難行諸鄉曲者已吾願學禮者和以化夫禮之拘卽禮以防夫和之弊斯二者交備而先王之道無不可行矣

肫肫其仁淵淵其淵浩浩其天

李桂聯

極擬至誠之心形容有莫罄矣夫曰其仁其淵其天皆至誠所自具也擬之以肫肫淵淵浩浩其形容豈易罄哉且至誠之功易見也至誠之心則難見不知其心之難見者即可由其功之易見者而想像見之其功之篤厚皆其心之篤厚而無不摯也其功之靜定皆其心之靜定而無不涵也其功之廣遠皆其心之廣遠而無不包也即其功以窺其心而至誠之不易見者亦未嘗不予人以共見經綸立本知化育此至誠之功用也試進窺其心肫肫乎其經綸之無不至者皆此心之愷惻所周流乎夫性之弗篤愛或失

於偏矣情之不眞施或出於僞矣至誠何懇至也彝倫之敘愛敬本於天眞肫與之懷民物切於有密夫固非矯語慈祥也欲立欲達之事皆有悱惻纏綿之意以固結於其間則以布濩而見爲經綸者即以懇至而見爲其仁也而肫肫者亦豈關外致哉淵淵乎其立本之無可測者皆此心之邃密所蘊蓄乎夫藏之不深物或從而擾之矣守之不定私或起而淆之矣至誠何靜深也萬理會通源可逢諸左右寸衷湛寂道莫辨其津涯夫固非侈言鎮定也無思無爲之體直舉喜怒哀樂之迹悉泯化於無形則以持守而見爲立本者即以靜深而見爲其淵也而淵淵者又豈可淺求哉

浩浩乎其知化之無弗周者皆此心之含宏所藴量乎夫行生之妙非管窺所能測矣高明之象非墟拘所能侔矣至誠何廣大也量極參贊位育通於穆之微性完虛靈動靜合陰陽之撰夫固非強事恢張也語大語小之類皆有彌綸充周之理以包舉而靡遺則以變動而見爲知化者即以廣大而見爲其天也而浩浩者不純近自然哉此至誠之心德也即天德也而知之者誰乎

圈點悉遵
聚奎堂原刻

非事道與

李桂聯

事有異於道者門人聞言而深訝焉蓋以道而仕其事必準以道也乃觀孔子之事有似非其道者章所以深訝之與且天下有大道常人違之聖人體之凡事大抵然也而於仕爲尤重若乃道體諸聖原非若違道之俗情而道違其常轉若異體道之素志以抱道之人當見道之地而竟若失其守道之宜此尚論古人所深爲驚異者也如孔子之仕也豈非爲道計哉蜡賓其興歎矣大道爲公立志早超三代之上則平居猶虛懸其願豈得位不實踐其言而革薄從忠宜大顯章甫袞衣之治象法其猶存矣一變至道吾

魯實爲易治之邦則宗國尚習夫儒風豈至聖反率以非度而化民成俗應共仰宰都攝相之勳若是以道爲事者宜莫孔子若也乃今聞吾夫子之言而不禁愕然矣蓋守經達權雖多妙用而施之於共見共聞之地誰能曲諒其中懷況移風易世端賴斯人苟雜之以從宜從俗之心未免自隳於率就然而章不敢以離道爲孔子異也拜必在下守禮而違衆議之誣進獨從先復古而救趨時之弊乎昔之風規亦落落難合矣何一經委贅頓易其初乎將謂事雖矯同而其實不關軍國之重將謂事雖立異而其後必爲風俗之憂此在下士曲儒偶爲此依違之舉章固未暇深究也而

謂事出大聖毋乃非信道之本意與且不敢以枉道爲孔子之仕慨也媚竈未能援天而斥王孫之論脫冕不顧全節而辭司寇之榮在朝之樹立亦矯矯不阿矣何小事曲徇轉違其則乎不必有害道之咎而民俗已未免曲從不必爲大道所關而細故終嫌於不謹或者通權達變別有裁抑之方章固未敢深量也而謂事所當然毋乃非明道之本志與敢以質諸夫子

圈點悉遵
聚奎堂原刻

賦得露溥仙掌九秋初得秋字五言八韻　李桂聯

誰浣仙人掌溥兮寶露浮霜華澄永夜風景正初秋顆顆珠光綴瀼瀼玉液流銅盤疑入手金令換從頭警到眠煙鶴凉生近水鷗漢宮殘暑退華岳幻形留杞棘沾新潤蒹葭溯舊游鉅夫佳詠續珥筆荷
恩周

徐浩

字子正號養吾行一道光辛丑年八月二十二日吉時生順天府東路廳寶坻縣學廩生民籍

北遷始祖厚 字坤載世居山陽由別駕擢工部員外郎永樂初從燕籓之北卜居寶坻盤龍莊

北遷始祖妣氏陳王淑人 誥封

二世祖海 字宏度襲指揮同知

二世祖妣氏張淑人 誥封

三世祖景山 字商都襲指揮同知

三世祖妣氏劉淑人 誥封

四世祖卿 字公弼襲指揮同知贈中議大夫

四世祖妣氏單淑人 誥封

五世祖仲學

二世叔祖鵬 林

三世叔祖抱 稅 典

四世叔祖孝 義 貞 保

五世伯叔祖仲堂 仲友 仲文 仲斌

太高伯叔祖元臣 元勳 爾賢 爾純 爾偉

爾慧 爾佶庠生 爾俊

高叔祖沛先 輝先 鵬元庠生 健庠生 謐 謹

伯叔曾祖承烈太學生例贈文林郎 承煥 承文 承運

族曾祖大中庠生 大有八品恩榮 大儒 三省八品恩榮

大山 大章 大文 大本 煜庠生 調燮附貢生

五世祖妣氏高

本生五世祖仲金（字品三贈中議大夫）

本生五世祖妣氏高（誥封淑人）

太高祖元士（字上卿）

太高祖妣氏朱

本生太高祖爾恭（字敬侯誥封武德將軍）

本生太高祖妣氏蕭（誥封宜人）

高祖耀前（字光先太學生）

高祖妣氏趙

本生高祖毅（字任遠雍正癸卯科武解元丙辰科會魁任江南新安衛正堂）

承琳　承倉　承寶　承珠　承珍　熾（廪膳生）

胞伯叔祖坤　奎（增廣生）　城（處士）

嫡堂伯祖增（太學生例贈文林郎）

再從堂叔祖均　堡

族祖昉　棟　隆　璽　瑛　祥　禎　崢（增廣生）　忠

塋　永天　永祿　永保　永齡　永淑

陵　義（太學生）　連貴　連陞　昆

胞叔鍾秀（庠生）

嫡堂伯叔鍾祥（處士）　鍾嶧（庠生）　鍾巒（庠生）

從堂伯振鐸（恩貢生例授修職郎例贈文林郎）　振鏜（例贈承德郎）　振銳（業師由增生丁卯科鄉試挑取會典館謄錄議敘選授浙江德清縣主簿授登仕郎）

三從堂伯振邦　振業　振宗

履歷

本生高祖妣氏陸陸　誥封宜人

曾祖承年　字松齡國學生　例贈文林郎

曾祖妣氏張郭　貤封孺人

本生曾祖承勳　字華國武庠生　例贈文林郎

本生曾祖妣氏王　例封孺人

祖堂　字朗亭廩膳生　例贈文林郎

祖妣氏馮　例封孺人

父鍾秀　字毓川　恩貢生辛亥科挑取謄錄　例授修職郎　晉封文林郎

先母氏龐　例贈孺人甯邑乾隆癸酉科副榜諱永奎公孫女增生諱牧公女

族伯叔　作霖　振聲恩貢生　光庭　殿葵庠生　長卿　長

存　騰蛟庠生　長春　長益　長治　長貞　長

順　長宗　長惠　長恩　長城　長山　長

蔭　長茂　肇元　福元　鐶　鈞庠生　配　祿

胞弟涵儒業

嫡堂弟瀚儒業　池儒業　浙

從堂兄弟濤儒業　湧　治儒業

再從堂兄弟江庠生道光十二年湖南軍功議敘六品候選通判　澍增生　冲道光庚子科副榜咸豐乙卯科舉人前任順德府鉅鹿縣訓導　瀛庠生

族兄弟珍　琳　鴻太學生　寅　敬庠生　純　昱　維

鎮　紹　洲庠生　淮　汶　清　清　沺　湘

天祿己亥科舉人　天泰庠生　傚謙庠生　藎卿儒業

二

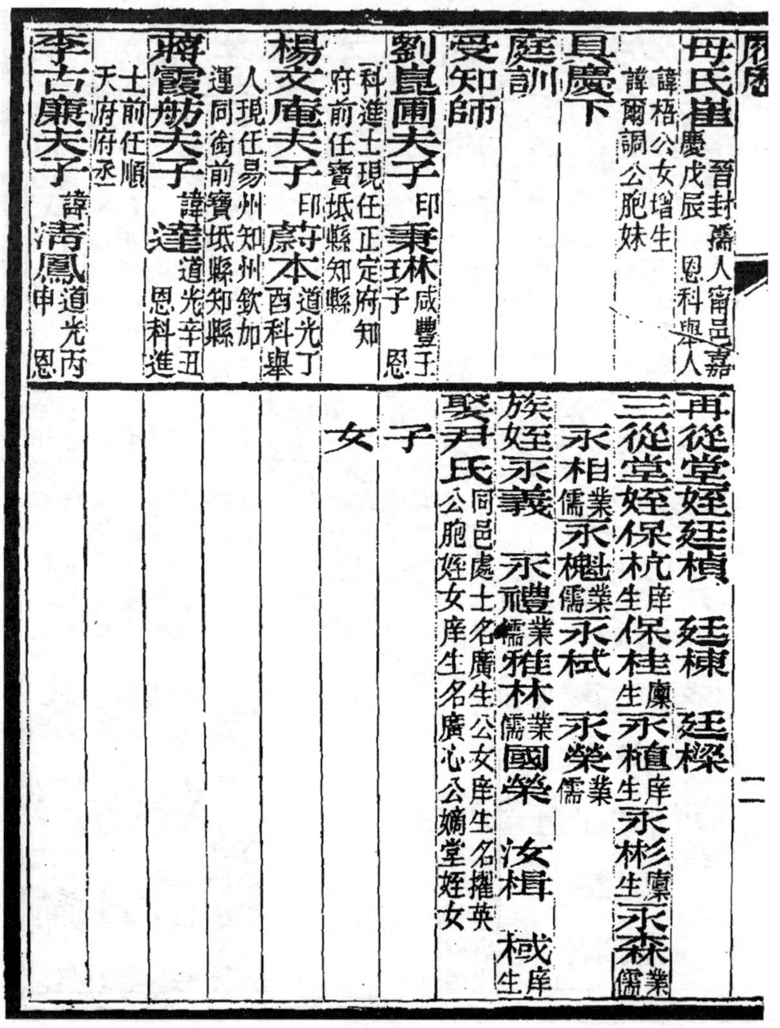

歷

母氏崔 晉封孺人甯邑嘉慶戊辰恩科舉人諱梧公女增生諱爾調公胞妹

貝慶下

庭訓

受知師

劉崑圃夫子 印秉琳 咸豐壬子恩科進士現任正定府知府前任寶坻縣知縣

楊文庵夫子 印守本 道光丁酉科舉人現任易州知州欽加運同銜前寶坻縣知縣

蔣霞舫夫子 諱達 道光辛丑恩科進士前任順天府府丞

李古廉夫子 諱清鳳 道光丙申恩

再從堂姪廷楨 廷棟 廷棨

三從堂姪保杭庠生 保桂廩生 永植庠生 永彬廩生 永森儒業

永相儒業 永樾儒業 永栻 永榮儒業

族姪永義 永禮儒業 雅林儒業 國榮 汝楫 棫庠生

娶尹氏 同邑處士名廣生公女庠生名擢英公胞姪女庠生名廣心公嫡堂姪女

子

女

二

科進士原任刑部右侍郎提督順天學政

楊稼生夫子諱式穀道光辛丑恩科翰林原任吏部左侍郎提督順天學政

汪嘯庵夫子諱元方道光癸巳科翰林都察院總憲提督順天學政

麗賓生夫子印鍾璐道光丁未科探花現任禮部左侍郎提督順天學政

賀雲甫夫子印壽慈辛丑科進士前任順天提督學政

課師

端如李老夫子印貫珠癸卯科舉人現任寶坻縣教諭

厥…
厚山張老夫子印鎮廩貢生現任寶坻縣訓導

課友
瀾波馮表兄名來慶甯邑庠生

鄉試中式第二十八名
覆試第 等第 名
會試中式第 名
殿試第 甲第 名
朝考第 等第 名
欽點

族繁不及備載
住城東盤龍莊

欽命四書詩題

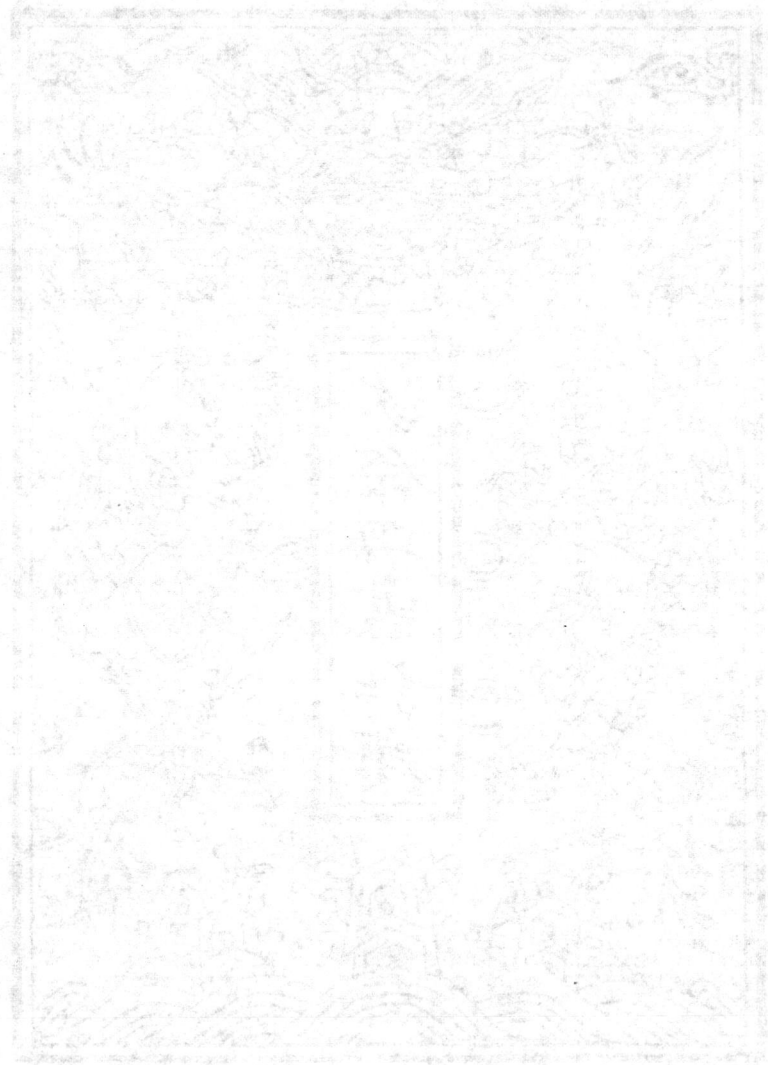

李慕

始祖仲銀明季自昌平遷居寶坻

始祖妣氏趙

太高祖應時

太高祖妣氏季

高祖守貴

高祖妣氏臧

曾祖養林字盛之太學生 誥贈光祿大夫工部尚書

字愛堂號青士行六道光辛卯年三月初五日吉時生順天府寶坻縣民籍俊秀監生咸豐癸丑考職第一戶部候補主事

太高叔祖應才

高伯叔祖守榮 守華 守富 守祿

曾伯叔祖養聰 養明 養梓 養積 養檜 養樌

養植 養桐

從堂伯叔祖文登 俶 科 俊 倬 倪 英

從堂伯叔祖憲堯 憲文 紹文太學生 佑清 如玉 新泰從九品 新履 如珪

胞伯光前廩貢生安州訓導 敕授承德郎 貤贈光祿大夫 光先乾隆戊申科舉人工

曾祖妣氏張 誥贈一品夫人

祖偉 字俊儒 貢生 誥贈光祿大夫工部尚書

祖妣氏張 誥贈一品夫人 同邑庠生諱震公女 庠生諱綱公胞姑

氏昌 誥贈一品夫人 同邑庠生 誥贈奉政大夫內閣侍讀加二級諱諡公女 從九品諱鳴玉公胞妹 太學生諱向善公胞姑

父光庭 字揖颺 號樸園 乾隆乙卯 恩科舉人 歷任內閣中書 典籍 侍讀 本衙門撰文 調閣校閱 玉牒館協修 湖北黃州府知府 咸豐乙卯科重宴鹿鳴 貤封 誥授朝議大夫

部都水司主事員外郎郎中江西贛州府知府署理吉安贛州兵備道 誥授朝議大夫 誥贈光祿大夫工部尚書

光里 乾隆己酉科拔貢 嘉慶戊辰 恩科舉人 己巳 恩科聯捷進士 獻縣教諭 江蘇蘇州府同知 刑部江西司員外郎郎中 江西吉安府知府 誥授朝議大夫

再從堂兄弟 琇 厚 芸 菀 芬 芳 荃 雲

蕙 芝 蘭從九品 燕 蓮貤封奉政大夫 茯 艾

嫡堂兄 蔭 嘉慶癸酉科拔貢 己卯科副榜 吏部七品小京官 文選司主事員外郎郎中 廣東潮州府知府 貤贈資政大夫

齊 嘉慶癸酉科舉人 甲戌科聯捷進士 禮部儀制司員外郎郎中 江西建昌府知府 候選道 貤封光祿大夫

棟 嘉慶丙子科舉人 大挑一等 山東博興范縣知縣

齒 嘉慶戊寅 恩科兄弟同榜舉人 道光壬午 恩科進士 翰林院編修 詹事府贊善 司經局洗馬 翰林院侍講 侍讀 侍講學士 侍讀學士 詹事府少詹事 光祿寺卿 通政使司通政使 都察院左副都御史 兵部左右侍郎 倉場侍郎 工部左侍郎 吏部左侍郎 道光壬辰科會試同考官 四川鄉

光祿大夫著有經史喩
言吉金志存鄉言解頤
廬受齋詩鈔咸
舊詩集行世
姚氏芮　誥封恭人貤
封一品夫人同邑
康熙戊子科舉人諱而
育公孫女乾隆庚辰科
副榜　貤贈文林郎內
閣中書諱熊占公女庠
生諱振翮公胞妹
從九品諱照胞姑　誥封
生母熊氏恭人
康氏姚母侯王
生蕊傳下
嚴訓
業師
至志

試副考官丁酉科順天鄉試同考官庚子科會試
同考官提督安徽學政咸豐辛酉科宗室鄉試覆
試閱卷大臣同治壬戌科貢士覆試　朝考閱卷
大臣庶吉士散館拔貢覆試閱卷大臣　實錄館
副總裁　經筵講官工部尚書毓嘉慶戊寅　恩
誥授光祿大夫　子諡文恪孫科兄弟同榜舉
人道光癸未科進士翰林院檢討山東道監察御
史工科給事中內閣侍讀學士奉天府府丞兼學
政通政使司副使候補四品京堂安徽徽州府庄
知府候補道　欽加鹽運使銜　贈太常寺卿
道光壬午科舉人戊戌科進士戶部山東司主事
員外郎郎中四川重慶府知府署理川東兵備道
欽加著嘉慶戊寅　恩科兄弟同榜舉人大挑
道銜　一等山東昌樂泗水縣知縣　欽加同
知護郡庠道光己亥科舉人山西寧鄉鳳臺縣
銜生　知縣　欽加同知銜　特賠知府
二道光甲午　太學生候選守從九
芷科舉人　詹事府主簿慶品
兄嘉慶丙子科副榜鑲紅旗教習期滿知縣道
胞弟道光乙酉科兄弟同榜舉人丙申　恩科進士
內閣中書宗人府主事　玉牒館纂修禮部鑄印
局員外郎兼儀制司行走吏部稽勳司郎中截取

二

王璞農夫子印琅同邑道光己亥副榜候選州判

崔雨亭夫子印世霖浙江西安縣人道光庚子舉人

王芸圃夫子諱理同邑歲貢生候選訓導

李珠軒夫子印廷楠直隸豐潤縣人道光庚戌進士戶部員外郎

陸契雲夫子印爽棠江蘇太倉州人咸豐辛亥舉人刑部郎中軍機處行走

受知師

知府

蕚道光乙酉科兄弟同榜舉人丙戌科聯捷進士內閣中書方略館分校兼理誥敕房委署侍讀

棻道光戊子科舉人刑部貴州司主事四川司員外郎江蘇司郎中上諭處行走總辦秋審處

藥業儒早故

敬咸豐戊午科優貢同治庚午科舉人鑲黃旗教習期滿候選知縣

薇太學生咸豐甲寅謄錄實錄館謄錄官議敘山東候補通判都察院經歷司經歷欽加五品銜

觀幼殤

若太學生同治丙寅謄錄國史館謄錄官議敘鹽大使

茵太學生同治甲子謄錄國史館謄錄官議敘鹽大使

芷

蕨俱業儒

族姪旋龍　培生　趨鳳　增科　德恒邑庠生　增耀

增盛　增基　增亮　增培　增祥　德垠太學生

德槿　德鑒　德立

嫡堂姪德增道光己亥科副榜癸卯科舉人丁未科進士工部屯田司主事山東候補知府軍功賞戴花翎道員用欽加鹽運使銜

德貫道光己酉科拔貢四川開縣知縣眉州直

徐梅橋夫子諱學醕漢軍人嘉慶庚辰科進士禮部尚書

花松岑夫子諱沙納滿洲人道光丙戌科進士工部尚書

李夢韶夫子諱鈞直隸獻縣人道光己丑科進士河道總督

隸州知州潼川府知府軍功賞戴花翎以道員升用 德坊 道光己酉科舉人河南濬縣知縣候補直隸州知州軍功賞戴花翎 德均 郡廩生河南尉氏縣知縣候補知府軍功賞戴花翎道員升用欽加鹽運使銜 德基 太學生山東蓬萊縣知縣 德塤 邑庠生議敘四品銜 德垣 同治壬戌恩科舉人兵部職方司主事欽加員外郎銜 德墀 候選知縣

五品銜軍功賞戴藍翎 德坦 太學生四川候補知縣欽加同知銜 德埏 郡庠生河南候補知州補缺後以知府用先換頂戴 德堂 廩生中書科中書山西潞安府同知 德培 邑庠生江蘇候補知縣欽加同知銜 德庸 郡廩生 德圭 邑庠生 德垌 廩貢生刑部貴州司主事 德城 歲貢生內閣中書欽加侍讀銜 德鍾 候選鹽經歷欽加鹽提舉銜 德墉 郡庠生河南閿鄉縣典史 德壽 德型 東河候補通判欽加鹽提舉銜 德圻 廩貢生山西候補主簿 德塋 德埻 廩生候選知縣 德斌

德埶 候選知州 德堅 德鄉 德鎣

三

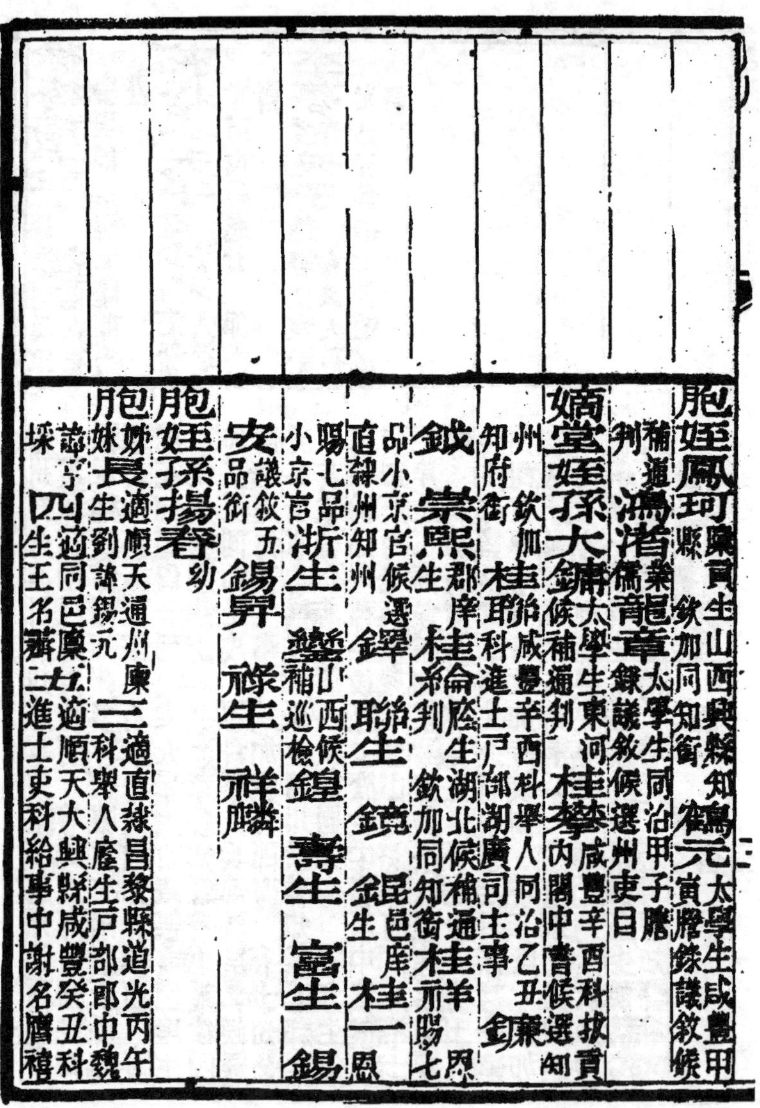

胞姪鳳珂廩貢生山西興縣知縣欽加同知銜　鶴元太學生咸豐甲寅謄錄議敘候補通判　鴻渚業儒　龍章太學生同治甲子謄錄議敘候選州吏目

嫡堂姪孫大鏞太學生東河候補通判　桂攀咸豐辛酉科拔貢內閣中書候選知州欽加知府銜　桂聯咸豐辛酉科舉人同治乙丑科進士戶部湖廣司主事　鎌　鉞　崇熙郡庠生　桂綸廕生湖北候補通判欽加同知銜　桂祥恩賜七品小京官候選直隸州知州　鐸　聯生　鏡　錕邑庠生　桂一恩賜七品小京官　浙生　鑾山西候補巡檢　鍠　壽生　富生　錫安議敘五品銜　錫昇　祿生　祥麟

胞姪孫揚春幼

胞姊妹長適順天通州廩生劉諱錫元　三適直隸昌黎縣道光丙午科舉人廩生戶部郎中魏諱寧琛　四適同邑廩生王名濟三　五適順天大興縣咸豐癸丑科進士吏科給事中謝名膺禧

六適直隸易州二品封典趙名汝雨
八適安徽涇縣廕錄議敘通判吳名崇保
九
十俱待字

娶康氏山西興縣嘉慶己未進士兵部主事軍機處行走通政使司參議安徽布政使司布政使安徽巡撫兼提督廣東廣西湖南巡撫署兩廣總督禮部右侍郎諱紹鏞公孫女二品廕生刑部郎中總辦秋審處京察一等記名道府陝西同州府知府諱兆奎公女丁酉拔貢戶部七品小京官戶部郎中軍機處行走戶部坐糧廳京察一等記名道陝西延榆綏道欽加鹽運使銜諱錫紟胞妹江蘇候補府經歷諱與齡河南候補府經歷名恩齡邑庠生名汝齡胞姊同治庚午舉人名泰莊業儒名泰蘇泰葡甲子副榜東河候補同知賞戴花翎名泰藕胞姑

子鵬圖太學生同治甲子廕錄肄業儒

女一適安徽桐城山西候補道現任保德直隸州知州加二級姚名廕布公長子禮部司務名
二幼

履

孫景春 劝

癸丑考職第一名

鄉試中式第二百一名

會試中式第　名

殿試第　甲第　名

朝考第　等第　名

欽點

族繁不及備載

世居曹縣城東林亭鎮

中式第二百一名舉人李慕 順天府寶坻縣民籍監生戶部候補主事

同考試官日講起居注官翰林院侍讀南書房行走加五級徐 薦

批

大主考經筵講官頭品頂戴戶部左侍郎兼管三庫事務 南書房行走稽察左翼覺羅學加三級潘 取

又批 意新詞暢

大主考經筵講官吏部右侍郎上書房行走加三級童 取

又批 格老氣蒼

大主考經筵講官都察院左都御史稽察京通十七倉大臣加三級胡 取

又批 局緊機圓

大主考經筵日講起居注官協辦大學士刑部尚書翰林院掌院學士正白旗漢軍都統加三級全 中

又批 理明辭達

本房原薦批
力掃陳言獨標精義筆
意英鋭壁壘一新次詞
條豐蔚三氣象光昌詩
諸
粲奎堂原批
眼界一新姑備一格二
三勝

精理名言亦清眞亦刻露

講下如此引題試卷中百不獲

回也其心三月不違仁　李慕

大賢之不違仁、時既久功愈密矣、夫仁存於心、心有不存、仁即違矣、顏子則三月不違焉、其功亦何密乎、嘗思仁人心也、即理也、天理流行之不息、皆人心存養以相安、自私欲一萌、而理之不息者有時或息、心之相安者有時不安、惟精其心以勤被濯、程功久而象取夫恒密、其心以勵姱修、見道深而來占乎復、純粹者其德循環者、其時固天理流行之妙也、亦人心存養之深也、吾嘗以能用力於仁者望天下、又以能深體夫仁者望吾門、遂不禁有念於回也、今夫爲仁者有自強無自息也、有自進無自退也、宜密而不宜

義堅詞卓不徒以經語詁題見長

映帶三月語非泛設

局緊機圓氣充詞沛

疏也宜勤而不宜惰也仁之為器重强則能勝乃不為乾之健而為坤之柔柔則息矣而何能强仁之為道遠進則能致乃不為井之遷而為艮之止止則退矣而何能進晝夜梏亡之幾密則易者不嚴其漸則防檢多疏疏而不求其密仁斯僞矣若是者密為難平旦清明之氣勤乃能存不勵其操則心思益惰惰而不務於勤仁斯間矣若是者勤為難息也退也疏也惰也以言乎仁吾知其必違矣惟回也竊其心無一毫之私累具全體之沈潛其質則强也其學則進也其功則密也其力則勤也其於仁也葢三月不違焉想其服膺勿失早徵執守之堅凝故體諸心者專務研求則時

結講嚴密研鍊精純

老氣橫秋仍本前四句生意理明辨遂

此比用意更屬精深

序之遷流積而愈久抑其與言如愚皆能發明其旨趣蓋蘊於心者悉臻純粹則光陰之荏苒引而彌長是則其心之不違仁有相因之勢焉不自知其強而惟恐欲有未淨而何有於息不自知其進而惟恐理有未純而何有於退不自知其密而惟思自葆其眞而何有於疏不自知其勤而惟思自復其天而何有於惰且其心之不違仁有遞及之功焉用乎強也亦有時或息以滌其欲則旣息而强益堅鋭於進也亦有時或退以循其理則少退而進更速務於密也亦有時或疏以驗其眞則恐疏而密益力精於勤也亦有時或惰以養其天則似惰而勤倍增吾故曰爲仁者有自强無

申明用意
神龍掉尾

自息也有自進無自退也宜密而不宜疏也宜勤而不宜惰也回也其庶幾乎豈日月至焉者所可同日語也

本房加批

以雋快之筆達沉摯之思風發泉湧興會淋漓想見三條燭盡得意疾書時也

不落時人窠臼如見先輩法程

出落自然層次井井

凡為天下國家有九經所以行之者一也　李慕

為行九經者揭其要為之以一而已夫天下國家為之之道不同恐九經之事繁而不可遍及矣行之以一九經豈有虛文哉今夫行一事而不盡其行之之心則遠之在六合者人心既無以相喻即近之在庭幃者人心亦不能相通而況求治於六合之外求治於庭幃之中其術至常其緒至多常則無奇之可以必感多則無暇之可以必周而日持此不感不周之術以求遠近之無不應勢必不能常者經也多者經之有九也不感不周則行此九經於天下天下不治行此九經於國家國家不治更操何術以盡為之道

剔題入細

如此說來方能出盡題蘊

哉且夫以其事言之則九也以其心言之則一也而或且疑焉謂一之數可以統九之數而身之事不必卽賢之事親之事不必卽敬之事推之至於招來柔惠體用不同以至簡應至賾恐爲之者以九合一而鑿枘不相附行之者以一應九而舛錯或誤投也此一不能徹九之說也謂一之數可以概九之數而修之責甫加尊之事又至親之理未盡敬之任適投推之至於勸勉懷安沓來紛至以至約理至煩恐爲之者方用一更需一以待用行之者未用一適有九以相偪也此九必各具一之說也然而此其事也非其心也爲天下國家者不必問所以行要當先求所以一而已歟

議論宏深有　國初諸老風力

筆歌墨舞酣暢淋漓

十年存理去私上以貞一者合天地之心下以抱一者袪詐虞之誘則方寸之地金石同貞數十年守眞去僞以主一無適者砭性情之虛憍以至一不變者葆內念之精純則學問之後篤實不渝是故以一修身而不修不已也以一尊賢而不尊不已也以一親親而不親不已也以一求敬體以至懷柔子愛之理而少有未盡猶未已也周之盛也化始關雎漸至於父母之歌望澤者取喻於魴魚漸至於江漢之游畏禮者興懷於喬木其所以爲天下者非一何以昭感格之神其所以爲國家者非一何以得會歸之速也是在行之者知自勵與是故一足以修身而尊賢仍此一也一足

樹義必精
遣詞無懈

以親親而敬大臣仍此一也一足以體羣臣而子庶民仍此一也一足以勸足以柔而分其量於懷來亦仍此一也周之王也葛覃誌美浸假而仁恩之藏遠及於甘棠浸假而式廓之增眷隆於西顧其所以爲天下者非一何以得臨下之休其所以爲國家者非一何以見桃夭之慶也是在行之者之克紹與何也誠者天之道也。

本房加批

融會本旨苦心孤詣而成庸手當莫能望其肩背

肅括宏深
方家舉止

○○○○○孟子曰人有恒言皆曰天下國家天下之本在國國之本在家家之本在身

李　慕

釋恒言而遞詳其本其要不外乎身焉夫必由身以推而後及于天下國家繹天下國家之言而揭其本家之本不誠在身乎且聖人能以天下爲一家以中國爲一人者非大其觀於宇內也而實操其要於當躬以其躬立儀型之則脩齊之責不能寬以其躬端宰執之原平治之序不可紊故即尋常論說之舉似皆關乎至理惜習焉不察者未知因端以究握要以圖也孟子曰人有恒言吾嘗聞之矣所言惟何則皆曰天下國家夫閭里習傳之語何足深

不脫題首詳入所略

二比全題在握包孕無窮

食古而化餘味曲包

思即衆口共辭孰則近而探其義而草野同道之言亦關至理將一倡百和亦當述而溯其由然則天下國家豈可不推其本哉人必明乎萬理之原合而觀其所從出以定其至約之歸斯遠近親疏皆得同條而共貫亦必審乎一事之總分而溯其所由推以循其不淆之序斯紀綱教化皆可原始以要終蓋事之不可無本也久矣嘗即天下國家思之謂積國而成天下初無畛域之分而不知國之治族於天下和會者四方之象而邦畿千里實先天下以觀光來享來王思服早深于邦甸蓋天下之本在國也謂合家而成一國可觀氣類之通而不知家之教達於國康樂者四境之休

有書有筆

議論名實吐屬風流令人一讀一擊節

而世子三朝必先國人以起化興仁興讓推恩莫要於宮廷蓋國之本在家也今夫家者言乎邇則國之所由治言乎遠則天下所由平得其本則治天下而有餘失其本則治一國而不足正家者無不正行恒言物利於貞宜家者罔不宜格至誠正由于學此以見家之所繫者重而本尤不可不立也是故君子近取諸身焉竊嘗觀中天之聖人而知其身之所範圍者周也精一傳則身執其中允恭著則身存其敬而家人則倣九族遂成親睦之風迨至平章百姓國中開風動之先協和萬邦天下仰昭明之象七十載放勳光被久已帝力之俱忘而身度且昭於峻德則其本之不搖者何

堂皇典麗
華貴雍容

如哉又嘗觀昭代之聖人而知身之曲成者大也歌棫樸則身垂其範樂鐘鼓則身著其儀而家道咸和二南承誌睢麟之誼迨至芣苢興懷國中被葛覃之化條枚致詠天下聞江漢之風五十年有夏休和久已民情之俱洽而敬身無間於肅雝則其身之能固者何如哉人有恒言蓋有所爲也則本之在國在家吾願即恒言詳之本之在身吾願進恒言推之也

本房加批

結構嚴密氣象雍容可稱合作

清新俊逸
庾鮑兼長

賦得湖色宵涵萬象虛 得涵字五言八韻　　李慕

領略良宵景平湖色費參幾番經眺望萬象盡包涵波面拖新碧天心洗蔚藍樓臺星斗逼島嶼水雲含璧月當門淨堤花有露酣清光呈朗鏡夜氣靜深潭幻影澄芳野寒煙繞翠嵐

瑤池春漲滿

恩澤慶同覃

本房加批

細膩風光

張瑞芳

字芷亭號香圃咸豐丙辰八月初十日吉
時生順天府東路廳寶坻縣廩膳生民籍

始祖茂
妣氏史
二世祖平時
妣氏李
三世祖廷進
妣氏周
太高祖士全
高祖

胞伯太高祖士德　士心　士壽　士聽
胞伯高祖兆麟 兆祚
胞伯曾祖璯
胞伯叔祖守鐸　守錄九品　恩榮
嫡堂伯祖守鉁
胞伯叔江　進九品
嫡堂伯叔源　涇　澎

妣氏王

高祖兆麒

妣氏紀

曾祖琨文林郎　例贈

妣氏劉　例贈趙孺人

祖守豪字去遠　恩榮九鏞品　例贈文林郎

祖母氏白　例贈孺人

父涵字子容候選從九品　例封文林郎

母氏王例封孺人同邑誥贈朝議大夫恩溥公孫女候選從九品　誥封朝議大夫煒

從堂伯漢邑庠生　濰　湖　泮

胞弟瑞芬邑庠生　瑞璸業儒　瑞衡幼讀

嫡堂弟瑞芝　瑞霙俱業儒

從堂兄弟嘉言　嘉士　嘉祈　瑞芸

再從堂兄嘉樘　嘉樫　嘉樹　嘉林

胞姪緒曾

從堂姪齡

再從堂姪焯　炳　煜　炘　熉　烜

妻劉氏同邑處士印登仕公女

子培曾

公女咸豐辛亥恩科
舉人景山官學漢教習
廣東候補知縣其姪公
咸豐辛亥 恩科舉人
己未科進士山東即用
知縣歷任泗水蘭山縣
知縣臨清直隸州知州
儘先補用知府賞戴
花翎本科充山東內監
試官其姪公胞妹浙江
陞用知縣即補縣丞其
志公附貢生 國史館
謄錄候選鹽大使其恕
公胞姊監生昌績公附
生昌緒公業儒昌
緒昌敍公胞姑母

女

業師

族伯作霖夫子 諱澍 處士

鄭葦甫夫子 印鳳藻 邑庠生

母舅王心如夫子 印其恕 附貢生 國史館謄錄候選鹽大使

李竹村夫子 諱清和 邑庠生

姚望峰夫子 諱秀東 邑庠生

馬蘭卿夫子 印鴻儀 邑庠生

課師

姻伯吴七賢夫子 印竹林

增廣生

張覲山夫子 印緒楷 河南商城縣人庚申科進士前任順天奉天府府丞

胡捷甫夫子 印勝 同邑同治甲戌科進士欽點翰林院庶吉士國史館協修

受知師

吳祉山夫子 印履福 安徽涇縣人丙午科舉人前任[illegible][illegible]縣知縣

夏子松夫子 印同善 浙江仁和縣人丙辰科進士兵部左侍郎前任順天學政

三

庚戌

錢湘謚文字號寶廉浙江錢塘縣人庚戌科進士刑部左侍郎現任順天學政

鄉試中式第一覓耆名

會試中式第　名

殿試　甲第　名

朝考　等第　名

欽點

族繁祇識本支

世居寶坻縣廣林木莊

三

欽命四書詩題

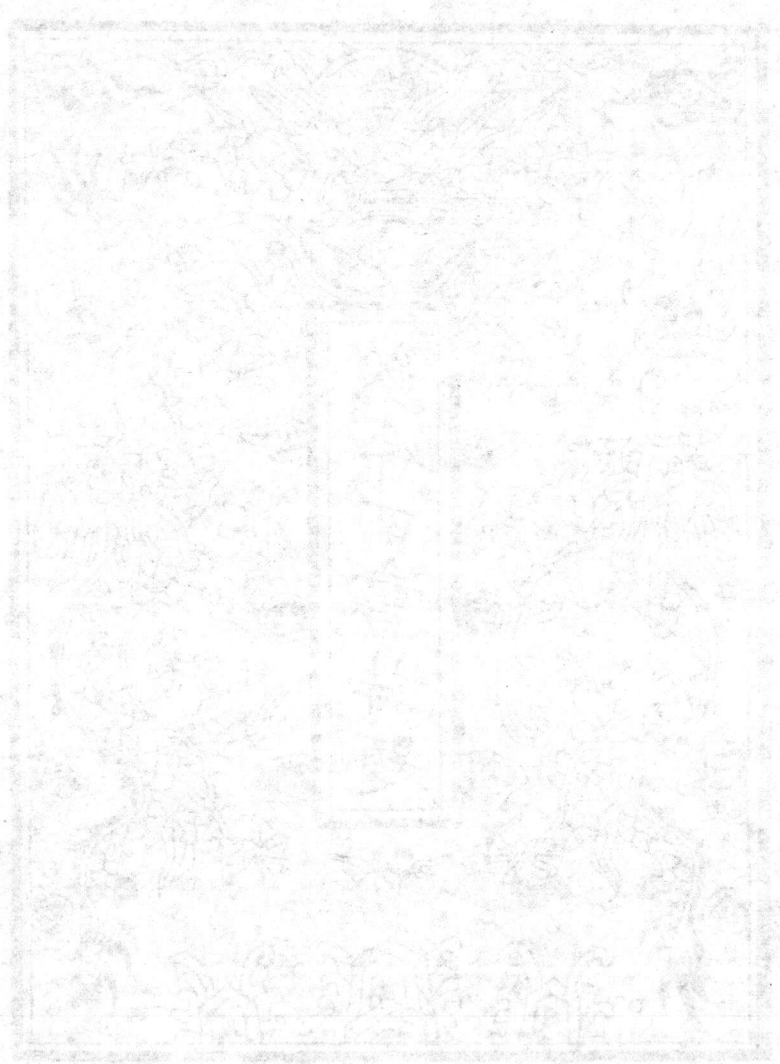

王芝田

原名蘭佑，字洞秋，號仲香，又號小洲，行二。咸豐壬子年十月初七日吉時生。係順天府東路廳寶坻縣府學附生，民籍。

始遷祖琳 明附學生，敕封承德郎，浙江嘉興府通判。先世小興州人，永樂二年以軍功占籍寶坻。

二世祖翺 明成化丙午舉人，歷任江南宿遷縣知縣，河南河南府通判，浙江嘉興府通判，敕授承德郎。

三世祖聘 明義民官。

四世祖柔 明邑庠生。

八世祖乃賁 歲貢生，候選訓導，例授修職佐郎。

九世胞叔祖柔 歲貢生，教習期滿候選知縣，例授文林郎，誥封奉政大夫，江南常州府同知，誥贈資政大夫，候選道，加四級。

九世嫡堂伯叔祖倌 歲貢生，候選訓導，例授修職佐郎。嘗 附貢生。

十世胞伯叔祖吉士 廩貢生，候補行人司司副。多士 國學生，候選縣丞，例授修職郎。大士 歲貢生，候選訓導，例授修職佐郎，誥封中憲大夫，廣東雷州府知府，加三級。吉人 國學生，候選州同，例授儒林郎。

十世嫡堂叔祖枚士 廩貢生，歷任鉅鹿縣教諭，江南清浦縣知縣，蘇州府通判，常州

五世祖明汲明敕封文林郎山東青州府推官晉封中順大夫直隸鳳陽府知府

六世祖好善明萬歷辛卯科舉人辛丑科進士歷任河南開封府推官山東青州府推官戶部雲南司主事工部營繕司員外郎虞衡司郎中欽命督理清江漕務直隸鳳陽府知府誥授中順大夫崇祀河南名宦山東名宦本縣鄉賢祠有寶祥閣制藝行世

七世祖兆辰明天啟辛酉科舉人揀選知縣例授文林郎

八世祖乃餘順治甲午科舉人考授知

府清軍海防同知署常州府知府內升員外郎誥授奉政大夫誥封資政大夫候選道加四級

十世從堂叔祖一士附貢生候選州同例授儒林郎儀文附貢生紹

文國學生

胞高伯叔祖嵩年國學生候選鹽課司提舉借補廣東南雄府通判誥授奉直大夫彭年國學生候選同知誥授奉政大夫柏年國學生敕封文林郎河南南陽縣知縣誥封朝議大夫雲南臨安府知府誥贈通奉大夫河南開封府知府加四級卜年附貢生監

南安甯州知州誥授奉直大夫有年國學生候選光祿寺典簿例授徵仕郎

嫡堂高伯叔祖讓邑廩膳生康熙戊寅科拔貢生考取教習期滿候選知縣例授文林郎訥廩膳生談國學生詵邑庠生論附貢生候選布政司理問例授儒林郎謙

國學生[言典]百齡附貢生候選行人司司正例贈文林郎錫齡附貢生歷任通政司經歷刑部奉天司員外郎山西司郎中廣東雷州府知府加三級誥授中憲大夫乾隆乙巳

縣　例授文林郎　誥
封中憲大夫刑部雲南
清吏司員外
郎加三級
九世祖寓 邑增廣生考授州同　例授儒
林郎　誥封中憲大夫
刑部雲南清吏司員外
郎加
三級
十世祖元士 附貢生考授教習由議敘
知縣歷任安徽太平府
同知內升刑部雲南司
吏司員外郎　誥授奉
政大夫　誥封朝議大
夫雲南臨
安府知府
高祖堯年 國學生候選布政司理問　敕
授儒
林郎

恩預
千叟宴
從堂高伯叔祖詢 附貢生奉天府經歷署廣甯縣知縣晉秩同知候選道加四級　誥授資
政大夫　晉授提　贊 附貢生湖北荊州府清軍水
刑按察使司副使　讚 利同知監督寶武錢局　誥
授奉政大夫　晉贈　燕 國學生貴州正安州知州
中憲大夫候選道　訥 歷署都江通判平越州黃
平州知州　誥
授奉直大夫
再從堂高伯叔祖詒 國學生　貤贈修職郎河南南陽縣縣丞　誒　諫 國學生
訓　記　誥 邑庠生
施曾伯叔祖旭昭　旭曜 國學生　旭智　旭著　旭映
旭旺 府庠廪生
嫡堂曾伯叔祖旭照 附貢生廣西臨桂縣縣丞歷署陽朔興業縣知縣　敕授修職郎
旭皓 附貢生由四庫館議敘任甘肅臯蘭縣縣丞署合水縣知縣　敕授修職郎　貤贈文林

高祖妣氏芮 同邑乙丑進士浙江分巡溫處道諱復傳公女 敕封安人

氏張 大興任大名府漳河同知諱景衡公女 敕封安人

曾祖旭曠 字遠瞻號定遠例贈文林郎

曾祖妣氏趙 盧龍己丑進士安徽滁州直隸州知州諱桐公女國學生諱萬年公諱太年公胞姊甲戌進士雲南布政使司布政使署雲南巡撫諱光祖公廕膳生諱繼祖公胞姑例贈孺人 欽旌節孝入祠

祖瑋 字錦萱號雨橋優廩膳生道光乙酉科舉

郎山西五臺縣知縣 旭暢 府庠生乾隆辛卯科舉人由四庫館議敘知縣分發雲南歷署麗江縣知縣陞涼州知州中海同知乾隆癸卯科雲南鄉試同考官 敕授文林郎 誥封奉政大夫翰林院編修加四級 旭晟 敕贈文林郎山西五臺縣知縣 旭東 歲貢生候選教諭 旭春 府增廣生由四庫館議敘選授湖北遠安縣典史 敕授修職佐郎 旭時 旭昰 旭源 國學生 旭亘 旭藻 國學生候選府經歷投效河工借補河南陳橋驛分防縣丞升南陽縣知縣歷署浙江盧氏襄城孟津商城澠池濟源杞縣知縣 敕授文林郎 誥贈朝議大夫河南懷慶府知府 旭昇 附貢生乾隆丁酉科謄錄由四庫館議敘布政使司經歷借補山東堂邑縣縣丞署臨邑縣知縣升章邱縣調歷城縣知縣升濟甯直隸州知州欽加知府銜 誥授朝議大夫 晉封通奉大夫河南開封府知府加四級 旭載 國學生乾隆丁酉科副貢生由四庫館議敘州判分發山東補高唐州州判歷署汶上堂邑甯陽朝城恩縣華縣知縣補嶧縣知縣升曹州府桃源集同知署青州府東昌府萊州府知府升雲南臨安府知府歷

二

人揀選知縣
例授文林郎

祖妣氏韓 同邑諱德齡公女 例封孺人

父迎壽 字祝堂號若洲邑庠生道光甲辰
恩科舉人大挑二等以
教職選用歷署廣平府
府學訓導南和縣教諭
現任吉林長春廳訓導
兼署吉林廳學正
伯都訥廳訓導

母氏盛 同邑國學生諱於鑑公三女 例封
孺人

庶母氏陳

嚴侍下

庭訓

署普洱府大理府知府迤南
兵備道 誥授朝議大夫 旭盼 旭昶 旭融
國學生 旭昕 旭塏 承祜 府庠生 承祐 國學生山東濟甯州天井閘閘官 承祉 承禮

從堂曾伯叔祖 世登 應召 欽銘 秉鈞 欽堯
欽曾 成德 超倫 藎倫 敦倫 明倫 鈺
錡 鏞 鑫 旭曉 國學生山東至聖廟齋奏官 例授承德郎 旭晉 邑廩膳生乾隆壬午科舉人候選知縣 例授文林郎 旭健 國學生 旭晏 邑廩膳生 旭海 旭初 附貢生 例授修職佐郎 晉封奉直大夫刑部江蘇司主事 誥贈振威將軍四川川北鎮總兵 欽加提督銜 旭啟 國學生 旭丙 旭正
旭朗 邑廩膳生乾隆丁酉科拔貢由四庫館議敘選授唐縣教諭丙午科舉人候選知縣 敕授修職郎 旭耀 邑廩貢生清苑縣訓導歷署望都天津訓導廣宗教諭 敕授修職佐郎

胞兄訓

受業師

三從堂叔尊生夫子 印樹懷

族伯仁山夫子 印靜壽 邑庠生道光己酉科副榜候選直隸州州判

樊朗青夫子 印城齋 樂亭縣人同治癸酉科舉人主講吉林長春廳養正書院

王蔭南夫子 印樹棠 邑廩貢生

受知師 壬午科鄉試房薦本科鄉試同房薦卷

再從堂曾伯叔祖振聲 兵部司務廳司務敕授修職郎誥贈資政大夫內閣學士兼禮部侍郎銜 振翮 附貢生雲南霑益州吏目敕授登仕郎 振翽 國學生 振孫 邑廩貢生候選訓導例授修職佐郎貤封朝議大夫福建邵武府同知加一級例封中憲大夫候選道 振榮 邑廩膳生乾隆丁酉科舉人揀選知縣例授文林郎敕授修職郎四川康家渡鹽大使誥贈奉政大夫山東濟甯直隸州知州例晉中憲大夫候選道 振若 國學生例贈登仕佐郎 振青 國學生敕封修職郎山東魚臺縣縣丞 振緒 府庠生乾隆癸卯科舉人蔚州學正候選知縣敕授修職郎

三從堂曾伯叔祖繼曾 貤贈修職郎樂亭縣教諭 繼先 國學生 繼傳 繼序 繼成 府庠生乾隆甲寅恩科舉人樂亭縣教諭例授修職郎 繼

賢 若磐 若夔 邑庠生 若濬 若豪 若淩

嫡堂伯叔祖瑢 瑴 邑庠生 環 瑍 瑜

張朗山夫子諱緒楷河南商城
縣人庚申進士前
任順天府府丞
夏子松夫子諱同善浙江仁和
縣人丙辰進士
前任順天學政

從堂伯叔祖秉彝國學生廣東新興縣典史例授登仕佐郎瑩國學生瑄邑廩
膳生例贈修職佐郎誥封
奉政大夫翰林院編修加四級理邑廩貢生國子監肄業期滿候
選訓導例玠邑優廩琮邑增廣生乾隆戊申
授修職佐郎膳生恩科舉人山西五台縣
知縣歷署長治稷山繁峙孝義縣知縣朔州知州
例授文林郎誥封奉直大夫山東齊東縣知
縣欽加同知震貤封修職佐郎山東
銜重宴鹿鳴瑾安東衛巡檢加三級瑚
邑庠生貤封修職郎
福建蓮河場鹽課大使漢章王恒琦俊乂
國學生浙江候補批驗所大使歷署康乂國學生
龍頭袁浦場大使敕授修職郎河南候
補縣丞投効河工借補銅山縣主簿歷任盱眙縣
縣丞保升邳州知州改發東河上下河同知祥河
同知懷慶府知府調開封府知府署彰衛懷
兵備道誥授朝議大夫晉封通奉大夫作乂
國學生河南候補縣用乂國學生東河試用縣丞
丞例封文林郎借補山東甯陽縣主簿
升滕縣知縣彥乂國學生福建蓮河場鹽課大使
敕授文林郎保升知縣署漳浦縣知縣例

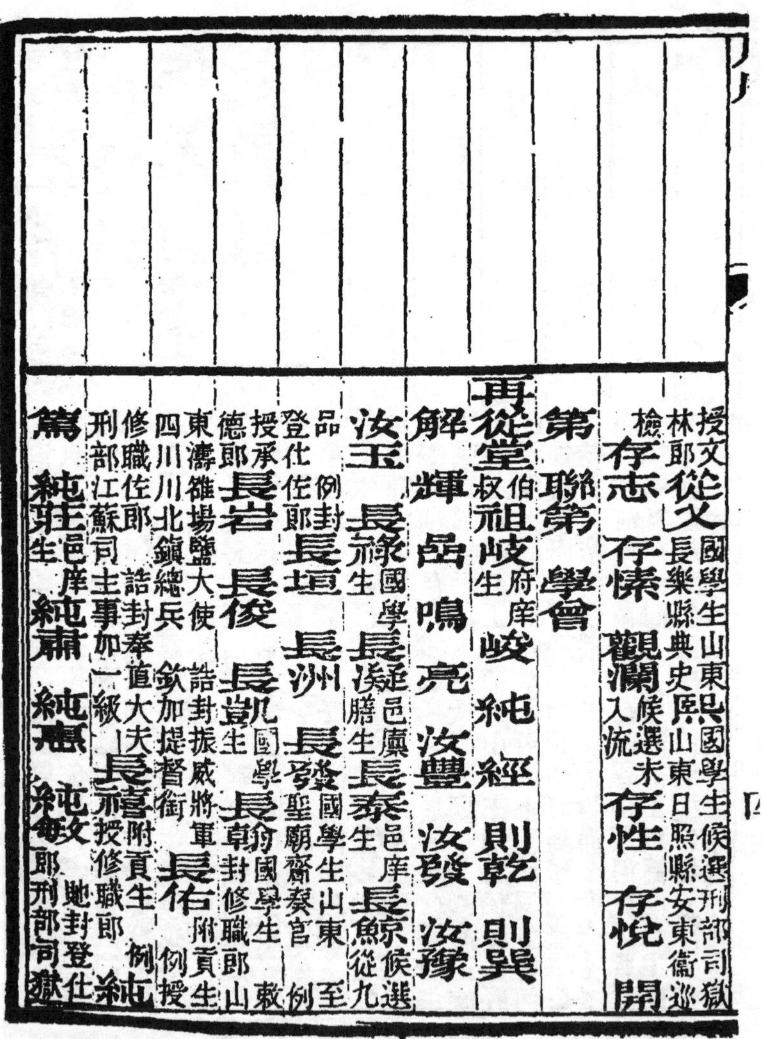

授文林郎從父國學生山東長樂縣典史熙國學生候選刑部司獄山東日照縣安東衛巡
檢存志存愫觀瀾候選未入流存性存悅開
第聯第學會
再從堂伯叔祖岐府庠生峻純經則乾則巽
解輝邑鳴亮汝豐汝發汝豫
汝玉長祿國學生長凝邑廩膳生長泰邑庠生長鯨候選從九
品例封登仕佐郎長垣長洲長發國學生山東至聖廟齋奏官例
授承德郎長岩長俊長凱國學生長翰國學生敕封修職郎山
東濤雒場鹽大使四川川北鎮總兵誥封振威將軍欽加提督銜長佑附貢生例授
修職佐郎誥封奉直大夫刑部江蘇司主事加一級長禧附貢生例授修職郎純
篤純莊邑庠生純肅純惠純敏貤封登仕郎刑部司獄

純睦武庠生　純敬　純益　純典　純雅　純方

純勉　仲琪國學生候選未入流　仲璄府庠生

三從堂伯叔祖鍾秀國學生山東膠州靈山司巡檢敕封修職佐郎　銓秀邑庠生乾隆乙卯恩科舉人冀州東强縣教諭敕授修職郎誥贈資政大夫內閣學士兼禮部侍郎銜　聚秀府增廣生　挺秀府庠生　韞秀　掄秀國學生廣西西林縣典史

毓秀　松秀　枝秀邑庠生　蔚秀　舒秀歲貢生候選訓導例授修職佐郎　擢秀邑庠生　甡例封徵仕郎候選直隸州州判　殊遲邑庠生乾隆甲寅恩科舉人歷任浙江蘆瀝場鹽課大使山東齊東冠縣歷城縣知縣濟甯直隸州知州東昌府同知署曹州府青州府東昌府知府濟東泰武臨道長蘆鹽運使司鹽運使候選道例授中憲大夫　殊澤府庠生乾隆乙卯科舉人歷任四川康家瘦鹽課大使河南登封羅山縣知縣嘉慶癸酉己卯兩科河南鄉試同考官敕授文林郎　殊洽國學生候選從九品例授登

仕郎殊脩國學生敕封登仕郎　殊頫國學生兩淮試用鹽課大使例授修職佐郎

殊純國學生福建試用未入流　殊浮　殊濯國學生河南汝州吏目東河通濟南陽閘閘官江南沛縣主簿山東滕縣武城魚臺縣縣丞敕授修職郎　殊泰　殊浩

國學生候選從九品例授登仕佐郎

族伯叔祖濆　滋　濤　進府庠生　澄　奎　潔　沖府庠生　澈府庠生　沄

從堂伯叔咸亨　復亨　丞亨　瑣

再從堂伯叔壯猷邑庠生　令猷未入流　賓猷廩貢生國子監肄業期滿候選訓導例授修職佐郎誥封奉直大夫翰林院編修加四級　輔猷例贈文林郎　迪猷例贈文林郎　憲猷邑庠生嘉慶戊寅恩科副榜考取教習期滿選授江南金山縣知縣改選山東歷任陽信博山齊東縣知縣欽加知州銜署濟南府同知欽加同知銜誥授奉直大夫

三

夫繁猷國學生 繁猷 光鎧 光鑑武庠生 永齊 寶

山 漸逵 金臺邑廩膳生道光甲辰恩科舉人揀選知縣例授文林郎

金城國學生候選未入流 金聲 建衡國學生候選鹽場大使改山東河工候補通判署東昌府下河通判祥河同知上河廳通判補兗州府泉河廳通判賞戴藍翎特用直隸州知州欽加知府銜 大章國學生東河候補巡檢 大濟府庠生道光辛卯舉人揀選知縣例授文林郎 銑雲南候補府經歷 鎮河南河標蘭儀汛守備

三從堂伯叔 錦章 泰興 裕昆 煥彩 啟元 步

昆 坦 增 堂 作梅 作楷 麟角國學生 繁

觴 繁鏞 繁猷邑庠生 繁福 繁寶 繁和 羲

和邑增廣生 繁瑾邑庠生 書昌 壽椿 壽彭 繁靜

繁奎 寶雲 慶雲府庠生 喬雲 書雲 湘邑庠生

思濟國學江生附貢生山東濤雒場鹽大使敕授修職郎誥贈振威將軍四川川北鎮總兵加提督銜欽

思慎府增廣生馳封振威將軍四川川北鎮總兵欽加提督銜

思義邑庠生嘉慶戊辰恩科舉人丁丑會魁己卯恩科進士內閣中書方略館國史館校對刑部江蘇司主事加一級誥授奉直大夫

思睿歲貢生候選訓導

思忠邑增廣生

思孝邑庠生　思誠國學生　樹棠邑庠生　樹德　樹梓　樹勳邑庠生　樹杞　樹棟　樹懷

族伯叔

巨梅　巨業邑廩膳生　巨柏　巨橋　巨順　巨和

巨山　如洋府庠生　如澍府廩膳生誥贈資政大夫內閣學士兼禮部侍郎銜

如瀚邑庠生　夏　頓　題　九江　大波　昉

靜壽邑庠生道光己酉科副榜候選直隸州州判

鐵壽邑廩膳生道光辛巳恩科副榜雲南候補直隸州州判敕授徵仕郎

鉅壽國學生候選府經歷

鉢壽國學生陝

西草涼驛驛丞宜君縣巡檢軍功賞戴花鑒壽
翎欽加同知銜陝西候補布政司經歷
國學生四川守樸國學椿壽邑增廣生候選州吏
丹稜縣典史生目例授登仕郎
楷壽附貢生候選刑部司獄咸豐年間督辦團練
捐輸事宜歷任山西殺虎口巡檢大莊科巡
檢吉林長春廳巡格壽國學生候選未入流桂壽
檢例授登仕郎例授登仕佐郎
維閏維楨邑廩生維植邑庠生例贈奉政大
膳生夫棗強縣教諭候選知
縣欽加世榕
同知銜
三從堂兄弟芝芾衡浵府增廣生道光癸卯科
舉人考取咸安宮官
學教習國子監學正學錄咸豐癸丑科進士翰林
院編修歷充日講起居注官實錄館協修武
英殿協修纂修國史館協修纂修總纂提調本
衙門撰文咸豐辛酉科湖南鄉試正考官欽命
提督廣東學政瀜邑廩膳生道光已酉科拔貢咸
誥授奉政大夫豐辛亥恩科舉人考取咸
安宮官學教習期滿候潤府廩膳生咸豐已未瀹
選知縣例授文林郎恩科挑取謄錄

邑庠生濬供事由國史館議敘從九品準附貢生山東候補知縣署邱縣知縣例授文
林郎匯邑增廣生道光己酉科挑取謄錄充國史館謄錄候選巡檢例授登仕郎泳
海觀邑庠生候選訓導瑞　慶　阜　常齡　文溥府庠生
通浦庠生通灝　通沂　文瀾　文濤　文源　文
沼　敬昌　斆昌　耆昌　會錡五品銜河南候補通判
族兄弟煜邑庠生焯候選巡檢軍功五品銜炘　熉　燡　熾　爔
煌　有恒　福元　鉛　鐸馳封修職郎灤州學正鐈
鋕　芳邑庠生邁　萱邑庠生閎會　閎賢　閎三
登科　德沛邑庠生德澤府庠生世慶　文杏供事由國史
館議敘選授雲南普洱府他郎知事文柏　文桂　純嘏　慶嘏
崇嘏　增基　增業　增培　增燮　增印　增

嘏　增館　增武　增斌　之幹供事縣丞銜國史館議敘選
授山東鄆城縣知縣　欽加同知銜署莒州知
州升用同知　欽加運同銜　署觀城縣知縣　之
翰邑庠生　之驥宗人府議敘　之杞　之峯　之棟邑庠生　其
祥國學生議敘從九品　誥贈奉政大夫山東萊陽縣知縣　炳國學生廣東平遠縣知縣代理
嘉應州知州　咸豐十年粵匪陷平遠殉難奉旨
照四品議卹　敕贈中憲大夫　晉贈朝議大夫
鳳祥浙江湖州所領運千總升任山東泰安營守備調曹單營守備山西石婁營都司山東高
唐州遊擊署單縣營參將文登營副將軍功升陝
西西安協副將　欽加總兵銜記名以總兵用
賞戴花翎　錫予資勇巴圖魯名號　簡放四川
川北鎮總鎮咸豐庚申在河南鹿邑縣剿匪接戰
陣亡　欽加提督銜照提督例　賜卹奉旨建
立專祠　恩賜御祭　予諡恭勤　國史館立傳
敕授武顯將軍　誥授振威將軍世襲
騎都尉從優增襲雲騎尉世襲罔替　鶴祥從九品
誥封朝議大夫
兗州府知府　夢祥增廣生　誥贈奉政大夫山東平陰縣知縣　卿祥

府庠生耆祥例贈徵仕郎揀選州判貢祥邑庠生道光辛卯恩科舉人揀選知縣
晉贈朝議大夫春祥府增廣生誥贈朝議
吉林賓州廳同知大夫吉林賓州廳同知毓
祥邑庠生光緒己卯恩科舉人家祥宗人府議敘選授淑祥雲南元謀縣典史
芸祥椿祥國學生啟祥府庠生書祥邑庠生致祥國學生分
發河南候補巡檢珍祥邑庠生端祥國學生候選州判壽愷邑庠生光緒乙
亥恩科鄉試挑取謄錄壽存邑庠生壽彭黼章供事議敘從九品黼
文祖培邑增廣生道光壬辰科舉人庚子科會魁翰林院編修京察一等歷升侍講
侍讀左右春坊庶子侍講學士侍讀學士署國子
監祭酒詹事府詹事內閣學士兼禮部侍郎銜歷
充日講起居注官文淵閣校理國史館提
調翰林院撰文咸安宮總裁教習庶吉士稽察
西四旗覺羅學稽察中書科事務道光丙午提督
陝甘學政咸豐壬子恩科會試同考官乙卯科
貴州鄉試正考官同治戊辰科殿試讀卷大臣
朝考閱卷大臣庶吉士散館閱卷大臣武殿

試薦卷大臣庚午科廣東鄉試正考官　誥授資政大夫祖蔭｜世昌邑增廣生穀
昌濬昌照昌克昌繪昌｜燾昌府庠生熙
昌邑庠生同治庚午科舉人嗣昌邑庠生熾昌邑廩膳生道光壬辰科舉人灤州學
正敕授修職郎、爔昌鴻昌軍功記名守備煓昌能昌默
昌䵝昌烈昌熢昌軍功六品銜賞戴藍翎烒昌府庠生
爚昌焯昌國學生試用主簿燡昌國學生考取謄錄充方略館謄錄官議
敘以州判選用熺昌熙健邑庠生熹健煦健邑庠生咸豐乙卯科
舉人大挑二等現任棗強縣教諭海運勞績｜欽加同知銜候選知縣
族姪又均又培聯昇聯當連貴連榮
連登連城景山景宗景慶景雲景
熙景春景星景松景猛景綱宗城

宗寅　宗彝　宗仁　宗敏　宗和　宗信
大慶　二慶　椅　樗府庠生　棨　獻會試用典史　德
元鐘　元通　瑞林　翔林　祝泉　祝沅　崇
山河南候補巡檢　鉅　朝宗國學生歷署山東齊河典史掖縣縣丞軍功保舉以知縣升用欽加同知銜署理博平縣知縣補授萊陽兼署海陽縣知縣賞戴藍翎誥授奉政大夫
朝和軍功保舉巡檢升用縣丞河工保舉鹽課大使　朝宗世襲騎都尉賞戴藍翎山東候補都司
朝鏌國學生山東候補府經歷保升知縣欽加同知銜歷署金鄉魚臺嘉祥定陶鉅野長清等縣知縣補授菏澤萊陽蘭山縣知縣署理曹州府知府升任兗州府知府賞戴花翎誥授中憲大夫
朝弼國學生候補府經歷賞戴藍翎　朝鈞邑庠生　朝穀軍功賞給五品頂戴指發山東試用知縣欽加同知銜賞戴藍翎代理平度州知州歷署蓬萊黃縣招遠縣知縣補授平陰縣知縣
朝紳五品頂戴候選巡檢　朝棟世襲雲騎尉河

工保舉遊擊四品藍頂
朝徽指分河南府經歷
鳴璋府庠生咸豐已未　恩科副榜
揀選州判例授修職佐郎
受祺六品銜頂江西義甯州吏目餘干縣縣丞
鳴珂邑庠生咸豐已未　恩科舉人辛酉考充覺羅正紅旗官學教習壬戌考充內閣中書國子監學正博士記名同知記名倉監督實錄館漢校對官署理吉林伯都訥廳同知特授賓州廳同知即補知府
鳴岐邑庠生　鳴虞　鳴梲　鳴九　鳴環監生候選巡檢
鳴鑾　鳴琴邑庠生　鳴謙　育樑國學生移獎候選通判現任戶部候補主事雲南司兼貴州司督催所行走光緒己卯科鄉試堂備木科房薦
育樞國學生揀發吉林巡檢署理敦化縣巡檢
育樸　育棟　育磬　育桐同府增廣生
育桂邑廩膳生
育楏　達妾　慶禔邑優增生咸豐已未　恩科舉人考取國子監學正學錄挑取謄錄充　國史館謄錄選授晉州學正光緒庚辰科貢士癸未科進士候選知縣
慶祺邑增廣生咸豐乙卯科舉人考取覺羅官學教習庚申　恩科會魁翰林院檢討同治乙

丑科會試同考官丁卯科湖南鄉試正考官京察
一等記名道府癸酉科河南鄉試副考官武英
殿國史館協修纂修總纂提調本衙門撰文欽
弘德殿行走升左春坊左中允翰林院侍講
加四品銜慶礿邑附貢生考取謄錄充實錄館謄錄議敘州同慶禩廕監生同治癸酉科
鄉試挑取謄錄充國史館謄錄慶祓府廩膳生
布政司理問銜候選鹽場大使慶亭
壽慶國學生　慶視　慶祉　慶祜　慶祾　慶祵
慶多　埏慶　墪慶　增慶　培慶　欽墀　輔
墀　鼎墀　覲墀　鼎垣　鼎圻　豐垣邑庠生
族姪孫式會議敘從九品　式箴邑庠生　式定　式陰　式泰
式松　式如　繼祖　繩祖　樂羣　超羣
友羣　鵬　柱　紅　得祿　得補　得立　得
習　得興　鴻鼎議敘從九品　復桐　策　鈁　鈎

肇蔭邑庠生 肇慶邑庠生 鴻年 同生 鴻奎 鴻遇

族姪曾孫廷俊 廷傳 會恩

胞兄蕙田號孟香國學生

胞姊一 適同邑道光乙酉拔貢戊子科舉人大挑二
等博野縣教諭截取知縣選授廣西修仁縣
知縣署理平南縣知縣 敕授文林郎 誥封通
奉大夫加五級候選同知馬 印大鈞 公子附貢生
考取謄錄現充 國史館謄
錄候選同知 印信芳公室

胞妹二 一適盧龍縣人嘉慶甲戌科進士雲南布政
使司布政使署雲南巡撫趙諱光祖公孫候
選通判諱維藩公子 一字鑲白旗蒙古咸豐辛亥
國學生 印瑞珍公室 恩科舉人署承德府灤
平縣知縣任平泉州知州諱慶齡公子光
緒乙亥 恩科舉人大挑知縣 印賡良公

胞姪鴻电 鴻吉業儒 鴻鼐幼

胞姪孫遂甲 幼

履

鄉試中式第一百八十六名

保和殿覆試

會試中式第　名

殿試第　甲第　名

欽點

娶崔氏 鑲紅旗滿洲 誥封中憲大夫翰林院侍講晉封朝議大夫安徽太平府知府加十級諱阿保泰公女咸豐戊午科舉人考取謄錄同治戊辰科進士翰林院檢討升授詹事府中允翰林院侍講協辦院事京察一等記名道府 欽放安徽遺缺知府現任太平府知府加十級 即聯元公廪膳生同治庚午科鄉試謄錄癸酉科拔貢侯選直隸州州判 即聯第公國學生 即聯恩公胞妹

子鴻舉 幼

女二

族繁不及備載

世居本縣城內

鄉試硃卷　光緒乙酉科

中式第百八十八名舉人王芝田　順天府寶坻縣府學附生民籍

同考試官户科掌印給事中前翰林院編修加三級洪　閱　薦批

大主考禮部右侍郎上書房行走國史館副總裁稽察左翼宗學加三級童　取批　又批　氣靜神閒

大主考都察院左都御史加三級宗室奎　取批　又批　志和音雅

大主考經筵講官太子少保毓慶宮行走頭品頂戴工部尚書教習庶吉士加三級翁　取批　又批　慮周藻密

大主考太子少保頭品頂戴署兵部尚書南書房翰林加三級潘　中批　又批　響切光堅

本房原薦批

首藝顧視清高氣息深穩

次藝機神洋溢三藝議論

名通詩警切

聚奎堂中批

首藝氣盛言宜局勢亦緊

次藝筆有疏宕之致三藝

妥協詩佳

寔能容之以能保我子孫黎民尚亦有利哉　王芝田

相臣以能容爲保利及於遠矣夫能容者相臣之度也而有其實焉子孫黎民於以保之利不亦及於遠哉秦誓若曰今而知含容盡一世而懷保徧羣倫者非徒爲一人之利計也蓋爲運祚卜靈長數求哲人俾輔於爾後嗣爲閭閻謀樂愷其惟吉士用勸相我國家從來苗裔萬年芸生萬姓其調護不在一旦夕間其扶持非恃一手足烈則汲引善類流澤爲靡涯矣若臣於有技彥聖如此此非虛擬其詞也蓋其休休有容者其能在於一時其利周於百代而有可推原其實焉吐哺握髮之風邈而有心延攬始可以遠

紹前型一个臣之能容直欲以宰執之包涵用顯臣僚之師濟蓋見夫累朝垂裕胥由大臣以人事君也然而其衷懷何肫摯也招弓聘幣之禮存而雅意搜羅乃有以廣開仕路一个臣之能容直欲與草茅之後進共成槐棘之新猷蓋念夫衆庶蒙庥無非羣臣相助為理也然而其性量何真誠也殆是能容之耳吾故於若臣而課其能吾更於若臣而驗所以遂不禁為子孫黎民望矣終南為王氣所鍾堂紀遙瞻足卜寖昌於後世乃今日風雨二陵纍四三師我子孫觸之心傷矣則嗣續有纘承惟賴此翊贊匡扶而丕基一振岐西之霸圖已擴崤函並峙足以安定夫輿情乃今日北

門啓管東道殲師我黎民惕然滋懼矣則瘡痍有撫恤更恃此招徠輔翼而重本深培是苟卽其所以以著爲能以其所能見之於保而利不亦可必有哉非必裕私謀貺子孫萬世之業非必侈遠略詡黎民億兆之歸身世切圖維蓋有隱爲深幸者矣夫人之於一家箕裘勿替可徵保艾之功僕隸相安猶獲保持之益於此而普其利利且相及於無窮況若臣之以能容而安社稷也則白馬之流風子孫尚長享其德碧雞之盛瑞黎民尚永休其休非不憂杌隉懼子孫堂構將危非不冀榮懷欲黎民屏藩永固事情貽後悔始有圖其萬全者矣夫人之於一世啟佑情殷時計保生之策

撫綏念切無忘保惠之規於此而求其利利且未易以輕言乃若臣之以能容而啟宏圖也則條枚之遺澤子孫尙克繼前徽板屋之同仇黎民尙克明大義尙亦有利哉

本房加批

辭成廉鍔義吐光芒持滿而發之候

子華使於齊冉子為其母請粟子曰與之釜請益曰與之庾冉子與之粟五秉子曰赤之適齊也乘肥馬衣輕裘吾聞之也君子周急不繼富原思為之宰與之粟九百辭子曰毋以與爾鄰里鄉黨乎

王芝田

定辭與之準有不可拘於小節者焉夫冉子與粟原思辭粟皆小節是拘也夫子裁之辭與之準於是乎定且物理莫大乎自然之用人情莫大乎自然之為而激矯焉則小之夫矯激之行非無一節之可嘉豈知其於大者既昧而於小者是拘一經大聖人之裁成覺不爽然自失焉而物理人情之自然亦足並昭於千古何則

天下義之所在人每起而赴之夫赴之則必知義矣而入固往往誤焉以爲吾之爲在此事之義即在此使非明以辨之且未知其爲非大義也者此其以小節爲義雖在賢者猶不免焉吾嘗於夫子之裁冉子與粟原思辭粟而得之也子華使於齊夫子蓋必盡酌其善也可知而冉子則以爲不爲赤也友不必爲赤也請既爲赤也友即必爲赤也請爲母請粟釜庾繼以五秉自以爲義必在是矣豈知其肥馬輕裘之不必與乎夫子曰周急不繼富則義之大者出焉原思爲之宰夫子蓋非徒惜其貧也可知而原思則以爲不及粟之多不必以粟也辭既及粟之多即當以粟也辭爲宰

辭粟九百謝而不受自以爲義必在是矣豈知宰之無容辭乎夫子曰與鄰里鄉黨則義之大者明焉蓋友誼之克敦也財利本可相通初何論斗升之恤而一出以濫與則於朋儕交際之中不計其家世有無之數雖極之解衣推食徒知自表其高風而受餽具有權衡人何貴得此無端之投贈也哉抑宦途之不苟也廉隅皆堪自飭固不蹈貪墨之污第一出以概辭則使朝廷匪頒之典不足爲宗族光寵之榮故極之班祿代耕徒欲自鳴其讓德而銜恩並歧畛域人何由分此有限之贏餘也哉非然者冉子與粟原思辭粟其去貪且吝者遠矣而夫子於此一則不許其與一則不許

其辭誠以與粟小惠也辭粟小廉也教人不以其大而以其小是豈盡義之道哉是豈夫子之心哉

本房加批

用意不苟力矯恒蹊筆亦有舒卷自如之致

孔子嘗爲委吏矣曰會計當而已矣嘗爲乘田矣曰牛羊茁

壯長而已矣

王芝田

聖人有爲貧之仕職求其盡而已夫委吏乘田孔子嘗爲之此爲貧而仕也曰會計當牛羊茁壯長初何求於盡職之餘哉今夫名臣筮仕不盡得志以逢時君子居心要當循分以自盡此非特常人有然也卽生民未有之聖亦莫不兢兢焉雖其人才由天縱大用大效未必終困於其間而其時職有專司在府在官固未越思於其外耳抱關擊柝其爲卑且貧至矣夫天下至卑至貧之地何必無不宜卑不宜貧之人而天下不宜卑不宜貧之人又未有不

安至卑至貧之分者不可觀之孔子乎孔子之學成極博材全德備超然有不名一器之思縱少賤多能自謂僅工部事而斧柯得假則才能籌國詎甚役志於簿書孔子之志蘊甚深老安少懷淵然有在宥羣生之量縱民胞物與罔弗一視同仁而鳳德堪欽則志在養民豈屑求務於畜牧乃孔子當二十成人之始爲一行作吏之初記有之嘗爲季氏吏料量平嘗爲司職吏畜蕃滋則又何也或者曰此孔子之爲貧也夫孔子曲肱疏水樂在其中豈尙有爲貧之見哉然考之孔子二十四而母卒當是時其親已老而家甚貧可奈何故權俯就一官以伸孝養則雖分微祿簡亦足沐其

光榮而又近依宗國無事遠遊則雖末秩下僚亦不嫌於屈抑蓋嘗爲委吏矣孔子則安於委吏也以孔子謀猷偏庶務精心籌畫應亦別有指陳而惟期會計當者蓋謂私門託足聲氣何藉攀援闕里承歡知能何勞炫耀則於無難勝任者蕭然循寂寞之緣所以繼廩入而稽出入不過曰我倉我庾而已矣本算術而核贏餘不過曰多黍多稌而已矣抑嘗爲乘田矣孔子則安於乘田也以孔子亭毒在羣倫雅意生成應亦別有表見而惟期茁壯長者亦謂苑囿棲身物我共遊熙皞牲牷備用芻蕘即寓經綸則於無待他求者羣焉覩蕃昌之象所以覘日夕而謹栖遲惟有曰下來下

括而已矣課牧夫而勤豢養惟有日或寢或訛而已矣孔子之盡職如此此爲貧而仕之道也奈何有位卑而言高者

本房加批

局緊機圓自然到格

賦得盡放冰輪萬丈光 得光字五言八韻　王芝田

中秋天放霽月出盡流光冰訝孤輪鑿輝憑萬丈揚樓臺含影徧雲霧斂痕剛寒澈重重魄明生作作芒拚將銀漢展疑有玉繩量朗照程千里澄窺水一方近人如此爽高處不勝涼翹首仙瀛地還聞桂子香

本房加批

刻畫渾成第五聯尤精警奪目主司擊節歎賞不虛也

胡毓麟

字仲麒，號仁趾，行二。同治壬戌年七月十五日吉時生。順天府東路廳寶坻縣府學增生，民籍。

始祖發陽

妣氏陳　秦

二世祖承爵

妣氏白

三世祖尚仁　字德安，授縣丞。原籍浙江山陰人，自公始占籍寶坻。

妣氏凌

高高祖允楷　字式孔

三世胞叔祖尚義

嫡堂伯叔高高祖允哲　允偉

從堂伯太高祖璉

族伯太高祖紹嗣　邑庠生

胞叔高祖文烒

從堂伯高祖文煊

族伯高祖文熤

胞叔曾祖濬

妣氏苑

太高祖瓚 字紹符

妣氏 周 楊

高祖文煒 原名文標字殿奎 貤贈修職郎

妣氏 王 鄭 貤贈太孺人

妣氏 杜 李

曾祖泰 字際安 恩榮九品 欽旌五世同堂 御賜七葉衍祥匾額 恩賞綢緞銀兩 誥封奉政大夫

曾祖妣氏王 誥封太宜人 歲貢生挑

從堂伯曾祖森 恩榮九品

族伯叔曾祖舜 榮 貴

胞叔祖士潔 考取翰林院供事咨送實錄館議敘縣丞 敕授修職郎 例貤贈儒林郎

士斌 例貤贈儒林郎 士廉 例貤贈儒林郎

嫡堂叔祖搴

再從堂伯叔祖士奇 士林

族伯叔祖士元 恩榮九品 士愷 士楷 士奎

嫡堂叔晧服 朎明 朠鎣 誠源

三從堂叔昱 縉 綬 紱

族伯叔錦榮 邑庠生 錦明 錦文 起 發 三奎

從堂弟性麟 悅麟

取謄錄諱鵬飛副貢生印鵬九公胞姊道光丙午舉人大挑一等分發安徽歷任合肥黟縣知縣六安州知州即補直隸州印峻公胞姑母

繼曾祖妣氏孫宋 誥封宜人

祖士秀 字曉堂號俊儒太學生 誥封朝議大夫 晉封通奉大夫

祖妣氏嚴 誥封恭人 晉封淑人歲貢生候選訓導諱柏齡公孫女道光丁酉舉人大挑二等選授宣化府萬全縣教諭諱蔡公長女太學生諱太和公胞姊諱克明克寬公胞姑母業儒印繼莊附學生印繼敬業儒印繼菁公之

族兄弟 慶和 保和 順和 定和 裕和 貴和 靄和 守和 富和 太和 表和

族姪 荃 蘭 藎 蓉 茗 萱 芸

胞兄愷麟 號瑞元 優廩生

胞弟慶麟 蓁麟 俱業儒

胞姊一 適同邑毛印祖蔭公堂

胞妹三 一適同邑光緒癸未科進士禮部主政印浚公長子印燕詒公室 一字同邑國子監學正諱肇升公長子印莊公室 一字遵化州同治甲戌科進士詹事府右中允提督廣西甘肅學政印澍春公子印湘祝公室

胞姪適昌 邁昌 俱幼讀

妻曹氏 香河縣辛酉科拔貢前任趙州儒學訓導印金銘公女

履歷

姑祖

母

父勝字雲卿號捷甫咸豐辛酉科拔貢同治丁卯科舉人甲戌科進士翰林院編修國史館總纂光緒壬午科廣西正考官京察一等記名以道府用簡放湖北襄陽府知府調署泉州府知府現任福建汀州府知府誥授朝議大夫

母氏周同邑處士諱郁文公女公誥封恭人

祖嚴侍下

具慶下

子運昌

女

二

庭訓

受業師

陳伯甫老夫子 印 壎 邑庠生

課師

李一峯老夫子 印 育秀 同邑

癸酉科副榜

年伯華祝宣老夫子 印 金壽 甲戌科傳臚翰林院編修主講泉州書院

孝廉蘧菴老夫子 印 鴻基 山東

舉人主講泉州書院

受知師

嘗琢堂老夫子 諱 近修 乙丑科進士前任寶坻知縣

劉竹坡老夫子 印 枝彥 前任寶坻縣知縣蒙取縣案首

趙松風老夫子 印 欽舜 前任寶坻縣知縣月課泉州書院

劉海帆老夫子 印 中瀚 同治癸酉科拔貢前任寶坻縣知縣月課泉州書院

袁敬孫老夫子 印 遂 前任寶坻縣知縣月課泉州書院

年伯湯鐵君老夫子 印 釗

前任寶坻縣知縣
月課泉州書院

章定安老夫子 印 鈞 光緒乙酉科舉人現署寶坻縣知縣

胡鐵菴老夫子 義質 丙辰進士前任順天府丞

孫子授老夫子 印 詒經 庚申科進士前任順天學政

許筠菴老夫子 印 應騤 咸豐癸丑進士前任順天學政

楊蓉浦老夫子 印 頤 乙丑進士前任順天學政

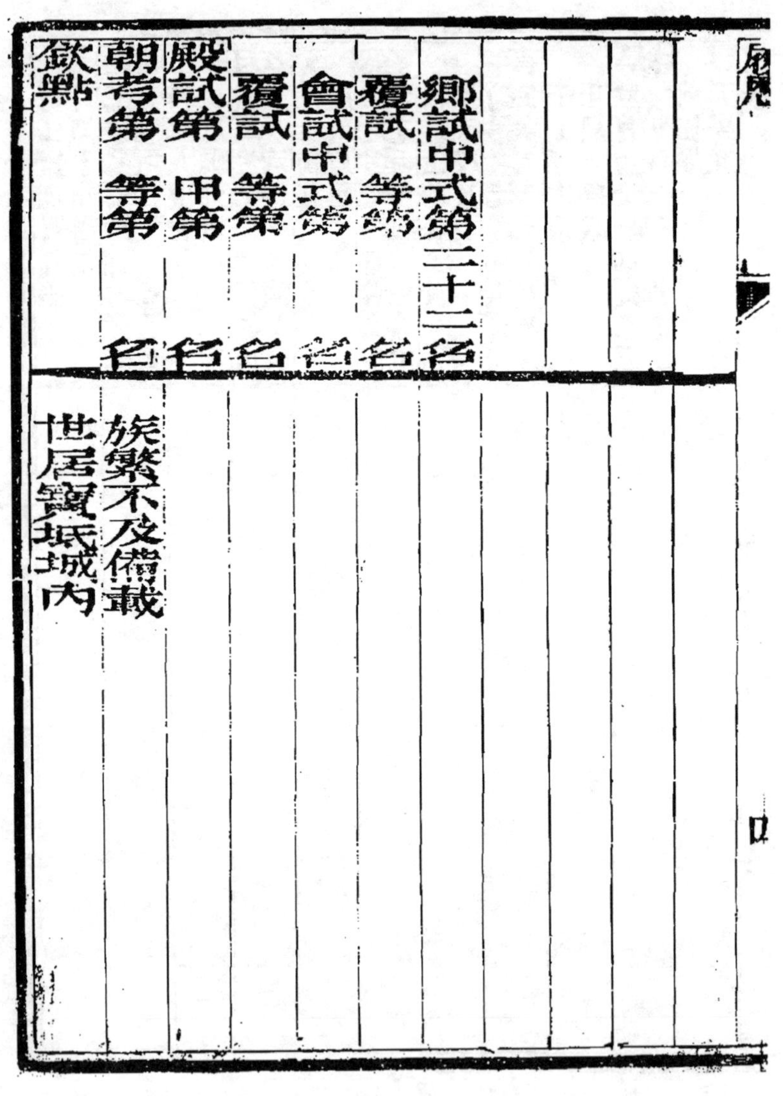

鄉試中式第三十二名
覆試　等第　名
會試中式第　名
覆試　等第　名
殿試第　甲第　名
朝考第　等第　名
欽點

族繁不及備載
世居寶坻城內

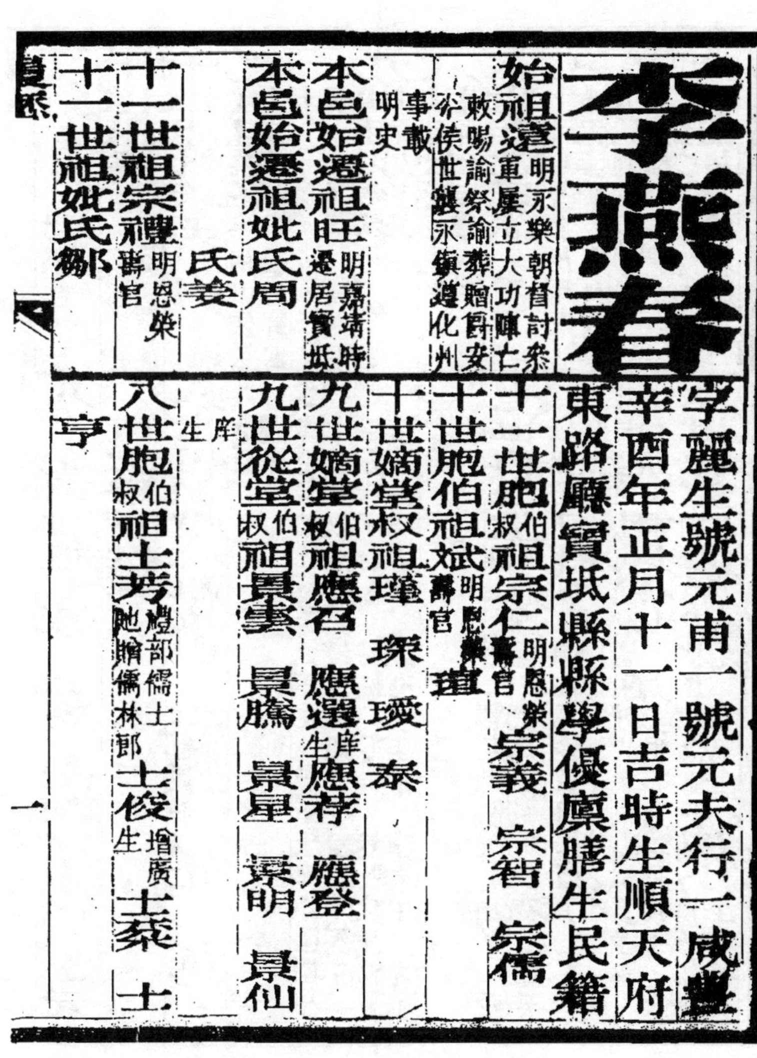

李燕春

始祖遷 明永樂朝督討叅軍屢立大功陣亡敕賜諭祭諭葬贈爵安谷侯世襲永鎮遵化州 事載明史

本邑始遷祖旺 明嘉靖時遷居寶坻

本邑始遷祖妣氏周

氏姜

十一世祖宗禮 明恩榮壽官

十一世祖妣氏鄒

字麗生號元甫一號元夫行一咸豐辛酉年正月十一日吉時生順天府東路廳寶坻縣縣學優廩膳生民籍

十一世胞伯叔祖宗仁 明恩榮壽官 宗義 宗智 宗儒

十世胞伯祖斌 明恩榮壽官 瑄

十世嫡堂叔祖璀 琛 璦 泰

九世嫡堂伯叔祖應召 應選 庠生 應桴 應登

九世從堂伯叔祖景雲 景騰 景星 景明 景仙

庠生

八世胞伯叔祖士芳 禮部儒士 貤贈儒林郎 士俊 增廣生 士桼 士

亨

氏鄭

十世祖秀

十世祖妣氏王

九世祖應奎 字荊山候選府經歷鄉飲大賓

九世祖妣氏單

八世祖士奇 字萬平[illegible]庠生

八世祖妣氏徐

七世祖其曾 字茂林康熙乙卯科武舉人 貽贈昭武都尉

七世祖妣氏張 貽贈太恭人

八世從堂伯叔祖士毓 士英 士翰 庠生 士淯 士元 庠生 士裕 庠生考授教習

八世再從堂伯叔祖汝山 士蘭 廪膳生 以芫 以培

慶經

七世嫡堂伯叔祖其業 武庠生 敕封儒林郎 杏苑 庠生 秘苑 國學生

其荃 武庠生 其昌 其性 其祥 其松 武庠生 林苑 武庠生

七世再從堂伯叔祖榮發 武庠生 瀛苑 增廣生 閬苑 庠生 藝苑 康熙壬子科武舉人 鼎臣 歲貢生候選訓導 藎臣 庠生 濃苑 庠生

六世胞伯叔祖鳳儀 增廣生 鳳翔 武庠生 鳳兆 歲貢生晉州訓導

六世從堂伯叔祖鳳誥 武庠生 鳳鳴 武庠生 鳳卜 南籍國學生考授州

六世祖徠鳳 字聖周國學生考授州同 誥封昭武都尉

六世祖妣氏楊 誥封太恭人

五世祖國棟 字勳侯康熙丁酉科武舉人選授廣東海豐所千總陞肇慶府督標前營中軍守備調河南南陽鎮標守備陞廣東雷州府都司 誥授昭武都尉

五世祖妣氏陳 誥封恭人

氏詹

高祖如棈 字榮蔭增廣生 貤贈文林郎

高祖妣氏王 貤贈太孺人

同選豐潤縣主簿陞正定縣縣丞歷署井陘平山臨城等縣知縣 鳳彩 庠生 楷 桐

嵋 㠊 武庠生 崐 增廣生 嚴 宏憲 宏業 步蟾

步朝 步坦 芯 菽 煒 庠生 煥 炘 藻

芹

六世族伯叔祖厥修 庠生 純修 例贈修職郎 繼唐 禮部儒士 緒唐 武庠生

桂馥 武庠生 桂穦 庠生 檜 庠生 椿 候選典史

五世嫡堂伯叔祖念祖 國學生候選府經歷 國對 國柱 武庠生 國忠 庠生 國相 幹 武庠

五世再從堂伯叔祖國賢 國學生 國壁 武庠生 國極 國學生刑部司獄 敕授登仕郎 國良 武庠生 嘉謨 庠生 嘉猷 武庠生 洪德 恩貢生

候選教諭 嘉行

二

本生高祖如檍 字樹萬 貤贈奉直大夫

本生高祖妣氏方 貤贈太宜人

曾祖騰龍 字雷昇 貤贈奉直大夫

曾祖妣氏于 貤贈太宜人

本生曾祖之琇 字琢文 郡庠生 誥贈奉直大夫 晉贈朝議大夫

本生曾祖妣氏郭 誥贈太宜人 晉贈太恭人

祖大來 字慶宜 誥贈奉直大夫

祖妣氏楊 誥贈太宜人

五世族伯叔祖超品 國學生 優品 候選經歷 開基 恩貢生候選州判 騰

蛟 增廣生 爲成 恩榮壽官 國俊 恩榮壽官

胞高伯祖如矢 雍正壬子科武舉人選授浙江甯波衛千總陞長淮衛領運掌印守備

如棫 庠生 如杜 歲貢生候選訓導

從堂高伯叔祖如蕢 增廣生 如數 可大 候選府經歷 耀曾 武庠

生 恩與千叟宴 朝炳 武庠生 如川 如崗 武庠生

族高伯叔祖如玉 武庠生 蕡 歲貢生候選訓導 鵬飛 武庠生 倬 增廣生

貤贈文林郎 任 恩榮壽官 偲

本生胞曾叔祖之麟 字興周 貤封承德郎

嫡堂曾伯祖遐福 歲貢生候選訓導 正誼 正志 武庠生 純嘏

庠生

二

本生祖光璧字星圃廩膳生道光辛卯恩科舉人甲辰大挑二等癸丑會試挑取謄錄選授清苑縣教諭欽加五品銜保薦卓異候陞知縣推陞國子監典籍俸滿改選開州學正誥授奉直大夫誥贈朝議大夫著有向書文粹兩漢訂訛古文選摘精粹試帖註釋拾遺待梓

本生祖妣氏宗誥封宜人誥贈太恭人

父沄字子雲廩貢生同治丁卯科舉人選授奉天開原縣訓導現任奉天通化縣柳樹河縣丞

再從堂曾伯叔祖祥瑞國學生贈徵仕郎貤　文瑞　元虎　昱

龍　應龍　雲龍道光丙午科恩賜副榜　樹本　元龍武庠生

飛熊武庠生　攀龍　飛龍　文光　文元　錫章

運魁武庠生

族曾伯叔祖元魁武庠生　元會武庠生　運仲　運標武庠生　運科

鶴楠武庠生例贈文林郎　鶴樵武庠生　鶴楨恩榮壽官　嘉栻武庠生

從堂伯叔祖積慶恩榮壽官　積善　壽善　壽美

族伯叔祖思聖武庠生　思忠武庠生　思祐候選經歷敕贈徵仕郎　治平武庠

昇平武庠生　盛平武庠生　均平武庠生　維綬武庠生　維賁

維作武庠生　綸從九品　開泰從九品　維治武庠生　開甲

開第武庠生　維興例贈武德佐騎尉　維垣武庠生　維翰武庠

家乘　三

欽加五品頂戴歷署樂亭饒陽等縣訓導安州學正奉天京府教授誥授奉直大夫貤封朝議大夫

妣氏劉 誥封宜人貤封恭人同邑文庠生貤贈文林郎成伊公曾孫女國學生敕封文林郎繼緒公孫女道光辛巳恩科第四名舉人揀選知縣廷彥公女

庶母氏盧

嚴侍下

本生祖訓

庭訓

生 敕封承德郎 維綱（庠生鴻臚寺序班） 琪（庠生） 珠（嘉慶甲子科舉人大挑二等選授新河縣教諭） 璽（庠生） 珍（庠生）

本生胞叔 浚（字子深邑庠生同治癸酉科經魁光緒庚辰大挑二等癸未科進士現官禮部主事儀制兼主客司行走誥授朝議大夫）

再從堂伯叔 廷和 廷桂 廷玉（恩榮九品貤封登仕郎） 廷山 廷相

族伯叔 家相（國學生） 家楨（從九品） 家桂 萬青（武庠生） 家聲（武庠生） 家芳（同治甲子科副榜國子監學正） 家儁（增貢生） 家聚（國學生） 峻峯（從九品） 君召（武庠生候補把總） 超羣（武庠生） 永興（武庠生） 大興（武庠生） 長興（武庠生） 裕興（六品銜） 燮（從九品） 芝（國學生） 清（從九品） 春祺（庠生） 向榮（武庠生） 克榮（六品銜） 春榮（武庠生） 景榮（武庠生）

本生胞叔訓壽 守禦所千總銜
訓潭 廩貢生歷任河間曲陽縣訓導南和故城縣教諭開州晉州冀州延慶州學正 欽加六品頂戴 敕授承德郎
訓灝 從九品
金祿 庠生

受業師謹以先後爲序
知白

李芳圃夫子 諱樹聲 同邑歲貢生候選訓導

姑丈馬秀岩夫子 印振芳 同邑歲貢生前任趙州訓導

周靜瀾夫子 印學海 同邑歲貢生候選訓導海運勞績保舉候補缺後以學正教諭歸用

張篆舫夫子 印丕弼 同邑同治壬戌恩科舉人光緒癸未科進士選授宣化

本生嫡堂弟燕詒 字笙邑 燕昌 字喆民 俱業儒

族兄燕翼 庠生鴻臚寺序班
弟燕林 燕卿 燕藻 燕勳
燕宗 燕喜 燕祥 柏齡 國學生 逢勇 武庠生 冠軍
恩翔 武庠生 雲翔 國學生 昀曾 增廣生鴻臚寺序班 象賢 考取詹事府供事者送方略館議叙巡檢 澤生 候選稅課大使 寶書 庠生 寶箴 庠生

族姪定夔 文童 定麟 定邦 定國 幼讀 定軍 定杰
定家 定宇 定寰 定寶 俱幼 定溫 定顯 定先 定起 定述 文童 定富 定貴 文童 定純 定緒
定科 武童 定瑛 定珣 定琪 俱業儒 定元 庠生學名邦彥

四

歷府教授現任
承德府教授

李慶軒夫子 諱 棟曾 永年縣人
同治癸酉科舉人光緒
丁丑科進士前奉天開
原縣
知縣

李春臺夫子 印 重熙 同邑光緒
壬午科舉人
揀選知縣

張萬選夫子 印 丕績 同邑同治
甲子科舉人戊辰科進
士工部主事前奉天鳳
凰直隸廳同知 欽加
四品頂戴充光緒乙亥
恩科河南
鄉試同考官

姜竹庵夫子 印 有鈞 東光縣人

族姪孫衍麒 衍麟 衍棻 衍升幼讀 衍珍 衍聚
衍祥 衍鼎 衍震 衍豐 衍慶 衍垣
族姪曾孫傳福 傳祿俱幼
胞祖姑母適同邑劉 恩榮
九品諱長發公
本生胞祖姑母適同邑張
諱向鼎公
本生胞姑母長適正藍旗漢軍同治壬戌 恩
科舉人揀選知縣印恩沐公 次適同
邑馬歲貢生前任趙
州訓導印振芳公
胞姊長適玉田縣劉國學生諱廷柏公 次適同邑紀
妹子候選從九品印萱慶字善芝 次國學生諱
福祺公子業儒 三字豐潤縣于同治甲子科舉人
印億字子中 三戊辰科進士浙江鎮海縣知縣
欽加四品銜光緒乙亥 恩科浙江鄉試同考
官 諱萬川公孫國學生候選州判印涵公長子

娶馬氏同邑增廣生嘉慶戊辰 恩科挑取謄錄充
國史館謄錄河南登封縣典史 敎授登

四

咸豐戊午科舉人同治
辛未大挑二等前寶坻
縣教
諭
王玉齋夫子 諱以慶 撫甯縣人
增貢生前寶
坻縣訓導
管琢堂夫子 諱近修 江蘇江甯
縣人同治乙丑科進
士前寶坻縣知縣
潘蓮舫夫子 諱斯濂 廣東南海
縣人道光丁未翰
林前順天府丞
何地山夫子 諱廷謙 安徽定遠
縣人道光乙巳翰林工
部左侍郎前提督順天
學政

仕郎 貤贈資政大夫諱爲作公曾孫女國學生
候選巡檢 誥贈資政大夫諱鎮公孫女國學生
誥封通議大夫 晉封資政大夫同知直隸州
用加四級山西祁縣知縣諱文濂公女邑庠生同
治丁卯科舉人光緒庚辰大挑二等本科進士分
發陝西即用知縣告近改分山西 題補祁縣知
縣歷任甯武臨汾文水縣知縣同知直隸州用
賞戴花翎乙酉科山西鄉試同考官正二品封典
誥授資政大夫印存樸公胞妹分省遇缺補用
府經歷 欽加同知銜 賞戴藍翎名炳元候選
縣丞名燿元胞姑母業儒
名奭圻名學坡胞祖姑母
繼娶周氏 同邑國學生候選巡檢 貤贈儒林郎諱
綱公曾孫女國學生 敕贈儒林郎署正
銜黑龍江呼蘭廳學正 貤贈奉直大夫諱文郁
公孫女咸豐乙卯科舉人奉天遼陽州學正調補
黑龍江呼蘭廳學正 欽加署正銜 敕授儒林
郎諱策公胞姪女候選從九品 誥贈奉直大夫
五品頂戴延慶州學正諱篔公女稟貢生選授天
津府訓導現陞延慶州學正特保在任候陞知縣
欽加五品頂戴 誥授奉直大夫印兆
祺公胞妹業儒名敬銘名義銘胞姊母

五

孫子授夫子 諱詒經 浙江錢塘縣人咸豐庚申翰林戶部左侍郎前提督順天學政

周生霖夫子 諱德潤 廣西臨桂縣人同治壬戌翰林刑部右侍郎前提督順天學政

陳硯塘夫子 印履亭 山西臨汾縣人光緒丙子 恩科進士翰林院編修己卯科順天鄉試同考官

李少東夫子 印岷琛 四川安縣人同治辛未科翰林現任天津津海關道乙酉

子定時 業儒 定昭 定昉 俱幼

女二長 字同邑張同治癸酉科拔貢光緒辛卯科舉人現任阜城縣教諭在任候選知縣印蓉鏡公孫光緒戊子科副榜癸巳 恩科舉人教習知縣印鳩辰公長子名賡熙 次待字

科順天鄉
試同考官

丁伯厚夫子 印仁長 廣東番禺
縣人光緒癸未翰林現
官日講起居注官翰
林院侍讀癸巳恩
科順天鄉試同考官

叔平夫子 印文治 滿洲鑲紅旗人
同治乙丑科翰林現官
兵部右侍郎本科鄉試
監臨

胡雲楣夫子 印燏棻 安徽泗州
人同治甲戌科翰林頭
品頂戴現官順天府尹
本科鄉
試監臨

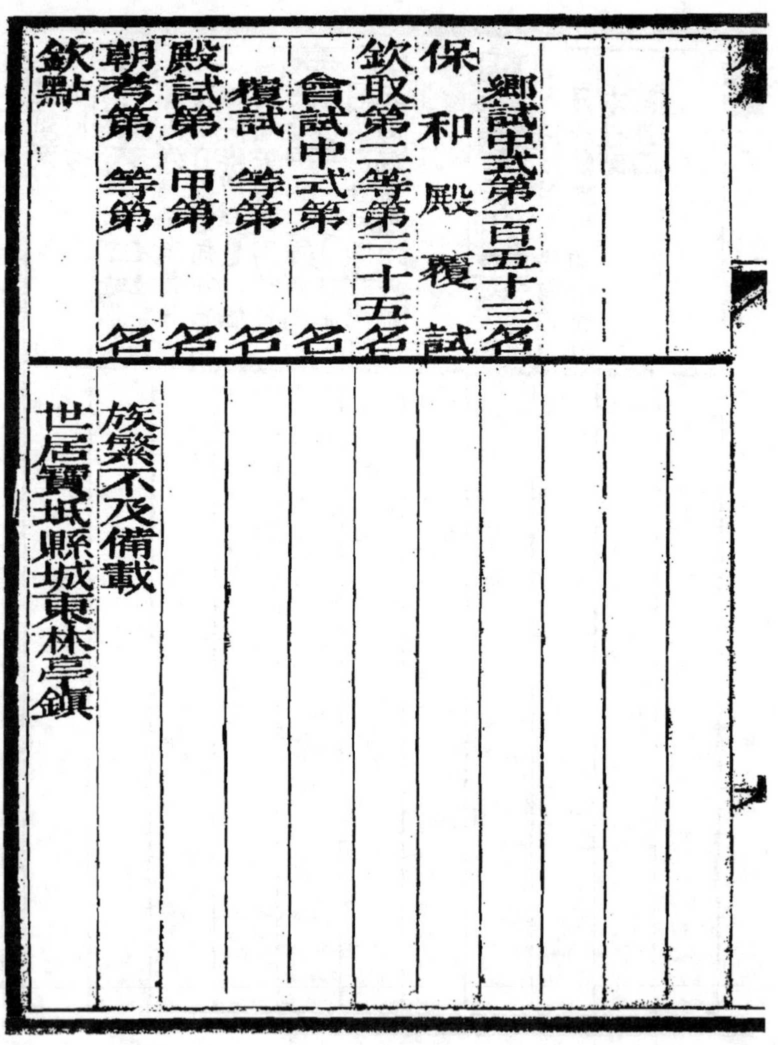

鄉試中式第一百五十三名
保和殿覆試
欽取第二等第三十五名
會試中式第　名
覆試　等第　名
殿試第　甲第　名
朝考第　等第　名
欽點

族繁不及備載
世居寶坻縣城東林亭鎮

欽命四書詩題

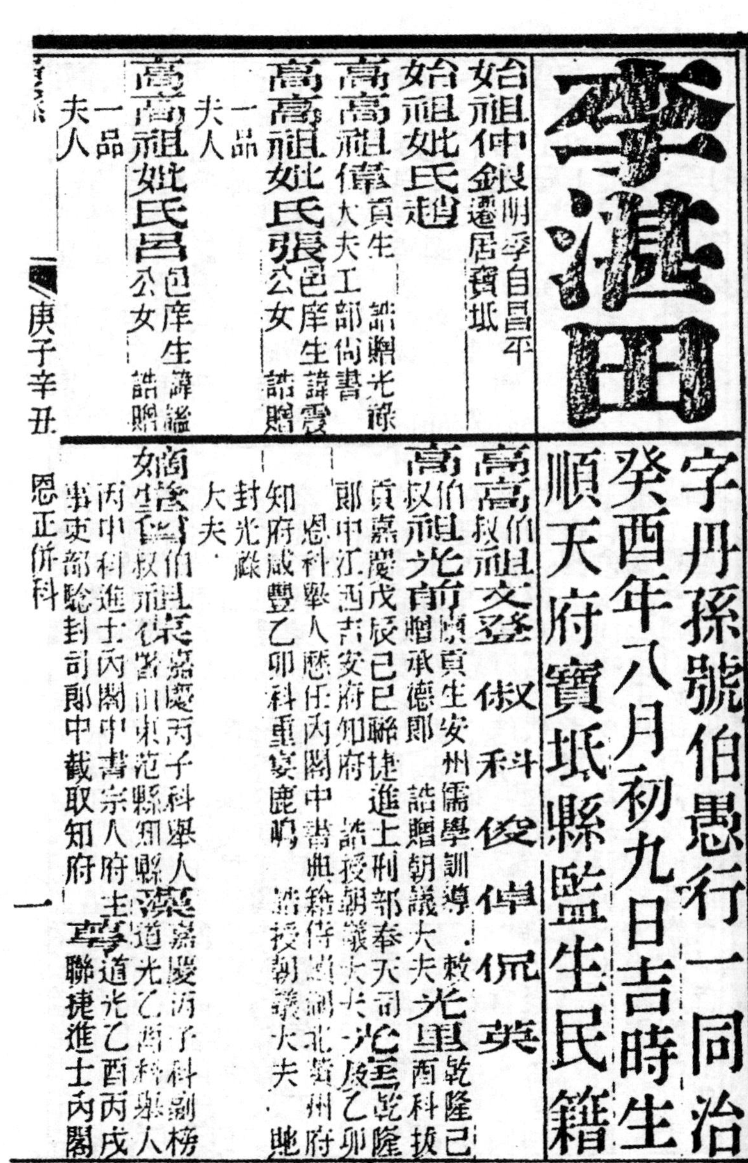
李湛田

字丹孫號伯愚行一同治
癸酉年八月初九日吉時生
順天府寶坻縣監生民籍

始祖仲銀明季自昌平遷居寶坻
始祖妣氏趙
高高祖儀貢生誥贈光祿大夫工部尚書
高高祖妣氏張邑庠生諱雯公女誥贈一品夫人
高高祖妣氏呂邑庠生諱謐公女誥贈一品夫人

高伯叔祖文發 敏 科 俊 偉 侃 英
高伯叔祖光前歲貢生安州儒學訓導敕贈承德郎誥贈朝議大夫 光里乾隆己酉科拔
貢嘉慶戊辰己巳聯捷進士刑部奉天司郎中江西吉安府知府誥授朝議大夫 光[illegible]乾隆乙卯
恩科舉人歷任內閣中書典籍侍讀湖北黃州府知府咸豐乙卯科重宴鹿鳴誥授朝議大夫貤封光祿大夫
嫡高伯叔祖[illegible]嘉慶丙子科舉人山東范縣知縣 [illegible]嘉慶丙子科副榜道光乙酉科舉人
女生[illegible]丙中科進士內閣中書宗人府主事吏部驗封司郎中截取知府 [illegible]道光乙酉丙戌聯捷進士內閣

履歷

高祖光先 乾隆戊申科舉人歷任工部都水司主事員外郎郎中江西贛州府知府署贛南兵備道誥授朝議大夫 晉封光祿大夫工部尚書

高祖妣氏趙 邑庠生諱培元公女 誥封恭人 晉贈一品夫人

曾祖藻 嘉慶癸酉科拔貢己卯科副榜吏部七品小京官文選司主事員外郎郎中廣東潮州府知府

曾祖妣氏崔 恭人 誥封

氏博 恭人 誥封

氏博 恭人 誥封

中書委署侍讀 著 嘉慶戊寅科舉人山東泗水縣知縣 蒦 郡庠生 芑 道光甲午科舉人 蓉 候選詹事府主簿 蓁 道光戊子科舉人歷任刑部貴州司主事員外郎郎中 蔚 從九品 蒜 同治癸酉科舉人戶部候補主事 敬 咸豐戊午科優貢同治庚午科舉人福建候官縣知縣 葰 五品銜部察院經歷 蓍 國史館謄錄官議敘鹽大使 茵 國史館謄錄官議敘鹽大使 莊 葳 俱業儒

胞曾叔祖藩 嘉慶癸酉甲戌聯捷進士禮部儀制司員外郎郎中江西建昌府知府候選道 誥

嘉慶戊寅 恩科舉人道光壬午 恩科進士翰林院編修詹事府少詹事 日講起居注官 文淵閣校理 咸安宮總裁 國史館總纂壬辰科會試同考官四川鄉試副考官丁酉科順天鄉試同考官庚子科會試同考官戊戌科教習庶吉士辛酉科拔貢覆試閱卷大臣壬戌科殿試閱卷大臣提督安徽學政光祿寺卿通政使司通政使都察院左副都御史歷任兵部左右侍郎禮部左侍郎倉場侍郎工部左

祖德塤藍翎五品銜候選知縣　晉封朝議大夫

祖妣氏張　誥封宜人　晉封恭人

氏張　誥封宜人　晉封恭人

父鏡附貢生四品銜補用知州浙江候補通判前署處州府遂昌縣知縣現署台州府仙居縣知縣

母氏鄭豐潤工部都水司郎中原任陝西平慶涇道諱錫敞公女戶部候補主事名元銮胞妹

具慶下

庭訓

受業師

侍郎署禮部尚書　紫禁城內騎馬　實錄館纂本總裁　經筵講官工部尚書　予謚文恪　誥授光祿大夫純嘉慶戊寅科舉人道光癸未科進士翰林院檢討山東道監察御史工科給事中內閣侍讀學士奉天府府丞兼學政通政使司副使候補四品京堂安徽徽州府知府鹽運使銜候補道　贈太常寺卿珏道光壬午科舉人戊戌科進士戶部山東司主事員外郎郎中四川重慶府知府署理川東兵備道加道銜瑯道光己亥科舉人山西甯鄉鳳臺寧縣知縣加同知銜　特贈知府

堂伯叔祖德堪山東蓬萊縣知縣　鳳珂山西興縣知縣　德[illegible]部庠生　廩德興　鶴元山東候補通判　德圻廩貢生山西候補主簿　鴻渚邑庠生　鵬圖太學生同治甲子謄錄　[illegible]章太學生同治甲子謄錄候選州吏目　翰鑾業儒

嫡堂伯叔祖德增道光己亥科副榜癸卯科舉人丁未科進士工部屯田司主事山東候補知府　賞戴花翎二品頂戴補用道德長道光己丑科拔貢四川開縣知縣歷署鹽亭華陽富順縣知縣

陳小韶夫子 名

費繼香夫子 名 恩湛 庠生

傅又琛夫子 名 留 丁酉科舉人

來渭卿夫子 諱 熊 甲午科進士

來雪珊夫子 名 鴻瑨 己丑科舉人

陸珊綬夫子 名 鍾渭 本科舉人

閻業師

邊竹潭夫子 諱 保樞 庚午科舉人前浙江仁和場大使

趙獻夫夫子 名 士琛 壬辰科進士翰

陞補眉州直隸州知州成都府知府賞戴花翎鹽運使銜在任候選道 德坊 道光己酉科舉人河南濬縣知縣調署武陟縣知縣賞戴花翎在任候補直隸州 德均 廩貢生河南衛輝府知府花翎鹽運使銜在任候補道 德墳 邑庠生 德埴 同治壬戌恩科舉人兵部主事武選司行走

德垣 四川中江縣知縣 德埏 郡庠生河南候補知州 德堂 三品廕生中書科掌科中書山西路安府太義鎮同知 德垌 廩貢生河南鎮平縣知縣 德城 歲貢生咸豐甲寅科教習內閣中書委署侍讀 德型 東河候補同知 德塏 山東候補縣丞 德垿 廕生知縣 德塈

山西知州 德堅 鹽大使 德埴 江蘇候補知縣

胞叔祖 德培 江蘇知縣歷署儀徵宿遷縣知縣 德圭 邑庠生 德堉 郡庠生河南閿鄉縣典史 德彝

從堂伯叔 崇熙 光緒乙酉科舉人 錫安 錫昇 祥麟 揚春

林院編修

內兄湯伯遲夫子 名鞠榮

受知師

李　夫子 印哲明 壬辰科翰林丁酉科順天鄉試同考官

王爵生夫子 印垿 國子監祭酒

劉苹田夫子 印嘉琛 國子監

陳　夫子 印夔龍 順天府尹

陸伯葵夫子 印寶忠 本科代辦監臨

王仲裴夫子 印維翰 本科提調

景祥 宗祥

堂伯叔 大鏞 山東候補知府 鑣 河南候補縣丞 鉞 鐸 聯生 名錡 候選知縣 錩 孚生 官生 大鎔 豫河候補同知 文錦 候選典史 宗鏡 嘉錫 毓鍾 丕鎮 桂馨 咸豐辛酉科拔貢內閣中書分省候補知州 桂聯 咸豐辛酉科舉人同治乙丑科進士戶部主事湖廣司行走 桂綸 二品蔭生湖北候補通判 桂祥 刑部七品小京官分省直隸州知州 桂孚 恩賜七品小京官 桂楨 候補州判 桂榮 桂燮 錫 本科同榜舉人 桂文 邑庠生 大銘 湖南候補典史 昭鑑 山西候補知縣 鍵 鍒 河南候補典史 其鎧 河南候補縣丞 [illegible] 河南候補縣丞 鋕 鋒 鎮 孔鑄 豫河候補主簿 江鶚 鈞 春生

嫡堂叔伯 鍇 河南候補巡檢 鎣 鐈 鑾 江蘇候補巡檢 鈺

王子獻夫子 印繼香 本科內監試
伸履夫子 印啟綬 本科內監試
胡海帆夫子 印翔林 本科外監試

胞叔銓 四品銜補用同知 江蘇候補通判
從堂兄弟希沆 本科薦卷 晉濬 瑞清 試用縣丞 澗 候補府經歷 點 光緒丁酉
科舉人 熊 光緒丁酉科舉人 熙 候選訓導 烈 從九品 然 業儒 裕 從九品 澤 從九品 輔
濤 覲瀞 聚濬 學洛 志沂 學泗 志源
學淶 慶瀾 俱業儒
堂弟平瀾 靜瀾
嫡堂弟渭田 溥田 浚田 汝田 俱業儒
胞弟濤田 業儒 潤田 幼
嫡堂姪四九
胞姪璪

胞姑母二長適通州補用知縣江蘇候補縣丞朱諱毓宸公次適天津光緒丁卯科舉人軍機章京頭品頂戴宗人府府丞沈諱恩嘉公

胞妹三長字嘉興宰主陳名文熊公子庠生名以莪　次三均未字

娶湯氏江蘇武進貢西鄉州府經歷諱貽浚公曾孫女五品銜兩淮候補鹽知事諱植名公孫女鹽提舉銜浙江候補運判諱世侗公女邑庠生名蔚榮五品銜浙江候補巡檢名聲濤胞妹國學生名寅胞姊

子

女冬齡幼殤

鄉試中式第一百　九名
會試中式第　　名
殿試第　甲第　　名
欽點
族繁不及備載世居邑東林亭

順天鄉試卷第伍房

中式第一百九名舉人李湛田順天府寶坻縣監生民籍

同考試官翰林院編修掌貴州道監察御史巡視南城街務吳

大主考內閣學士兼禮部侍郎銜日講起居注官李

大主考戶部左侍郎兼管三庫事務陳

大主考經筵講官尚書銜都察院左都御史　南書房行走陸

大主考經筵講官兵部尚書管理咸安宮蒙古三學幼官學事務七倉大臣專操大臣對引大臣內大臣裕

薦批

第一場

胸羅卷軸筆具鍾鑪議論崇閎能見其大五篇一氣貫注以經緯史尤徵學養功深匠心獨運

第二場

吐棄一切策料專從大意融會而出之識見精確固非庸手所能

第三場

首比附得宜詮題精當次高挹羣言推闡盡致三充暢飽滿力戒陳腐合觀三作實力發揮無時文習氣是爲合作

堂批

以五經分貼五藝每篇首句即承上篇而來似太史公合傳體此爲創格至文之佳處在各藝俱有精義又得健爽之筆以副之不徒以創格見長

漢高祖命叔孫通起朝儀論　李湛田

爲天下開萬世太平百年而後興者所以明天經地義之大也爲天下立一時制度倉猝而擬定者所以靖亂臣賊子之氣也偉哉高祖可與議禮矣夫禮莫大於五倫君臣之義尤五倫之大者也是故預爵詔祿昭其制焉秉圭執璧分其序焉升堂必跪没階必趨辨其度焉入門鞠躬過位屏氣申其敬焉禮儀三百威儀三千昔聖人愁爲是縣文縟節束縛後世之形骸哉毋亦謂上天下澤亘古不易君臣之義固如此其重也周衰諸雄競起裂冠毀冕習於戰鬭積百餘年炎漢

始有天下當斯時也僅僅除暴秦苛法舉天下於簡易焉耳而尊卑之分猶未明而上下之位猶未定而貴賤之體猶未立而親疏之等猶未昭觀於酒酣爭功拔劍擊柱武臣悍將寖成驕恣嗟乎馬上得之豈可以馬上失之匪獨雄材大略之高祖所不能堪即習禮如叔孫通者亦豈能忍而與之終古而不爲漢家定一朝大典耶且夫通所承命而起者朝儀耳固未全乎爲禮也然而父子有親夫婦有別長幼有序朋友有信必先之以君臣有義無他君臣之義明而後名分尊名分尊而後天地平天地平而後父子夫婦長幼朋友乃得

相生相養相安相樂而天下可以無事不第此也自漢武帝開白虎觀聚齊魯諸生以談經而說禮之家遂推戴氏爲獨絕尊卑之分愈益明上下之位愈益定貴賤之體愈益立親疏之等愈益昭而天下萬世亂臣賊子卒且兵柄敢竊九錫敢受而上天下澤之義猶懍然其不敢犯微叔孫通其誰開之然後知清廟明堂非恃威也崇體制也升降拜跪非示辱也別等分也後世新進儒生罔識大義甚且謂體制可以混等分可以淆是率天下萬世之人心昧天經地義之重而羣趨於亂臣賊子之行也於以服知禮之高祖之堪爲後世法

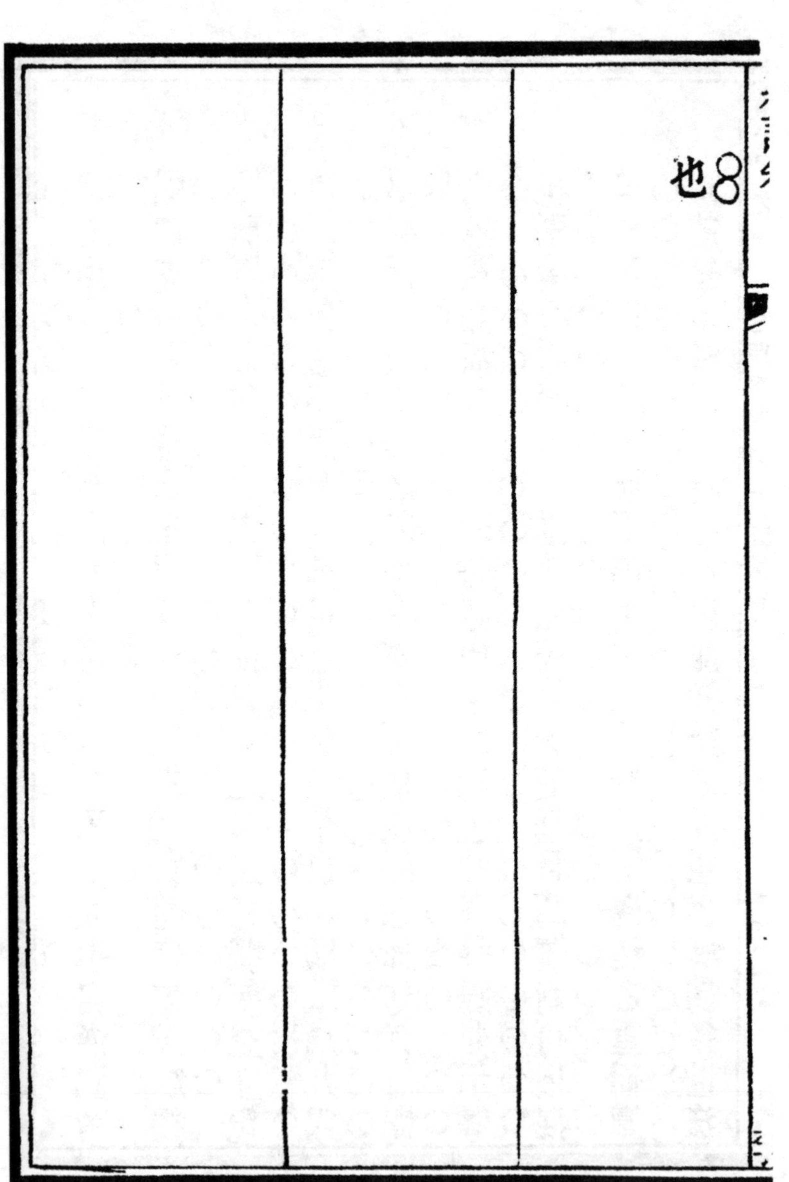

也○

漢文帝詔議可以佐百姓者論

李湛田

爲天下弭禍亂之源朝廷之儀制不可不速定之也爲天下紹承平之業閭閻之生產尤不可不速籌之也偉哉文帝可與論書矣夫書也者政事之源而百姓尤政事之源也是故堯非念百姓不能成於變焉舜非念百姓不能起賡歌焉禹非念百姓不能平水土焉湯武非念百姓不能誓南巢會孟津焉虞夏渾渾商書灝灝周書噩噩何莫非佐我烝民者惜乎後之王者廢焉不講其視生民之憔悴不啻秦人視越人之肥瘠其何以撫四海子元元歟則且起而觀漢文帝夫文

帝之在位也除鑄錢令除收孥律兩賜田租振窮養老夫亦可謂能佐百姓者而猶兢兢焉慮其未至者何哉蓋以為文王之懷保小民也必有可以懷保者不然書奚以稱之蔡仲之康濟小民也必有可以康濟者不然書奚以譽之即盤庚之以生生勸萬民也必更有可以生之者不然書又奚以述之我觀問周勃以決獄幾何推吳公為治平第一文帝愛民之深憂民之切直堪媲美乎三代以上苟非得立政之精採無逸之旨何克臻此且夫議佐百姓而必以農事者曷故曰天而雨珠寒不可以為襦天而雨玉飢不可以為食何者天

下大利必歸農也洪範八政農爲首務是故不農則百姓不足不足則貧貧則奸邪生必至於不顧廉恥而無所不爲文帝欲有以佐之先有以議之自斯議起於是乎雕文刻鏤景帝知其害矣孝弟力田武帝傳爲科矣繇是以降減租薄賦代不絕書謂非文帝之貽謀者遠哉然則商賈不可不講要非衣食之源也工藝不可不興要非富庶之本也後王者起有欲佐我烝民者殆非農學不爲功於以服知書之文帝之堪爲後世法也

各國錢幣異同策

李湛田

今夫權輕重尚往來國用以富民生以安非整頓圜法不爲功此錢幣一門無論古今中外莫不各有制度之精也各國錢幣之制其在往古若安息罽賓用銀烏弋交阯用皮載在史冊概可攷見至於今日其制屢變大抵多用金錢而不甚重銀幣理財者既不可不攷其所異見沿革之迴殊尤不可不察其所同見流通之有自維是翻譯各書名目不一權衡失準非親與交接目覩形模雖博覽而旁搜殆難據爲竊維籌天下之全局者當於大者遠者先之苟覽其大勢之所趨

用心之所在則圜法之中亦可以見世變矣大抵國勢强事事可操之於己國勢弱事事皆受制於人人己之形分而銀價之高低貨幣之漲落卽因之而難定英尙金鎊而印度變其俗俄行鈔票而西伯里亞改其制皆近而可徵者此異同之因乎國勢者也製造巧者其物每爲人所喜製造拙者其物每爲人所厭喜厭之性不同其貨幣有易於流通者有不易流通者今日之墨西哥銀元商賈稱之行旅便之幾幾乎遍行大地而他國莫能及者此異同之因乎製造者也重商之國用心每在人先不重商之國處事每落人後今日環球

各國同興商務金磅愈貴而銀價愈低其在鎖國排外不能行商於他國者每一交涉受虧甚鉅無他重商則必爭權利爭權利則不得不損彼而益此此異同之因乎商情者也人不可以趨時而不可不知務人不可不好古而亦不可太迂昔希臘之人最好古錢鏤刻精美至今猶有藏之者英美各國立異爭新錢幣日出費省而用廣今日富强甲於天下而希臘子孫無復振作此異同之因乎好尚者也至於權其銖兩驗其漲落辨其形質稽其大小則海外之行商西人之奴隸皆能贅述於經世何裨焉

朝廷俯念時艱以裕度支以富百姓甚盛烈也所由陳其國勢明其製造攷其商情探其好尚見各國之異同庶幾稍補大局也

東南海島墾闢之地屬於何國爲多策

李湛田

將欲振武功揚休烈爲力求富强之中國地利日以興幅員日以廣則海宇之隸我版圖者固宜明其形勢也卽島嶼之非我藩屬者尤不可不攷其情形也何者如墾殖之區非遠而後可以勵精神知開闢之志甚銳而後可以增識力況列强環伺有如今日者乎嘗攷東南諸島如星之羅如棊之布巫來舊族由來遠已唐宋之時間貢方物明太祖威振陬澨尤能使之慴服厥後歐西各國漸伸權力侵及東南海面始則詭術以親之繼則强兵以脅之近數十年來蓋無一島不

受其役隸焉吾嘗統觀大勢論東南海島於昔日之世界以屬於荷蘭者爲最多若言乎今日之世界則以屬英吉利者爲最多西人之涉東南洋也自西班牙始而荷蘭繼之然西班牙初到東方雄心未啟不過據小呂宋諸荒島耳今且爲美國屯兵而西班牙不敢逞惟荷蘭足迹所至必極力經營移其民居之最大者若澳大利若噶羅巴若西里伯而環列其外之數十島嶼莫不遵服列强垂涎雖久僅僅設埔頭通商約而已故百餘年前屬地之最多者首推荷蘭荷蘭之勢稍衰英吉利之勢始盛憑恃區區三島民庶繁興地力不給

不得不求生殖地於東南諸處於是昔爲荷蘭地者今爲英地焉即昔非荷蘭地者今亦爲英地焉新嘉坡錫蘭其尤著焉者也維多利亞之威名沙士勃雷之重望誰與不震而懾之者故今日屬地之最多者必推英國嗟乎東南之海綫如此其近也東南之島嶼如此其廣也彼何人斯强而據焉百且不遺其一焉此亦留心輿地者所當知也

朝廷俯念時艱觀釁闕之由即爲今日振興中華之舉然則若荷蘭若英吉利孰非前事之鑒哉

百工居肆以成其事君子學以致其道

李湛田

何謂道堯舜禹湯文武周公治天下之道周公其衰微言絕大義亡而道不明於天下諸子百家皆是其支離詭譎以爲治天下之術孔子憂之作論語以明道焉道必有其致力之處故論語開宗明義即言學焉膠庠之士鼓篋之儒不患宗旨之不明而患立業之不精而子夏猶不能不爲天下萬世慮者誠慮夫天下萬世後學宗主靜而道失於寂滅學主良知而道流於高遠而不知實事求是萬無一弊之大學必本於格致之一言於是爲之取譬焉借鑒焉先舉百工以爲天下萬世之學者告冬官之缺也後儒以致

工禰之而周公之道明君子之學也子夏以百工勸之而孔子之道明吁此西河之所以附東山歟且夫天下何爲而有百工哉天地之生物也蓺實種植之工則造作之未有造作而不欲名其爲物者天地之生物而不能不適有無也商賈轉運之工則製造之未有製造而不能精其爲物者所謂事也所謂成其事也然工欲成其事先不能羣萃而州處則無衆物以資聞見而其業必不精無同志以切觀摩而其心必不奮故工之成事必在居肆夫惟居肆而後相門以智相陳以巧相觀以能相程以功少而習焉其心安焉不見異物而遷焉其成事也有斷然者夫百工其小爲者耳

而謂爲往聖紹薪傳爲後儒開絕學爲千秋明王道爲萬世開太平赫然偉然之君子其智反出百工下耶君子曰吾觀於百工而知道之關於人者重學之不可不講也是故飭五材審四時百工之居肆心無不專也而君子之專其心則莫大於正五倫崇四術圓中規方中矩百工之居肆業無不精也而君子之精其業則莫大於言中倫行中慮大夫之賢則以事士之能者則以友學術且因百工而明之良治之子善爲裘良工之子善爲箕學記且舉百工以傳之一技之微一藝之末子夏顧重視若此豈有他哉利用天下者百工之責平治天下者君子之責形上爲道形下爲器時

有古今理無異同也然則道之致致以學事之成成以居肆君子可知所勉矣而不知子夏之所謂學者乃大學非小學不可不由其義也大學之八條日實包括於學而篇中時習學文即大學之格物致知也忠信不巧言令色即大學之誠意正心也三省即大學之修身也孝弟道國即大學之齊家治國也犯上者鮮作亂者未之有即大學之平天下也何者學爲大學而後異學不得而爭鳴道爲大道而後異道不得而惑世十五始志學七十不踰矩孔子眞善學百工哉工欲善其事必先利其器子夏眞善傳孔子哉嗟乎薄技片長後世猶有自鳴一家以遺其子孫者況君子者學

精攷據學達詞章學明義理但能以道爲歸宿斷不致挾經術以誤蒼生此非獨孔子之心堯舜禹湯文武周公之心也子貢所由睪然而望曠然遐想於以道自任之君子也